涉众型犯罪研究

莫晓宇　著

中国人民公安大学出版社

·北　京·

图书在版编目（CIP）数据

涉众型犯罪研究/莫晓宇著．—北京：中国人民公安大学出版社，2015.9

ISBN 978－7－5653－2238－9

Ⅰ.①涉…　Ⅱ.①莫…　Ⅲ.①犯罪—研究—中国
Ⅳ.①D924.304

中国版本图书馆 CIP 数据核字（2015）第 134891 号

涉众型犯罪研究

莫晓宇　著

出版发行：中国人民公安大学出版社
地　　址：北京市西城区木樨地南里
邮政编码：100038
经　　销：新华书店
印　　刷：北京兴华昌盛印刷有限公司

版　　次：2015 年 9 月第 1 版
印　　次：2015 年 9 月第 1 次
印　　张：9.25
开　　本：880 毫米×1230 毫米　1/32
字　　数：249 千字

书　　号：ISBN 978－7－5653－2238－9
定　　价：32.00 元

网　　址：www.cppsup.com.cn　www.porclub.com.cn
电子邮箱：zbs@cppsup.com　zbs@cppsu.edu.cn

营销中心电话：010－83903254
读者服务部电话（门市）：010－83903257
警官读者俱乐部电话（网购、邮购）：010－83903253
法律图书分社电话：010－83905745

目　录

中篇　涉众型犯罪规制论

下篇　涉众型犯罪治理论

内容摘要

本书为目前刑事法领域第一部系统研究涉众型犯罪的著作，分为“涉众型犯罪认识论”、“涉众型犯罪规制论”、“涉众型犯罪治理论”三篇共十章。

上篇为认识论部分，第一章首先以当前客观存在的群体性事件作为分析框架，在归纳总结目前群体性事件若干本质特征的基础上，将涉众型犯罪的概念定义为“因群体性事件所引发的，在与管理当局对抗或对峙的情形下，不特定多数的行为人所实施刑法分则所特定罪名的规模性共同犯罪行为类型”，并在此基础上首次总结出当前此类犯罪背景的群体性、主体的不特定性、参与的偶合性、态势的规模性、对抗/对峙的公然性、行为方式的不可预测性、罪名的专指性七大特征。由此，既密切贴合了当前研究这一类型犯罪的初衷和现实需要，也将“涉众型犯罪”的概念与“聚众型犯罪”、“公然犯罪”等近似概念有效界分，解决了长期以来在理论上对由群体性事件所引发的犯罪类型概念的定位不准、区分不明、内涵不清的难题，为未来认识和研讨此类型犯罪提供了一个通用的概念系统和语词平台。

第二章首次从历史学的角度，将新中国成立以来的涉众型犯罪变迁过程和国家治理思路进行了系统梳理，并归纳了这一时期涉众型犯罪所历经的“因利而起期”、“谋政而生期”和“权/益并举期”的流变。进而指出，鉴于这一时期各阶段涉众型犯罪的表征各异、成因不同、诉求相殊，国家对该类型犯罪的认识观、处置论也显著相异。由此，国家的规制也相应经历了由“宽容处置”到“严厉打压”、再到“克制治理”的渐进转变和再度回归的演进。通过对此进程的分析，对涉众型犯罪处置方式的得失有了深刻认知，也对未来涉众型犯罪的治理思路提供了有利借鉴。

第三章从社会学、传播学、社会心理学、犯罪学等多学科、多视角上分析了涉众型犯罪产生的成因。其中，尤其需要借助其他学科的分析工具，从“移情表达心理”、“社会敌意心理”、“从众心理”等角度分析涉众型犯罪产生的社会心理基础，这样能够为未来在治理此类犯罪过程中加大对民众的积极心理干预，并以此纾缓民众负面情绪、消解公众盲从心态提供建言。同时，本书关注到了涉众型犯罪在演变过程中经常伴生的不实信息传播现象，总结出了谣言扩散与信息异化两种典型形式，并创造性地借用经济学中“劣币驱逐良币”（Bad money drives out good）理论，分析了“谣言排挤真相”的现象产生和运行机理，最终提出：建立起常态化、机制型的信息发布机制，促使“谣言止于知者”；构建迅捷的不实信息公开回应机制，注重官方回应方式的精细化、精准化等举措，为相关部门在应对涉众型犯罪时有效切断不实信息扩散路径提供建议。

中篇为规制论部分，第四章对涉众型犯罪罪名设置进行了研究，通过对新旧刑法的立法过程和立法文献的简要回顾，指出现行刑法在涉众型犯罪立法上的相关变化，并在此基础上将目前我国涉众型犯罪的罪名形态界定为聚众扰乱社会秩序罪，聚众冲击国家机关罪，聚众扰乱公共场所秩序、交通秩序罪，非法集会、游行、示威罪和侮辱国旗、国徽罪五个罪名，同时系统、详尽地阐述了各罪的构成要件、司法认定。通过阐述，一方面，解决了长期以来对涉众型犯罪的认识缺乏明确、特定研究范畴的问题，也克服了聚众犯罪研究中通常忽视非法集会、游行、示威罪和侮辱国旗、国徽罪的问题；另一方面，指出了涉众型犯罪的客观构成要素须具备聚众、扰乱公共秩序和造成严重损失三个必备要素，从而为司法实践中准确定罪、适当量刑和避免泛化用刑提供了理论支持。

第五章依托传统刑法学理论和前沿理论见解，并结合司法机关生效法律文书，对涉众型犯罪的未完成形态、转化犯形态、罪数形态等司法实践中的典型形态和疑难情形认定等展开详尽阐述，其中创造性地指出涉众型犯罪存在未完成形态的理论。涉众型犯罪都是以扰乱公共秩序的结果为构成要素的犯罪，因而属于结果犯。如行为人实施了扰乱公共秩序的行为，但特定危害结果没有现实发生的，得成立未完成形态。由此，对当前司法机关准确认定涉众型犯罪的特殊形态提供了理论指导。

第六章对涉众型犯罪的刑罚适用原则进行了探讨，提出了在追究涉众型犯罪主体的刑事责任时，坚持“整体责任原则、区别对待原则和依法责众原则”。就整体责任原则而言，涉众型犯罪属于共同犯罪，因而应当遵循整体责任原则，首要分子应当对所有犯罪参加者所实施的实行行为的危害后果负责，其他积极参加者则要对所参与的犯罪行为的危害后果负责；就区别对待原则而论，在对各涉众型犯罪行为人适用刑罚时，应当考虑到这种对危害结果作用力不同而在刑事责任的权重上的差别，进而适用相应的刑罚；就依法责众原则而观，在立法入罪过程中，应当在一定程度上考虑“法不责众”的社会公众认知，以此避免入罪标准过低，但在司法过程中，对于涉众型犯罪仍然应当坚持依法责众。此外，本章还着重分析了涉众型犯罪的累犯、自首、坦白、立功等法定量刑情节的构成及其在司法实践中的认定，同时也探讨了酌定量刑情节在涉众型犯罪中的适用。

第七章就现行刑法对涉众型犯罪规定的立法完善展开了探讨，指出目前有关涉众型犯罪的立法，主要存在罪与非罪界限不清晰、罪状表述尚不统一、主体规定不尽一致、法定刑配置缺乏均衡、转化犯设置规定阙如、聚众打砸抢犯罪立法存在缺陷、涉众型犯罪和犯罪集团界限不甚清晰等问题。为此，本书提出了增设涉众型犯罪的概念、明确首要分子的地位、明确涉众型犯罪的行为方式和行为主体、平衡协调有关犯罪的法定刑、统一规定涉众型犯罪的转化犯、重新设计聚众打砸抢犯罪条款等较为可行的完善构想。

下篇为治理论部分，作为刑事法领域的课题，本书在研究过程中坚持“由刑而观”，但绝不“唯刑而论”的主张，即强调：围绕主题主线，以治理论为切入点，整合社会综合措施惩治和预防涉众型犯罪。第八章首先引入了治理理论作为惩治和预防涉众型犯罪的分析工具，并指出了该理论在针对涉众型犯罪处置过程中在认识观和方法论上的突出价值。其次，分别从消除社会矛盾、保障民生权益、构建腐败遏制机制、实现社会公平等角度阐述了消除涉众型犯罪产生的根源之策，并从培育社会意见团体、构建参与性政策制定机制、重建官民政治信任等角度论述了防范涉众型犯罪滋生的长效之道。

第九章从社会治理的角度论述治理涉众型犯罪的宏观对策研究，分别阐释了从消除相关社会矛盾、保障民生权益、实现社会公平等角度消弭涉众型犯罪的产生根源；从培育民间意见团体、构建参与性的政策制定机制、重建官民政治信任、疏通官民沟通管道等视角构造新型社会治理模式。

第十章以当前我国宽严相济刑事政策为视角，着重将现行涉众型犯罪的司法处置现状作为检材，指出了当前存在的尚不符合宽严相济刑事政策精神的诸多现象，如对涉众型犯罪的入罪标准掌握较为宽泛，导致将一些普通群体性治安事件予以犯罪化处置；在对涉众型犯罪中的行为人的身份认定上把握过松，导致对参与人员的打击面过宽；对涉众型犯罪的犯罪人处罚存在重刑化倾向，导致“严多宽少”、“当宽未宽”、“该严过严”等现象在一定程度上较普遍存在；在刑事诉讼流程中，对涉众型犯罪的犯罪嫌疑人、被告人采取的人身羁押性强制措施比例过高等问题。为此，课题最后提出，须从认识观、处置论等角度对涉众型犯罪的治理予以再度审视和重新塑造，即树立起对涉众型犯罪“长期存在、辩证对待”的认识论，确立涉众型犯罪的综合治理观，克服对群体性事件“言必称刑”或“首治用刑”的僵化思路，在确须适用刑法手段惩治涉众型犯罪的情形下，注意刑罚适用时对参与人员身份甄别的区别化和对偶发犯罪人处置的轻缓化，注重量刑时对涉众型犯罪产生背景因素体现的显性化，注重宽缓化程序机制在刑事诉讼适用中的全流程化。

导　论

一、研究的缘起

当代中国，正处于经济、社会高速发展的时期。经济迅猛发展、社会快速进步、民主政治不断推进已经成为这一时期的主旋律与关键词，也使得这一时期成为国家发展的“重要战略机遇期”。[①]与此同时，我们也必须正视这一现实，即经济社会的快速发展期往往也是经济社会的急速转型期，尤其对当下中国而言，在经济、政治、社会、思想文化等各领域，正演进着数千年以来最为深刻、复杂和痛苦的变革。在此期间，各种新形势下的新问题纷繁呈现，新旧机制转轨中的社会矛盾在一些地区、一些领域井喷式地涌出，既有体制、机制中的深层次矛盾渐次暴露和凸显，面临新形势的新机制却尚未形成，加之“社会运动往往不是发生在生活状况最糟的时候”，[②]因此自20世纪90年代后期以降，尤其是21世纪初以来，中国已然不经意地步入了一个社会矛盾积聚的集中期和社会冲突加剧的高发期。伴随着国家政治、经济体制改革的进一步推进，

---

① 进入21世纪以后，中国的经济出现更为迅猛的发展。2003年，中国人均GDP突破1000美元；2010年，中国国民生产总值（GDP）居世界第二位，并同时成为全球第一大贸易国和出口国。

② 冯仕政：《单位分割与集体抗争》，载《社会学研究》2006年第3期。

因新旧体制转换而引发的冲突势必仍会大量涌现，而既有矛盾又往往难以在短期内迅速化解，因此，在今后若干年内，我国社会都将持续处于群体性事件的频发期之内。从这一意义上讲，群体性事件已经成为社会矛盾集中爆发的典型形态，① 而涉众型犯罪则是群体性事件的最极端表现形式。

由于当前发生的群体性事件普遍具有波及面广、对抗性强、参与人数众多、激化诱因多元、事态演化不确定性强等基本特征，群体性事件引发涉众型犯罪的产生，几乎已经成为群体性事件发生过程中的常态。因此，对群体性事件所引发的涉众型犯罪进行研究显得尤为必要。目前，国内关于群体性事件的研究，主要是社会学、管理学、政治学领域的诸学者从社会学、公共管理学、政治学等角度展开的，其中最主要的成果是中国社科院农村经济研究所于建嵘

---

① 2004 年，在重庆、安徽等地发生的具有全国性影响的群体性事件使得“群体事件”一词成为媒体评选的 2004 年度时政关键词之一（参见程瑛：《2004 年度时政词典》，载《瞭望东方周刊》2004 年度特刊）；此后数年，群体性事件发生的数量与规模急剧增长，尤其是 2008 年发生在贵州瓮安、云南孟连的群体性事件，2009 年发生在湖北石首、吉林通钢的群体性事件及由此所引发的涉众型犯罪更是震惊全国；据中国社科院 2006 年发表的《2005 年社会蓝皮书》显示，1993 年到 2003 年间，中国内地群体性事件的数量已经由 1 万起增长到 6 万起，参与人数由约 73 万人增加到 2003 年的约 307 万人、2004 年的 376 万人，增长高达 4 倍。其中，百人以上参加的群体性事件，由 1994 年的约 1400 起上升到 2003 年的约 7000 起；而到了 2005 年，这一数字则增加至 87000 起，即全国平均每天都要发生 230 余起群体性事件。根据中国社科院发布的《2013 年社会蓝皮书》显示，近年来，全国每年因各种社会矛盾而发生的群体性事件多达数万起甚至十余万起，2012 年的情况也不容乐观。对各类群体性事件的形成原因的分析表明，征地拆迁引发的群体性事件占一半左右，环境污染和劳动争议引发的群体性事件占 30% 左右，其他社会矛盾引发的群体性事件占 20% 左右（参见《社会蓝皮书显示我国每年群体性事件达数万起》，载人民网，http://xj. people. com. cn/GB/n/2012/1218/c188514 - 17883150. html）。

教授所著的《岳村政治：转型期中国乡村政治结构的变迁》（商务印书馆2001年版）；而对于涉众型犯罪，尤其是对因群体性事件所引发的涉众型犯罪，至今还没有形成系统化、专门性的研究，与这一课题最接近的成果是李宇先主编的《聚众犯罪研究》（湖南人民出版社2004年版）和刘德法教授撰写的《聚众犯罪理论与实务研究》（中国法制出版社2011年版），后者的研究对象也主要是现行刑法中的几个聚众性犯罪，尚未从群体性事件的背景范畴进行探讨，使得对聚众犯罪的研究，无论是其分析的内涵还是囊括的外延，都不能等同于涉众型犯罪。因此，面对新形势下新样态的涉众型犯罪，无论是我国的刑法理论还是刑事立法现状抑或刑事司法实践，都未及时跟进，还不能为解决群体性事件所引发的涉众型犯罪提供充足的理论准备、法律储备和构建建言，使得对当前涉众型犯罪的研究滞后于当前形势的迫切需要。

就本书而言，拟解决涉众型犯罪中的以下数个理论与实务问题：

第一，就犯罪学而言，在因群体性事件所引发的涉众型犯罪中，事件由一般的治安事件升级为刑事案件，由个别冲突演变为一定区域内的全面冲突，在很大程度上是由于大量与事件并无直接利害关系的人员的参与和推动。这些参与者都是由旁观者身份直接转换为行为实施者的（例如，在安徽池州群体性事件、重庆万州群体性事件中，实施扰乱社会秩序、公共场所秩序的行为人不是最初发生冲突的双方当事人中的任一方），因此，当这种“非利益攸关者”成为行为实施主体时，如何从犯罪学理论上解释其行为动机、成因，是一个颇值得探讨的问题；同时，当前我国社会正处于巨大、深刻转型期，因种种原因，不少民众的意见表达和利益诉求往往难以实现或得到国家的认同和满足，一旦遇到特定突发事件，一些民众往往就会将平时难以正常表达的诉求在特定事件上加以放大和宣泄，以此“移情表达”。因此，从犯罪学角度认识这一问题并提出解决思路，对今后处置和防范由群体性事件所引发的涉众型犯罪具有理论指导意义。

第二，就刑法理论而言，在一些群体性事件所引发的涉众型犯罪中，往往并没有明确的组织者、策划人，而是在事件的演化过程中，参与者之间相互暗示、相互刺激、相互鼓励、相互仿效，最终使行为不断升级，危害后果逐步扩大。对此，能否再适用共同犯罪中有关首要分子的理论进行解释呢？如果不确定首要分子，又与刑法第 291 条聚众扰乱公共场所秩序、交通秩序罪中仅处罚首要分子的规定不相符合，使得该条“无法适用”，对此悖论如何解决？另外，在许多涉众型犯罪中，都有若干犯罪行为相互交织的现象，如既有聚众扰乱社会秩序的行为，又有聚众冲击国家机关的行为，还有聚众哄抢、故意毁坏财物的行为等。对此，是定一罪还是数罪，是否存在牵连犯、吸收犯等情形，在罪数确定中怎样兼顾定罪准确与司法效率的关系，这些都需要运用罪数理论进行分析。对上述问题的研究，对于指导当前刑事司法实践具有比较突出的现实意义。

第三，就刑法设置而言，现行立法尚不能应对群体性事件中个别新样态的危害行为。在一些群体性事件引发涉众型犯罪的过程中，个别人故意编造激化冲突的虚假消息并加以散布，导致事态进一步恶化，产生严重社会危害后果的行为，现行刑事立法还没有相应罪名予以处罚。因此，对现有的刑事立法的完善进行研究，有助于刑事法律及时跟进当前由群体性事件所引发的涉众型犯罪的实际。

第四，就刑事司法而言，如何对因群体性事件所引发的涉众型犯罪准确定罪、公正量刑，避免因刑事处置引发新的群体性不安定因素？如何正确考量关涉量刑的若干情节，并在量刑时予以体现？这些问题均有待专门研究，以此推动刑事司法制度在处置涉众型犯罪中更好实现定罪准确、量刑适当的功能。

第五，对涉众型犯罪研究的理论定位是，以“治理当前中国群体性事件所引发的涉众型犯罪”为主题，以“深刻剖析涉众型犯罪成因、完善针对涉众型犯罪的刑事法规制、构建惩治与预防涉众型犯罪的宏观体系”为主线，围绕这一“主题主线”展开研究，以期最终为解决群体性事件所引发的涉众型犯罪提供充足的理论准备、法律储备和构建建言。

二、主要分析工具

第一，本书应该算是一部刑事政策领域的著作。刑事政策，正如法国刑事政策学家安塞尔先生所言，是“观察的科学”①。又按照法国刑事政策学家克里斯蒂娜·拉塞杰对其的定义，是对“广义的犯罪现象的认识分析，是对与这一现象作斗争的方法措施的解析”。② 因此，在本书的写作中，作者始终保持对各种涉众型犯罪的生成机制、刑法特征及治理对策予以关注，尤其是本书以群体性事件作为研究的主要视角，故而更关注对涉众型犯罪的抗制成效。在具体研究方法上，由于“法律始终是一种一般的陈述”，③ 因此，笔者注意收集、分析由大量具体事件、现象所反映出来的上述现象，尤其注意从一些看似个体性、片断性，甚至琐碎性的社会现象入手进行分析，从而为本书提供有说服力的结论。因此，社会现象分析法是本书的主要写作方法之一。

第二，作为刑事政策领域的课题，本书坚持“由刑而观”，但绝不“唯刑而论”，即注重运用多学科的分析工具、研究方法、理论成果来研究涉众型犯罪。因此，本书将首先采取历史分析方法，将新中国成立以来涉众型犯罪的演变从历史纵向维度进行考察，并尽量将涉众型犯罪的变迁规律置于时代大背景下，以大历史观的宏

---

① ［法］米海依尔·戴尔玛斯－马蒂著：《刑事政策的主要体系》，卢建平译，法律出版社 2000 年版，“译序”第 1 页。

② ［法］米海依尔·戴尔玛斯－马蒂著：《刑事政策的主要体系》，卢建平译，法律出版社 2000 年版，“译序”第 2 页。

③ ［美］E. 博登海默著：《法理学、法哲学及其方法》，邓正来、姬敬武译，华夏出版社 1987 年版，第 225 页。

观角度予以分析，从而为当下治理此类型犯罪提供了借鉴。

第三，本书也选取了政治学的研究方法，将治理理论作为研究群体性事件及涉众型犯罪的一个重要分析工具。作为当代分析国家与社会关系的新型理论，治理理论对现代国家制度安排、现代公共事务管理、现代民意诉求表达渠道等作出了详尽分析，也成为分析涉众型犯罪治理的重要分析工具和解决模式。

第四，本书还首次系统地从犯罪学、社会心理学、传播学、公众行为学等诸角度对涉众型犯罪中的群体心理予以分析，为解决当前因群体性事件所引发的涉众型犯罪提供了犯罪学的理论支持。

第五，本书还从政治学、传媒学、治理学、公共管理学角度对治理涉众型犯罪进行综合性研究，形成了解决当前乃至今后很长一段时期内涉众型犯罪的一揽子刑事治理方案。

上篇

涉众型犯罪认识论

第一章　涉众型犯罪概说

第一节　涉众型犯罪的概念与特征

一、涉众型犯罪之分析框架——群体性事件

（一）分析框架之确立

从刑法学的规范研究角度看，“涉众型犯罪”一词并不是严格意义上的刑法学专业术语。因为，无论是我国刑法还是相关司法解释，均无“涉众型犯罪”这一提法，与此最接近的概念语词仅有“聚众型犯罪”，但二者之间却在内涵、外延上存在巨大差别。① 由此观之，因缺乏立法例的支撑，涉众型犯罪这一概念似乎属于尚无理论铺垫而“横空出世”的产物。然而，仔细分析涉众型犯罪的背景、成因、处置，我们会发现，在中国社会转型进程仍将长期存续的前提下，当前因群体性事件所引发的规模性共同犯罪还将相当程度地存在。而在现有理论中，还没有一套完整、准确的语词系统

---

① 关于聚众型犯罪的概念及其与涉众型犯罪之界分，本章第二节将详尽展开论述。

来指称这一犯罪类型;[①] 进一步而言，因为缺乏统一的概念系统、分析框架和识别符号，在现有的认识和应对因群体性事件所引发的犯罪类型的理论研究中，有的仅从共同犯罪理论这一注释刑法学的单一视角对各犯罪人之间的地位、作用予以分析，很难结合群体性事件这一特定背景予以认识，导致研究缺乏整体性、宏观性，尤其难以从治理角度提出研判与预案；有的虽也跳出了狭隘的共同犯罪的理论窠臼，从公然犯罪[②]或聚众犯罪[③]的角度作了类型化的分析尝试，使得对此类型犯罪的研究初具系统性，但从相关学科的兼容性、认识过程的完整性、宏观与微观层面的应对性等角度似乎还有失全面;[④] 有的只能从一线处置部门（各级政府尤其是公安机关）实务的角度对群体性事件进行纯犯罪学的研究，但此类研究又往往仅停留在处置方案的分析上，对于刑事法律的适用，尤其是定罪量刑缺乏认识。因此，对因群体性事件所引发的涉众型犯罪展开研究，既需要有社会学、公共管理学、治安学等的学科知识观照此类犯罪的成因、对策分析，又需要有刑法学的学科知识覆盖此类型犯罪中罪与非罪的判断、罪名适用与量刑把握、共同犯罪人的地位和作用等的探究，前述研究的诸多“点”显然是需要诸学科集成的。同时，对涉众型犯罪的研究，需要将前述诸多的“点”有机串联，形成从成因分析到刑法规制、再到司法处置、最后到治理预案的全过程认识涉众型犯罪的“线”，最终形成全方位研究涉众型犯罪的“面”。而要做到这些，恰恰需要一个概念系统来搭建一个学科兼

---

① 据笔者统计，目前在刑事法领域，专门研究因群体性事件而引发的规模性共同犯罪的系统论著寥寥无几，相对系统的论著仅有李宇先先生所著的《聚众犯罪研究》、刘德法教授所著的《聚众犯罪理论与实务研究》，而大量著述则多是从公安部门处置群体性事件角度展开的警务指导性研究。

② 屈学武著：《公然犯罪研究》，中国政法大学出版社 1998 年版。

③ 李宇先著：《聚众犯罪研究》，湖南人民出版社 2004 年版。

④ 当然，前述著作均给予本书相当大的启示，笔者在此也对前述作者表示感谢。

容、前后贯通、体系完整、语词统一的“体”的平台来分析，从这一意义上讲，研究“涉众型犯罪”之前，必须对群体性事件做一交代。

（二）群体性事件的概念

根据现有文献资料，目前对有关群体性事件的定义可以说是较为庞杂的。但大致可以分为两大类，即官方认定型定义和学术解读型定义。

就官方认定型定义而言，又可以按照下定义的主体不同分为政治宏观型定义和治安专业型定义。其中，社会宏观型定义是指中共中央办公厅于2004年在其制定的《关于积极预防和妥善处置群体性事件的工作意见》中给出的定义，即“由人民内部矛盾引发、群众认为自身权益受到侵害，通过非法聚集、围堵等方式，向有关机关或单位表达意愿、提出要求等事件及其酝酿、形成过程中的串联、聚集等活动”。① 而治安专业型定义则是公安部从社会治安管理主体角度所下的定义，按照该定义，群体性事件实际上等同于群体性治安事件，即聚众共同实施的违反国家法律、法规、规章，扰乱社会秩序，危害公共安全，侵犯公民人身安全和公私财产安全的行为。②

就学术解读型定义而言，又可以分为几种。第一种观点认为，群体性事件是指某些群众参与、规模较大、影响社会秩序和社会稳定事件的特有称谓；③ 第二种观点认为，群体性事件是指由多人参与的对正常社会秩序造成一定冲击并需要有关部门采取紧急措施处

---

① 中共中央办公厅：《关于积极预防和妥善处置群体性事件的工作意见》，2004年制定。

② 公安部：《公安机关处置群体性治安事件规定》，2000年颁布。

③ 杨和德著：《群体性事件研究》，中国人民公安大学出版社2002年版，第1页。

理的事件，其中，有的存在违法行为，有的并不存在违法行为；① 第三种观点认为，群体性事件是指人民内部在一定利益基础上组成的群体，违反现行法律、法规的要求，为达到本群体利益而聚众公开实施的、对社会稳定产生不良影响甚至破坏作用的事件；② 第四种观点认为，群体性事件是指为达成某种目的而聚集一定数量的人群所构成的社会性事件，包括针对政府或政府代理机构的有明确诉求的集会、游行、示威、罢工、罢课、请愿、上访、占领交通路线或公共场所等；③ 第五种观点的提出者于建嵘先生是当前国内研究群体性事件的权威学者，他对此的定义为，群体性事件是指有一定人数参加的、通过没有法定依据的行为对社会秩序产生一定影响的事件。④

就前述诸观点而言，官方认定型定义均否定了群体性事件的合法性。在公安部给出的定义中，明确指出了该行为类型所具有的违法性（即“违反国家法律、法规、规章”）和社会危害性（即“扰乱社会秩序，危害公共安全，侵犯公民人身安全和公私财产安全”）；在中共中央办公厅给出的定义中，其虽将群体性事件定义为“人民内部矛盾”，但仍然指出其行为方式的非法性（即“通过非法聚集、围堵等方式”）。我们认为，两种官方认定型定义将群体性事件一律非法化的认识值得商榷。因为，在当前对群体性事件定义时，必须切实结合当前中国社会“经济体制深刻变革、社会

---

① 任红杰著：《社会稳定问题前沿探索》，中国人民公安大学出版社 2005 年版，第 257 页。

② 高文锦、马金旗著：《边境地区群体性事件的预防和处置》，群众出版社 2006 年版，第 10 页。

③ 邱泽奇：《群体性事件与法治发展的社会基础》，载《云南大学学报》2004 年第 5 期。

④ 于建嵘：《当前我国群体性事件的主要类型和基本特征》，载《中国政法大学学报》2009 年第 6 期。

结构深刻变动、利益格局深刻调整、思想观念深刻变化”① 的背景，并以此认识到群体性事件的复杂性和相当比例群体性事件引发因素系“维权型”。② 同时，在一些特定群体聚集的行为活动中，参与成员均表现出了相当的平和与理性，且并未作出任何破坏社会秩序的举动，从其动机目的与行为方式看，都不具有非法性。③ 相较而言，学术解读型定义在对群体性事件的法律定性上多较为中性，如前述第二种观点明确指出有的群体性事件中“并不存在违法行为”；第四种观点则对群体性事件不作任何法律的定性化分析；第五种观点即使指出了该类型行为缺乏合法性依据，但也用“对社会秩序产生一定影响”取代了社会危害性的提法。当然，就几种学术解读型定义而言，似乎还未全面涵盖当前群体性事件的本质。例如，第一、第二种观点均未揭示出群体性事件的缘起，不能不说是一个缺憾；又如，第三种观点仍然将群体性事件界定为违法，有失偏颇；再如，第四种观点认为群体性事件的目标均指向政府或其代理机构，但实际上很多群体性事件最初的活动目标并非政

---

① 《勤奋劳动、诚实劳动、创新劳动》，载《人民日报社》2011 年 5 月 1 日。

② 于建嵘：《当前农民维权抗争活动的一个解释框架》，载《社会学研究》2004 年第 2 期。

③ 2007 年 7 月，厦门市部分公众因担心当地政府拟建设的大型化工项目污染环境、影响人体健康，通过自发组织，数千人统一着白色上衣，在该市主要街道上平和行走，表达反对建设化工项目的诉求。整个事件过程中未与政府、公安机关发生任何冲突。之后，当地政府亦将该项目无限期搁置。在此事件中，参与人员的行为无论从任何法律角度上考察，均无违法性存在。因此，现实中的一些群体性事件确无违法性。

府或其部门，而是特定对象；① 最后，第五种观点虽然包容性较强，但略显语焉不详，未将行为类型的若干特征加以显现。结合前述诸观点的优长，并对其不足予以弥补后，笔者认为，群体性事件是指：一定规模的人员基于特定缘由而聚合，在与政府部门形成对峙的情形下，公开采取合法或非法方式表达诉求的行为。

（三）群体性事件的特征分析

1. 规模的群体性

规模的群体性，是指每一起群体性事件均是在特定的时空环境下，由不特定的多数人聚合形成的集群行为。换言之，是“多个个体形成群体，在一定的事件中，参加、参与人数众多，多个不统一个体合而为群，成为形式上的一体，所造成的事件具有协同进行、聚合进行或共同参与的特点，导致整个事件具有群体性而非个体性”。② 从总体上看，我国目前群体性事件参与人数呈上升趋势，群体性事件的参与人员常常成百乃至上千，上万人参与的事件在全国也已屡见不鲜。③

2. 主体的多元性

就当前的群体性事件来看，其所参与的主体成分呈现出多元化趋势，所涉及的行业也越来越多。伴随着社会主义市场经济体制的建立过程，经济体制、社会体制的深刻变革，社会结构发生了深刻

---

① 例如，2009 年湖北“石首事件”的起因系一家酒店的厨师突然猝死，引发家属和部分民众的猜疑，并对该酒店提出质疑，进而对其做出过激言行。可见，事件之初家属和部分民众所针对的直接对象是该酒店，而并非当地政府。与此相类似的还有，2008 年云南“孟连事件”的起因是当地胶农与一家橡胶企业的经济利益纠纷，即胶农们最初的矛盾对象是该橡胶企业，也非政府。

② 周保刚著：《社会转型期群体性事件预防、处置工作方略》，中国人民公安大学出版社 2008 年版，第 89 页。

③ 例如，在近年来发生的贵州“瓮安事件”、云南“孟连事件”、湖北“石首事件”等典型群体性事件中，参与人数均超过万人。

变动，利益格局也开始进行深刻调整，利益主体也随之多元化，不同利益主体之间、利益主体与国家管理部门之间的矛盾冲突也日益增多，因此，群体性事件的主体已由之初通常意义上的弱势群体（如被征地农民、被拆迁居民、下岗企业职工、进城务工人员等），演变为近年来具有较强社会影响力身份的人员（如高校学生，甚至是复转军人①等）或具有较强社会认同度职业和较稳定收入的人员（如教师、公务员、医务人员、个体业主等）；群体性事件所涉及的行业也涉及厂矿企业、机关、事业单位、学校等众多行业和领域。

3. 态势的对峙性

态势的对峙性，是指群体性事件要求参与人员与政府部门形成对峙甚至对抗。一些群体性事件在起因阶段或爆发之初，可能系当事人双方之间的利益纷争或矛盾冲突引起，但之后，随着态势的发展，一方将其目标转向政府，从而与政府形成对峙或对抗。②若始终是非政府涉入的当事双方之间的冲突，即使具有大规模参与人员和较大态势，但未涉及将政府作为质疑对象和攻击目标的，如村庄之间因争夺资源的械斗、患者家属因医患纠纷纠集多人围堵医院等，都不是本书意义上的群体性事件。

4. 缘起的复杂性

群体性事件的产生，其诱因往往是多方面的。“自从 20 世纪

---

① 长期以来，我国一直相当重视复转军人的就业安置，也进行了一系列的专项制度安排以保障复转军人的再就业问题。但近年来，随着改革进程的深化、利益格局的调整、人事用工制度的变革以及市场经济环境下企业风险激增等诸因素，使得既有的复转军人安置工作受到了严峻挑战，近年来在个别地方部分复转军人因对相关安置措施不满而引发的群体性事件时有发生。例如，2003 年下半年，北方某省 500 余名企业军转干部推翻铁路防护网，强行进入该省省会城市火车站站台，并在铁轨上静坐，制造铁路交通瘫痪 2 小时 20 余分钟，造成重大经济损失。

② 重庆“万州事件”、安徽“池州事件”即典型。

90 年代中期以来，中国社会的当代转型进入了一个新的阶段，在这个阶段中，各种各样的利益保卫行动和利益磋商行动已经越来越占据社会生活的中心：经济和社会领域的重大社会变迁趋势，如产权结构的重构、就业领域的制度变迁、财政体系的改革、福利体制的转型和重要社会问题的出现，都使得利益的供给和分配，成为引发各种社会冲突的一个焦点领域。"[①] 在当前，既有因权益维护所诱发的群体性事件（如在征地、拆迁、企业改制过程中，为维护自身合法权益而引发的群体性事件），又有因管理冲突引发的群体性事件（如城管、公安等部门在整治城市环境、治安管控等行政管理过程中，与管理相对人之间因矛盾引发的群体性事件），甚至还有因当事人之间的偶发琐事所诱发的群体性事件。[②] 同时，在当前导致群体性事件发生的诱因中，还有一个值得注意的就是诱因的多重性和交织性，其使得群体性事件的发生呈现出“一果多因”或“近果远因”的特征。具体而言，许多群体性事件从其表面上看，似乎是因为特定成因所引发的，但仔细分析会发现，在这些事件的背后，往往有着各种矛盾纠合交织、多种诱因共同作用、新旧冲突叠加爆发等一系列运行过程。例如，2009 年发生在吉林的“通钢事件”，从表象上看，该事件是老国企在改制过程中未能妥善安置企业普通职工所引发的，但在该事件背后却隐藏着几大激发因素：一方面，一段时期以来，部分国企在改制中损害普通职工权益的现象存在已久，导致职工怨气长期积聚；另一方面，利用国企改制之机，少数民营企业通过行贿、虚假评估、任意扣减职工安置费等违法违规手段，在短时期内实现暴富，而原企业职工的基本生存权益受到严重损害，从而导致国企职工与企业收购方的矛盾不断

---

① 刘能：《社会运动理论：范式变迁及其与中国当代社会研究现场的相关度》，载《江苏行政学院学报》2009 年第 4 期。

② 本书中反复提及的重庆“万州事件”和安徽“池州事件”，都属于典型的因当事人之间的偶发琐事引发的群体性事件。

尖锐；再一方面，个别国企的领导和国有资产监管部门的失职、渎职，甚至贪腐行为，致使国有资产大量流失，而部分政府监管部门对职工诉求的漠然和推诿，更使得冲突日益升级，最终导致“通钢事件”引发出较为严重的后果。这恰恰反映出了群体性事件的“一果多因”和“近果远因”。

5. 仿效性

当前，群体性事件通常具有广泛的示范性和传播性。一些群体性事件在开始之初，大多仅限于部分人员、个别行业和特定区域，但随着事态的发展和影响力的扩大，往往会引起邻近区域、类似行业、近似团体或利益相关者的共鸣，从而纷纷效仿、互相感染、相互呼应，使参与人数及区域不断增多和扩大，甚至出现互相串联、互相取经的现象，由此使得群体性事件的发生在一定程度上呈现出“多米诺骨牌效应”。这一连锁反应现象在21世纪初前10年的国有企业改制中表现得尤为突出（因在这一时期，化工、机械、煤炭、建筑、军工等国有老企业经营状况最为恶化且改制较为集中）。例如，2000年12月底，西部某直辖市数百名钢铁企业职工为要求企业兑现拖延已久的失业补偿金，封堵了该市一条主要街道；几乎在同一天，邻省某市的2000余名机械厂职工为抗议企业不履行向职工支付工龄补偿金的承诺，封堵当地主要大街长达3天。又如，2002年3月初，东北某省某市下岗职工为表达对企业拖欠工资和冬季取暖费的不满，在企业办公楼前静坐，人数由3000人增加到5万人；同月中下旬，邻省某市20余家工厂的几万名下岗职工因不满企业长期拖欠工龄买断津贴而上街游行；同月底，北方某直辖市数百名退休职工为提高福利待遇到市政府示威并阻断公路交通。①

① 参见刘能：《当代职工群体性集体行动的几点理论思考——建立在经验案例之上的观察》，载《开放时代》2008年第3期。

6. 扩张性

扩张性是指群体性事件具有较强的感染性，极易引发公众的响应、跟随和参与，从而使得事件的规模迅速扩大。在当前的群体性事件，尤其是因维权而引发的群体性事件中，由于相关诉求绝大多数具有合理性或合理成分，因此，参与人员客观上都会在事件进程中竭力主张权益、尽力表达不满，而其中的言语不免会有一些夸张成分和渲染色彩，加之一些参与人员在事件中涉及公众场合之时，往往会不遗余力地将显示自己困境的照片、物件等“物化遭遇”充分展示，以进一步获取社会公众的同情和支持。而在这类群体性事件中，公众通常都会对事件当事人抱以极大的心理和行为支持，由此使得群体性事件在规模和声势上得到迅速扩张；与此同时，相当数量的参与人员在主观上都抱着“大闹大解决，小闹小解决、不闹不解决”的思维，认为“自己只有不断地上访及与之相连的‘闹事’才能带来问题的解决，甚至‘闹’与‘缠’的程度与政府解决问题的程度直接相连”,[①] 在此动机支配下，参与人员都会有意识地促使事件规模的扩大化、参与渠道的开放化和对无关人员的接纳化，以此扩大事件影响，增加博弈的筹码；又与此同时，在这一主观心态的支配下，参与人员的情绪易不断激动、行为易不断升级、暴力特征易不断凸显，最终甚至可能导致涉众型犯罪的发生，造成严重的社会危害性。

7. 反复性

由于群体性事件反映的问题错综复杂，涉及的领域方方面面，且其中的利益相关者可能还有着不同的诉求主张、各异的处境遭

---

① 应星著：《大河移民上访的故事》，生活·读书·新知三联书店 2001 年版，第 319 页。该书作者通过田野调查的方式，在对某水利工程移民上访动因的访谈中，移民们普遍流露出了在表达诉求过程中，会使用通过“闹”的方式来制造声势、扩大影响、引起关注这一在他们看来行之有效的特有“手段”的想法。

遇，因此，在事件处理过程中，政府部门提出的解决方案可能因为得到部分参与人员的认同，使事件看似逐渐平息，但由于另一部分参与人员的抵触，又使得事件可能重新发生从而使事件出现反复。再加之在前文中所述的参与人员普遍抱有的将事件扩大化的想法，当一些群体性事件中的部分利益诉求得到满足后，参与人员将其误读为“闹”出的结果，从而进一步提出其他要求，其中许多要求是不合理、不合法的要求，从而导致事件反复不断。①

二、涉众型犯罪之概念、特征分析

（一）涉众型犯罪之定义

如前所述，涉众型犯罪概念是在集成了群体性事件所引发的共同犯罪类型的“点”、“线”、“面”的基础上产生的，本书也正是在这一框架下分析这种犯罪形态的。鉴于此，本书对涉众型犯罪所下的定义为：因群体性事件所引发的，在与管理当局对抗或对峙的情形下，由不特定多数的行为人所实施的刑法分则中特定罪名的规

① 2009 年在海南某县、2011 年在广东某县发生的具有较大影响的群体性事件在演变过程中，事态一度出现得以解决的良好势头；但因部分参与人员的反对，事件重新恶化，并导致更为严重的后果。这正折射出了群体性事件的反复性。

模性共同犯罪行为。①

（二）涉众型犯罪之特征

根据这一概念，我们大致可以对涉众型犯罪归纳出七大特征，即背景的群体性、主体的不特定性（开放性）、参与的偶合性、态势的规模性（扩张性、裹挟性、庞杂性）、对抗/对峙的公然性、行为方式的不可预测性、罪名的专指性。

特征之一：背景的群体性。

需要说明的是，本书是在群体性事件的框架下认识、分析涉众型犯罪的，申言之，涉众型犯罪这一类型本身就是由群体性事件所衍生发展的最极端形式和最恶化的态势。从这一意义上讲，本书也与通常的聚众犯罪研究实现了区分。鉴于前文对群体性事件已有过较详细的阐述，在此不再赘述。

特征之二：犯罪主体的不特定性。

就“不特定”这个词而言，在刑法学中具有较为特指的含义，且在危害公共安全罪的客体“公共安全”中经常使用。在该类罪语境中的“不特定”，是指“犯罪行为可能侵犯的对象和可能造成

---

① 也有学者将涉众型犯罪定义为：“涉众型犯罪是指涉及三名以上行为人或被害人，严重危害社会，违反刑法规定，依照刑法应受刑罚处罚的行为。”（李大欣：《涉众型犯罪探析》，载《潍坊学院学报》2009 年第 3 期）此概念从犯罪行为人和被害人的双向角度认识涉众型犯罪，相应地，涉众型经济犯罪也自然可以纳入涉众型犯罪的范畴之中。但笔者认为，这样的界定很值得商榷。一方面，如此定义并未触及涉众型犯罪的本质特征，且除了犯罪主体人数确定为三人以上之外，其与普通共同犯罪的区别也并不明显；另一方面，研究犯罪类型，主要还是应该从犯罪行为人和犯罪行为的维度进行研判，由此对该类犯罪的认识方能更有针对性和深入性；再一方面，若只要存在三名以上的被害人即可以成立“涉众型犯罪”的话，那么，爆炸罪、生产销售假冒伪劣产品犯罪（尤其是生产、销售假药罪，生产、销售有毒有害食品罪等犯罪）、交通肇事罪等一个行为导致多人死伤的犯罪都应该被纳入到“涉众型犯罪”的范围，这显然使涉众型犯罪的边界变得模糊，弱化了对此类犯罪研究的初衷。因此，涉众型犯罪的研究范畴还是锁定为犯罪行为人为宜。

的结果事先无法确定，行为人对此既无法预料也难以实际控制，行为的危险或行为造成的危害结果可能随时扩大或增加”。[①] 在这里，我们也可以异曲同工地使用“不特定多数”来概括涉众型犯罪的犯罪主体特征，即涉众型犯罪中犯罪主体的不特定性是指，无论犯罪行为人还是管理当局，都不能预见和控制犯罪主体的身份、人数。详言之，在该类型犯罪中，各犯罪行为人本人均无法预见、确认参与其间的其他犯罪人的身份、数量等情形，[②] 也不能对参与的其他犯罪行为人的身份、数量予以控制；同时，即使存在犯罪首要分子或积极参加人的情形，但二者都很难对现场的每一个犯罪行为人进行策划、组织或指挥，此其一。其二，“不特定性多数”意味着在涉众型犯罪的进程中，犯罪行为人的集合体是开放的而非封闭的，即在此期间，任何人都可以随时以自己的行动参与到犯罪中去，并即时与已有的犯罪行为人迅速成为一个整体；相应地，参与其间的犯罪行为人也可以在自己的意志自由之下随时选择停止犯罪行为，退出该犯罪集合体。其三，作为处置主体的管理当局也不能事先确定犯罪主体的身份、数量等情形，只能在具体处置之中动态地评估参与人员的数量、身份等情形。正是犯罪主体不特定性特征的存在，使得对涉众型犯罪的发生、升级的研判和处置显得较为困难。

特征之三：参与的偶合性。

该特征是指，在很多情形下，犯罪主体参与实施犯罪具有偶合性。一方面，在关联因素上，相当多情形下的犯罪行为人与群体性

---

① 张明楷著：《刑法学》（第二版），法律出版社 2003 年版，第 538 页。

② 当然，在个别涉众型犯罪中，首要分子与主犯事先预谋、策划，先行确定参与人员的数量、身份构成、分工的情形也是客观存在的，但其毕竟是少数；且在这些案例中，最终参与犯罪人员的身份、数量也是大大超出犯罪组织人员主观预料的。从这一意义上讲，涉众型犯罪主体的不特定特征是可以确立的。

事件的引发因素之间并无直接的利害关系，[1] 即属于“非利益攸关者”，[2] 但在群体性事件过程中竭力推动事态升级、积极实施犯罪行为。另一方面，参与的犯罪行为人通常是偶然遭遇事件场景、临时生出犯罪意图、随机沟通联络他人、动态协调相互行为。

特征之四：犯罪态势的规模性。

该特征是指，在因群体性事件引发的涉众型犯罪中，犯罪行为人的数量众多，且通常都达到了相当程度的规模。根据已公开的部分资料，近十年来发生的具有影响性的涉众型犯罪中，犯罪行为人少则数十人，多则近百人。[3] 需要说明的是，此处的规模性既是指犯罪行为人的数量众多，同时也可由此反推出引发相关涉众型犯罪

---

① 例如，2005 年安徽“池州事件”，事件最初起因是几名青年驾驶一辆轿车与一名中学生发生擦碰，该几名青年无端对中学生进行责骂、殴打，引起周围路人义愤并拦车，当巡警赶到现场处置并将双方当事人带离后，滞留现场的人群中传出“警察庇护驾车人”的谣言，使得现场民众数量剧增、情绪激动、言辞激烈，最终事态失控演变为“打砸抢”的恶性事件。之后发现，在司法机关依照聚众扰乱社会秩序罪等罪名追究刑事责任的犯罪人中，没有一个是发生擦碰的双方当事人；类似的事件还有，2009 年湖北“石首事件”，在参与聚众打砸抢罪、聚众扰乱社会秩序罪、妨害公务罪的犯罪人中，也没有一个是群体性事件中的利害关系人。此外，在 2007 年发生的四川“大竹事件”中，被警方拘留的 31 人中，无一人与死者有亲属关系。这些人参与动机非常复杂，有趁火打劫的、有借此发泄怨气的，有的甚至找不到原因，属于无意识的盲从。

② 于峥嵘著：《抗争性政治》，人民出版社 2010 年版，第 158 页。

③ 在近年来发生的具有重大影响的涉众型犯罪中，司法机关启动刑事程序处理的犯罪人都呈现出人数众多的特点。例如，2004 年发生的重庆“万州事件”，处理的犯罪人有 40 余人；2005 年发生的安徽“池州事件”，处理的犯罪人有 30 余人；2008 年发生的贵州“瓮安事件”，处理的犯罪人更高达 100 余人；2009 年发生湖北“吉首事件”，处理的犯罪人有 60 余人。

的群体性事件中普通参与人员或一般违法人员的数量更是成倍增长，[1] 即二者都呈正比例关系。也正是这一背景特征，使得对涉众型犯罪进行专门研究的体系建构的努力显得实有必要，也与前文所提及的本书以群体性事件作为分析框架形成呼应，同时也与一般意义上的共同犯罪研究进行了区分。

特征之五：对抗/对峙的公然性。

该特征是指，涉众型犯罪的犯罪行为人在实施犯罪时与管理机关公开形成对抗或对峙。详述之，首先，行为人与政府管理当局形成了对抗，[2] 在一些群体性事件中，事件起因本是无政府因素的双方当事人之间的矛盾冲突，但在事件发展过程中，由于政府部门替换了原来事件中的一方当事人，成为与群体性事件另一方（通常为弱势的一方）对立的主体；[3] 其次，行为人在与政府管理当局对抗的过程中，并未采取隐秘的犯罪方式，而是公开地实施犯罪；再次，涉众型犯罪行为人在实施过程中面临管理机关的规劝、制止、

---

① 例如，重庆“万州事件”中的一般参与人员约1000人，安徽“池州事件”中的一般参与人员约500人，贵州“瓮安事件”中的一般参与人员约2000人。

② 当前，由于医疗体制改革的滞后、普通民众医疗成本的升高、少数医疗机构的不良执业行为以及部分民众对医务人员的偏见，导致医患矛盾较为突出，而因医疗纠纷所引发的“医闹”事件在各地也时有出现。在这些事件中，患者或其家属方通常采用围堵哭闹、拉扯横幅、将患者甚至遗体放置在医疗场所的显要位置等做法。但需要说明的是，就笔者搜集掌握的资料来看，在这些事件中，政府职能部门都较好地保持了调停者和仲裁人的角色，鲜有卷入其中成为当事人一方的，更没有成为冲突一方所转而攻击的对象。因此，在本书的分析框架下，类似事件还不能被认为是涉众型犯罪引发背景的群体性事件。

③ 例如，云南“孟连事件”的背景，系当地胶农与橡胶公司之间在利益分配上的长期矛盾未得到调和而引发的强烈对抗，此后由于当地政府和公安机关在处置过程中未能客观审视胶农的合理诉求，而是采用强力弹压的方式，使得胶农们将当地政府及执法部门作为了攻击对象，引发了严重的官民冲突。

驱散时，仍执意继续实施犯罪；又次，行为人所实施的犯罪行为本身往往具有明显的蔑视性和挑衅性，即行为人面对管理机关的制止时，不但未约束和收敛自己的行为，反而加剧行为的实施强度或对管理机关采取攻击行为；最后，行为人在实施犯罪过程中，往往还刻意采取一些带有仪式化、象征性的举动，如在犯罪现场大肆展示夺取来的公务人员的制式衣帽、徽章，掀翻公务车辆，或在冲击国家机关中摔砸、践踏国家机关牌匾，撕扯国旗，撕扔或焚烧公文等。①

特征之六：犯罪行为方式的不可预测性。

犯罪行为方式的不可预测性是指，由于群体性事件所引发的涉众型犯罪中犯罪行为人的犯罪行为方式具有很大的随意性、偶然性和突发性，使得执法机关很难对其犯罪行为方式的形态、强度、持久度有一个提前预判，加大了对涉众型犯罪的处置难度。在因偶发群体性事件所引发的涉众型犯罪中，最初每一个参与其中的行为人因肇始动机不尽相同、预期结果并不一致、风险意识把握不一，可能会在初始阶段以一种观望的心态支配自己的行为，其在该阶段实施的行为也多表现为旁观、尾随；而一旦场面扩大、聚集人员急速增加，加之参与人员之间的相互暗示、相互刺激、相互攀升，便极易使行为人的行为在极短时间内迅速升级，由旁观转化为起哄、喧闹，并进而可能转变为纵火、打砸抢、冲击国家机关等各种行为形态。

特征之七：罪名的专指性。

罪名的专指性，是指涉众型犯罪所涉及的罪名仅指刑法分则第六章“妨害社会管理秩序罪”第一节“扰乱公共秩序罪”中，体现与国家管理机关的对抗/对峙性且刑法分则明确以“聚众”作为

---

① 例如，在贵州“瓮安事件”中，众多犯罪行为人在冲击当地乡政府后焚烧公文、撕扯国旗；在重庆“万州事件”中，多名犯罪人在冲击当地派出所后，将派出所的牌匾、国徽取下摔砸、污损。

客观要件的若干罪名。具体是指：聚众扰乱社会秩序罪，聚众冲击国家机关罪，聚众扰乱公共场所秩序、交通秩序罪，非法集会、游行、示威罪和侮辱国旗、国徽罪五个罪名。

在这里需要说明的是，本书之所以仅将涉众型犯罪的罪名范围局限在前述五种罪名之中，是出于以下考量。首先，涉众型犯罪作为一个理论研究的概念，当将其具体研究对象置于注释刑法范畴观察时，必须遵循“罪刑法定”这一基本刑法原则，即其所涉罪名的本质特征必须要有刑事立法的对应明确规定，即首先考虑刑法分则中明确以“聚众”作为客观要件的若干罪名，从这一意义上讲，涉众型犯罪的罪名应该具有法定性。其次，由于群体性事件是直接以社会正常管理秩序为侵害对象的，因此，涉众型犯罪的犯罪客体也应该是社会管理秩序和国家管理机关的正常管理行为，据此可以将涉众型犯罪所涉罪名界定在刑法分则第六章“妨害社会管理秩序罪”第一节“扰乱公共秩序罪”的范畴内。再次，根据前一点所划定的范畴，我们可以发现，在刑法分则第六章“妨害社会管理秩序罪”第一节“扰乱公共秩序罪”中，明确以“聚众”作为成立要件的罪名共有六种，分别是：聚众扰乱社会秩序罪，聚众冲击国家机关罪，聚众扰乱公共场所秩序、交通秩序罪，聚众斗殴罪，聚众淫乱罪，引诱未成年人聚众淫乱罪。但正如之前反复提及的，本书是以当前多发的群体性事件作为研究分析框架的，而群体性事件所具有的与政府管理部门对抗/对峙的特征是其本质特征之一，作为群体性事件最极端表现形式和最恶化阶段的涉众型犯罪，显然会保留这一特质。故涉众型犯罪所涉及的罪名，显然也应该有与政府管理部门对抗/对峙和公然性的特征。而根据这一特征，也就可以将犯罪行为明显具有隐秘性和非对抗性/对峙性的聚众淫乱罪、引诱未成年人聚众淫乱罪排除在外。此外，就聚众斗殴罪而言，其仅指犯罪行为人双方群体之间的相互打斗，虽具有一定的公开性，但往往并不具有与国家管理部门之间的对抗性/对峙性特征。[①] 因此，也可以将其从涉众型犯罪之中排除出去。最后，在本书中，非法集会、游行、示威罪和侮辱国旗、国徽罪在刑法上虽然没有被冠以“聚众”的前缀，但在实践中，此类犯罪多是在群体性事件的演化过程中发生的，且参与人员具有不特定多数性、规模性和偶合性，实施犯罪也具有公然性，因此，此两种犯罪形态完全符合涉众型犯罪的本质特征，故也纳入本书的研究范畴。综上可见，涉众型犯罪的罪名专指聚众扰乱社会秩序罪，聚众冲击国家机关罪，聚众扰乱公共场所秩序、交通秩序罪，非法集会、游行、示威罪和侮辱国旗、国徽罪五个罪名。

第二节　涉众型犯罪概念与相关概念之辨析

一、涉众型犯罪与“涉众型经济犯罪”之概念界分

从现有文献资料看，含有“涉众型”、“犯罪”这几个关键语素的概念，使用最常见的是“涉众型经济犯罪”一词。涉众型经济犯罪多是针对刑事司法实务中出现的相关情况而形成的指称概念。目前，司法实务部门对这一犯罪类型较为权威的定义为：“涉众型经济犯罪，是指涉及众多的受害人，特别是涉及众多不特定受害群体的经济犯罪，主要包括非法吸收公众存款、集资诈骗、传

---

① 当然，在实践中也存在公安机关在处置聚众斗殴事件中，参与殴斗的一方甚至双方转而攻击公安人员的情形。但这毕竟是少数情形，且一旦发生此类情形时，犯罪行为人另起的攻击公安人员的行为性质也自然不再属于聚众斗殴罪了。

销、非法销售未上市公司股票等经济犯罪活动。"[1] 目前，这一概念也被理论界所普遍接受[2]。按照司法实务部门及理论研究者们的大体观点，涉众型经济犯罪这一概念主要是针对犯罪对象而言的，即只关注犯罪被害人的广泛性、不特定性。换言之，该概念中所涉及的"众"，仅是指被害人，而没有针对犯罪行为人或违法行为人。由于本书论及的涉众型犯罪，主要是从犯罪主体的角度阐释"所涉之众"的，因此，"涉众型犯罪"与"涉众型经济犯罪"虽然只有两字之差，但二者的外延与内涵是完全不同的。

二、涉众型犯罪与"聚众犯罪"之概念辨析

就目前而言，"聚众犯罪"一词应该是与"涉众型犯罪"最接近的语词。现有对聚众犯罪所下的定义中，较有代表性的为以下几种。第一种观点认为，"聚众犯罪是指聚集纠合众多人进行犯罪，也可以说是一种以聚众作为犯罪构成必备要件的共同犯罪"。[3] 第二种观点认为，"聚众犯罪是指刑法分则明文规定的以聚众的行为方式实施的犯罪"。[4] 第三种观点认为，聚众犯罪是指"首要分子聚集多人一起实施以'聚众'作为构成犯罪的必要要件，以刑法

---

① 2006 年 11 月，在公安部召开的涉众型经济犯罪专题新闻发布会上，相关负责人首次作出这一定义。参见《公安部通报打击和防范涉众型经济犯罪有关情况》，载新华网，http://news. xinhuanet. com/legal/2006 - 11/23/content_ 5365242. htm。

② 在《浅谈涉众型经济犯罪》（作者周馨、郑永文，载《检察日报》2011 年 1 月 20 日第 5 版）、《和谐社会语境中的涉众型经济犯罪防控对策》（作者肖敏，载《江西公安专科学校学报》2007 年第 3 期）等论文中，论者们都沿用了实务部门的界定。

③ 高格著：《刑法问题专论》，吉林大学出版社 1996 年版，第 138 页。

④ 张正新、金泽刚：《论我国刑法中的聚众犯罪》，载《法商研究》1997 年第 5 期。

分则为特别规定的共同犯罪”。[1] 第四种观点认为，聚众犯罪是指“刑法分则明文规定的，在首要分子的作用下以聚众的行为方式实施的一种犯罪类型”。[2] 其中，第三种观点系《聚众犯罪研究》一书的作者李宇先先生所提出，其在专著中对聚众犯罪的论述相对最为系统、完整。按照李宇先先生的观点，我国刑法中的聚众犯罪共有十九种，并被类型化为“危害国家安全的聚众犯罪”、“侵害人身权利、财产权利的聚众犯罪”、“扰乱公共秩序的聚众犯罪”、“妨害司法的聚众犯罪”、“危害国防利益的聚众犯罪”五类，其分别是：分裂国家罪，武装叛乱、暴乱罪，颠覆国家政权罪，聚众阻碍解救被收买的妇女、儿童罪，聚众哄抢罪，聚众扰乱社会秩序罪，聚众冲击国家机关罪，聚众扰乱公共场所秩序、交通秩序罪，非法集会、游行、示威罪，聚众淫乱罪，引诱未成年人聚众淫乱罪，赌博罪，扰乱法庭秩序罪，破坏监管秩序罪，组织越狱罪，暴动越狱罪，聚众持械劫狱罪，聚众冲击军事禁区罪，聚众扰乱军事管理区秩序罪。[3] 就前述定义来看，聚众犯罪的定义虽各有侧重，但都揭示出了该犯罪类型的两大基本特征，即犯罪主体的多数性（三人以上）和类型成立的法定性（须有刑法的明文规定）。从这一点上讲，这两大特征也是涉众型犯罪所同样具有的。

但进一步分析前述定义的内涵与外延，我们还是可以发现，聚众犯罪与涉众型犯罪有着若干泾渭分明的区别。

首先，聚众犯罪中各罪的定义都未考虑到群体性事件的背景，其相关罪名也通常不会涉及群体性事件。在李宇先先生所列的聚众犯罪诸罪名中，除与涉众型犯罪共有的聚众扰乱社会秩序罪，聚众

---

① 李宇先著：《聚众犯罪研究》，湖南人民出版社 2004 年版，第 8 页。

② 刘德法著：《聚众犯罪理论与实务研究》，中国法制出版社 2011 年版，第 33 页。

③ 李宇先著：《聚众犯罪研究》，湖南人民出版社 2004 年版，第 149 ~ 336 页。

冲击国家机关罪，聚众扰乱公共场所秩序、交通秩序罪外，其他罪名几乎都没有群体性事件的背景因素；而涉众型犯罪则正是在群体性事件的框架下进行分析的。

其次，聚众犯罪中的若干犯罪都具有行为实施的隐秘性，而非公开进行，如聚众淫乱罪、引诱未成年人聚众淫乱罪、赌博罪等；而涉众型犯罪则强调犯罪行为的公然性。

再次，聚众犯罪中的许多犯罪并不具有与国家管理机关的对抗性/对峙性，如聚众斗殴罪、聚众哄抢罪，以及前述的聚众淫乱罪、引诱未成年人聚众淫乱罪、赌博罪等；而与国家管理机关的对抗性/对峙性却是涉众型犯罪的重要特征之一。

又次，涉众型犯罪与聚众犯罪的不对称性，即涉众型犯罪的具体罪名前不一定都冠以“聚众”两字（如非法游行示威罪属于涉众型犯罪，但却难以被纳入聚众型犯罪的范畴），而冠以“聚众”的罪名并不都是由群体性事件所引发的涉众型犯罪（如聚众哄抢罪、聚众扰乱法庭秩序罪、聚众妨害监管秩序罪等不属于涉众型犯罪）。

最后，涉众型犯罪中可能有并不存在首要分子的情形。按照李宇先、刘德法两位作者的观点，聚众犯罪都要求首要分子在其中发挥核心作用，但实际在一些涉众型犯罪中，尤其是在因为琐事或偶发因素引发的群体性事件中，参与人员虽相互沟通、相互配合，但其中并不存在自始至终在犯罪中居于支配地位和策划全程的首要分子。

第二章　新中国成立以来涉众型犯罪的演变及国家高层处置态度的演进分析

近年来，伴随着群体性事件的频发，涉众型犯罪也呈现出多发、易发、常发的趋势。由这一角度观之，容易得出常识性的判断，即因群体性事件所引发的涉众型犯罪似乎是最近10余年来，因中国社会深度转型、利益格局重大变革所导致的。但实际上，从新中国成立以来的历史看，由群体性事件所引发的涉众型犯罪一直存在，只是在不同时期，参与主体、诉求目标、行为方式不尽相同而已。因此，将新中国成立至今设为分析背景，对由群体性事件所引发的涉众型犯罪作一梳理，以此分析该类型犯罪的表征、特性及趋势，对当前认识和规制涉众型犯罪是具有积极意义的，因为从这一意义上讲“一切历史都是当代史”。①

第一节　新中国成立以来涉众型犯罪的梳理

一、新中国成立之初至“文化大革命”之前的涉众型犯罪

（一）本阶段涉众型犯罪的主要表征

在新中国成立之后的相当长一段时期内，国家高层对某些较大

---

① ［意］贝奈戴托·克罗齐著：《历史学的理论和实际》，傅任敢译，商务印书馆1982年版，第2页。

规模群众参与、影响社会秩序和社会稳定的事件，是冠以“群众闹事”这一称谓的。① 因此，循着这一“线索”，会发现本阶段的集体行动事件②通常是由以下几大类型起因而引发的。

1. 农民“闹社”事件引发的涉众型犯罪

在20世纪50年代初国家所推行的社会主义改造过程中，中国广大农村地区推行了借鉴苏联“集体农庄”模式的大规模合作化运动。自1953年开始，以成立农业生产合作社为标志的合作化运动逐渐在农村地区展开，其核心内容就是农民们将其生产资料全部投入合作社中归集体所有（即“入社”），农民们则成为“社员”。由此，中国农村的生产形态从“外观上”改变了沿袭数千年来以家庭为单位的生产模式，③ 改为以社为单位，“实行计划、劳动、

---

① 参见李培林、张翼、赵延东、梁栋著：《社会冲突与阶级意识——当代中国社会矛盾问题研究》，社会科学文献出版社2005年版，第2页。

② 在此处，本书引入了“集体行动”的概念。从逻辑上讲，“集体行动”是能够涵盖“群体性事件”的上位概念，因为按照专门研究社会运动的社会学者的观点，“集体行动”是指有许多个体参加的、具有很大自发性的制度外政治行为（赵鼎新著：《社会与政治运动讲义》，社会科学文献出版社2006年版，第2～4页），按照此界定理解，“群体性事件”更多的是从参与规模和行为结果上解读的，但不可否认的是，任何一宗群体性事件都是集体行动的产物。考虑到“群体性事件”概念已被官方及理论界普遍认同，本书主要还是以群体性事件作为指称代名词。

③ 实际上，中国的农村问题是一个宏大而复杂的命题。由于农耕方式的稳固性、私权观念的浓郁性、血缘纽带的密切性，加之城乡二元对立、宗族势力与国家政权的博弈等一系列复杂变数，因此在生产方式优劣的评判上，很难将以农户家庭为单位的传统生产形态简单地归结为落后的“小农经济”模式并加以革除。事实上，20世纪70年代末期开始的“包产到户”和之后的“家庭联产承包制”改革，正是对农村合作化生产模式的摈弃和对以户为基本单位的农村生产要素的在更高层面上的再度回归。

财务、种植、产品、分配统一管理”。[①] 应该说，这场明显带有全阶层动员色彩的政治性强力推进运动，恰恰又是与这场运动的主导者此前一直所倡导的政治纲领完全相悖的，[②] 并且这场运动的肇始时间距新政权通过土地改革的方式向农民兑现其革命斗争时期的政治承诺仅时隔数年。不过，在运动之初，“当集体化运动从农民手中夺回土地组建人民公社时，就大多数农民而言，对共产党的信赖和信服以及对新生活的希望使他们自愿而且热情很高地交出前几年共产党发给他们的土地投入到集体化生活之中”。[③]

然而，由于农村合作社自身存在的诸多不合理性，使得这场运动虽然因为有着国家政权的推动而具有了合法性，“但这种合法性随着农民贫困的加深和农民对小农经济的怀念而逐渐丧失，各种反抗事实上的存在，冲击着建立在集体经济基础上的乡村社会秩序”。[④] 自1956年开始，各地农村相继出现了一系列的农民“闹社”事件。[⑤] 从1956年秋冬到1957年春，北起辽宁、南至广东，东起浙江、西至陕西，全国若干省份的部分农村频繁发生了农民要求分社、退社的“闹社”事件。在一些地区，随着事件的持续发展，围攻人民公社、哄抢粮食、殴打乡社干部等涉众型犯罪开始出

---

① 于建嵘著：《抗争性政治：中国政治社会学基本问题》，人民出版社2010年版，第187页。

② 在新民主主义革命时期，中国共产党一直以实现中国农民数千年来“耕者有其田”的终极目标作为自己的行动纲领，并在当时以此获得了占中国人口绝大多数的农民阶层的支持，由此也开创了与苏联、东欧各社会主义国家完全不同的政权取得路径，即至今仍被奉为经典的“农村包围城市”路线。

③ 于建嵘著：《抗争性政治：中国政治社会学基本问题》，人民出版社2010年版，第189页。

④ 于建嵘著：《抗争性政治：中国政治社会学基本问题》，人民出版社2010年版，第190页。

⑤ 叶扬兵：《1956－1957年合作化高潮以后的农民退社风潮》，载《南京大学学报》（哲学人文社会科学版）2003年第6期。

现。例如，1956 年秋至 1957 年春的半年多时间内，在浙江某县发生的闹社事件中，少数参与人员实施的犯罪行为，导致 107 名干部遭殴打，407 户干部家中的财物被哄抢；1956 年冬和 1957 年春，在河南数县农村发生的社员分社、退社事件中，犯罪行为人殴打干部 66 人，实施哄抢行为拉走牲畜 4966 头，抢走粮食 125000 斤。① 正是由于这一时期农民“闹社”的集体行动频繁发生引发了众多涉众型犯罪，1957 年 1 月，当时的最高领导人也在一次省、市、自治区的高级领导人会议上将 1956 年称为“多事之秋”。②

2. 工人罢工事件导致的涉众型犯罪

新中国成立之初，为了迅速实现国家的工业化，在 1953 年第一个五年计划实行之初，各地相继招收了大量的城乡青壮年人员作为各类厂矿企业的劳动力储备资源，并对其大多数人许诺了优厚的工作、生活条件。但自 1956 年开始，由于“要求过急，工作过粗，改变过快，形式也过于单一，以致在长时间遗留了一些问题”，③ 导致“一五计划”在实施中出现了全局性的冒进，如 1956 年的基本建设投资总额急速增长 147.35 亿元，比上年增长 70%，高于 1953 年、1954 年两年的投资额，基本建设贷款占财政支出的比重由上年的 30.2% 猛增到 48%，造成国家财政的严重紧张。④ 为此，从 1956 年下半年开始，“一五计划”中的不少基本建设项目相继被压缩或撤销，使得对劳动力的需求随之急剧下降，直接导致了许多已被招收人员的工作、生活无法得到安置，并影响到了不少厂矿企业现有职工的基本生活待遇。在此背景下，“仅 1956 年 9 月以后

---

① 高文锦、马金旗著：《边境地区群体性事件的预防和处置》，群众出版社 2006 年版，第 15 ~ 16 页。

② 《毛泽东选集》（第五卷），人民出版社 1977 年版，第 339 页。

③ 中共中央文献研究室编：《〈关于建国以来党的若干历史问题的决议〉注释本》，人民出版社 1983 年版，第 303 页。

④ 《新中国档案第十集：“一五”计划》，载人民网，http://tv.people.com.cn/GB/61600/9861187.html。

的近半年中，全国各地约有 1 万多工人罢工”。[①] 各地陆续出现的罢工事件，也引发了大量的涉众型犯罪，如地处河南某地的某军工企业，因生产任务严重不足，企业将一百余名职工抽调到当地某生产合作社工作，由于相关安置措施未满足职工的基本要求，导致工人罢工，并在随后演化为多人围攻殴打前来协商处理问题的企业和上级机关工作人员的涉众型犯罪。[②]

3. 学生罢课事件引发的涉众型犯罪

20 世纪 50 年代初期，当大规模的社会主义建设全面展开后，新政权对各类人才的需求持续旺盛，相应地，各地、各行业的专业技术学校/学院开始大量招收学生，学生们在入学之初，也对未来的工作境遇抱以较高的期望。然而，同样由于前一点所述的原因，自 1956 年下半年开始，随着大批建设项目被压缩或撤销，众多专业院校毕业生的工作得不到安排，生活也一度陷入困境；在校学生则因对就业前景堪忧而将弥漫的失落情绪逐渐演化为不满怨气，由此导致一些地方的部分院校相继出现了学生罢课请愿的事件，在近半年的时间内，罢课的学生也达到 1 万多人。[③] 其间，涉众型犯罪也开始滋生。例如，1956 年，河北某地质学校因工作分配困难，将毕业学生的学习时间延长 1 年，引起学生不满，部分学生罢课到石家庄请愿。在此期间，部分犯罪行为人实施了强行拦截开往北京的列车的行为，造成该进京列车被延误 7 小时、沿线运输被中断 12 小时的严重危害后果。同年冬，甘肃某林业学校的 300 余名学生，也因对学校不能发放寒假回家路费罢课数天，并聚众殴打前来

---

① 参见中共中央文献研究室编：《建国以来重要文献选编》（第 10 册），中央文献出版社 1994 年版，第 154 页。

② 参见高文锦、马金旗著：《边境地区群体性事件的预防和处置》，群众出版社 2006 年版，第 17 页。

③ 参见中共中央文献研究室编：《建国以来重要文献选编》（第 10 册），中央文献出版社 1994 年版，第 154 页。

处理的民警和省委干部。[1]

此外，在20世纪50年代，在山东、辽宁、江西、陕西、甘肃、福建、浙江等地，还发生了复员军人因对工作、生活安排问题不满而出现的请愿闹事事件。[2]

（二）本阶段涉众型犯罪的特征分析

1. 主体类型化

通过对这一阶段涉众型犯罪的观察，我们可以发现，在这一时期，无论是“群众闹事”这一集体行动事件的参与人还是此后演化为涉众型犯罪中的行为人，其主体身份都具有较为鲜明的类型化特征，即参与人/行为人均具有相同的阶层、职业或身份。例如，在因农民“闹社”事件、工人罢工事件、学生罢课事件及此后引发的涉众型犯罪中，各类型的参与人员分别为农民、工人和青年学生。这一阶段主体类型化的原因也较容易理解，首先，针对特定阶层的政策（如当时的农村合作社运动）或触及特定身份处境的情势（如当时因国家基本建设的突然大规模压缩，导致工人和学生面临的困境），使得利益均受到冲击的身份共同体成员具有了采取集体行动的共同动因；其次，以上三个阶层/身份共同体各自所具有的较为独特的内在整合、动员机制（如在20世纪50年代，中国农村仍属于典型的“乡土社会”，[3] 具有血缘、亲缘、地缘相叠加的特征；[4] 在同一地域同一批次大量招工中所形成的工人，实际上仍具有农民所共有的血缘、亲缘和地缘色彩，加之企业“工会和

---

① 参见高文锦、马金旗著：《边境地区群体性事件的预防和处置》，群众出版社2006年版，第18页。

② 参见高文锦、马金旗著：《边境地区群体性事件的预防和处置》，群众出版社2006年版，第19页。

③ 参见费孝通：《乡土本色》，载费孝通著：《乡土中国·生育制度》，北京大学出版社1998年版，第6页。

④ 参见刘能：《当代中国转型社会中的集体行动：对过去三十年间三次集体行动浪潮的一个回顾》，载《学海》2009年第4期。

职代会的组织机制为工人集体行动提供了有效的组织资源”;[①] 而青年学生则天然地具有较强的同窗情谊和组织意识），使得各个共同体能较容易地进行动员、联络和协同。

2. 诉求利益单一化

这一阶段，各个共同体所采取的集体行动的诉求均为单一的利益诉求。例如，农民“闹社”事件中的核心诉求就是要收回原来自己的生产资料；而在工人罢工的事件中，诉求也主要是给予工人相应的待遇和生活保障；在学生罢课事件中，学生们的诉求也是较为纯粹利益化的要求工作安排或费用的发放等。可见，这一阶段各集体行动群体的诉求都是较为原发、浅层和现实的利益要求，并未掺杂或派生出要求对体制或机制变革等意识形态化的要求。[②]

3. 势态闭合化

由于这一时期的集体行动及由此产生的涉众型犯罪都是基于特定利益诱因所引发，且参与人员都是与特定利益具有直接利害关系的人，因此具有鲜明的特定阶层或身份化属性；与此同时，在事件的发生、发展及最终导致的涉众型犯罪的全过程中，几乎都是由该特定身份属性的人员参与、实施，少有该特定身份群体以外的人加入，也并未主动、积极地向该阶层/共同体之外的群体寻求声援或支持，即这一阶段的集体行动及引发的涉众型犯罪其事件基本呈闭合化态势。

---

① 佟新:《延续的社会主义文化传统——一起国有企业工人集体行动的个案分析》，载《社会学研究》2006 年第 1 期。

② 也正是因为这一时期集体行动群体成员诉求的利益单一化，因此，当时的最高领导人对事件确立了较为包容的因应策略，对此，后文还将详细阐述。

二、“文化大革命”[①] 之后至20世纪90年代初的涉众型犯罪

（一）本阶段涉众型犯罪的主要表征

“文化大革命”之后至20世纪90年代初的10余年期间，随着“改革开放”政策被确立为中国发展的基本方向，国家在较短的时间里摆脱了“文化大革命”的羁束，迎来了一个较为迅速的发展时期。与此同时，伴随着经济、社会的发展，一些深层次的矛盾开始形成、积累并显现，并在20世纪80年代的中后期逐渐发酵、衍生出集体行动事件，并最终演变为涉众型犯罪。在这一时期，引发涉众型犯罪的集体行动事件主要是由当时的社会精英主导或推动的。

1986年12月，地处中国中部某省会城市、隶属于国家教育部（当时为国家教委）的某知名科技类大学的数百名大学生，因对当地人大代表选举中，由该校产生的6名候选人名额被校方全部内定的不满，与当地其他高校的近千名大学生一道上街游行请愿，并与

---

① 首先需要说明的是，在本书对有关涉众型犯罪演变的时间脉络梳理时，“文化大革命”都是第一、第二阶段的界分点，且虽然“文化大革命”期间所发生的诸如武斗、“砸烂公检法”等聚众性犯罪活动相当突出，然而笔者却并不认为“文化大革命”时期是一个恰当的涉众型犯罪的分析检材。首先，按照第一章的交代，本书是在群体性事件的背景下分析涉众型犯罪的，而群体性事件的一个显著特征就是官民的对峙性/对抗性，而在“文化大革命”时期，虽有“砸烂公检法”这样的冲击国家机关的行为，但并未形成国家力量对运动参与人的压制和后者相应的抗击；其次，“文化大革命”期间的抄家、批斗等行为所针对的目标恰恰是当时国家意志所否定的对象（如“走资派”、“黑五类”等）；最后，“文化大革命”本身就是当时的最高领导人推动的，并且运动的广大参与人的公开诉求都是为捍卫国家最高领导人意志和权威的。所以，从这一意义上讲，“文化大革命”本身就是一场自身分裂的社会运动，也与本书分析框架中的群体性事件和涉众型犯罪相去甚远。

当地政府和公安机关形成对峙。①

1988 年 12 月，在地处中国东部某省会城市、国家部委直属的水利类知名高校，圣诞节前夜（12 月 24 日），2 名该校非洲裔留学生欲带 2 名中国女子进入校园，因拒不服从学校门卫人员进行登记的要求，1 名非洲裔学生与门卫人员发生争执，进而导致校内的中国学生与非洲裔学生发生严重冲突，并一直持续到 25 日凌晨。此后，因听信 1 名中国男子被非洲裔学生所杀的谣言，300 名中国学生冲进该校非洲裔学生宿舍进行破坏活动，并与前来制止的公安人员发生冲突。26 日，该校的中国学生连同该市其他大学的学生，组成 3000 人的集会，要求起诉肇事的非洲裔学生，取消给予外国籍学生远高于中国学生的各项优待政策。12 月 26 日晚，游行人群聚集到当地火车站。在集会中，参与人员打出了争取“人权”和要求“政治改革”的标语，并再度与维持秩序的公安人员发生冲突。②

（二）本阶段涉众型犯罪的特征分析

1. 主体精英化

这一阶段，在涉众型犯罪及此前的群体性集体行动的参与人员中，知识界人员及大学生占了相当多的比例，尤其是在 1986 年、1988 年的两次事件中，行为人几乎均为青年大学生。③ 从这一意义

---

① 刘能：《当代中国转型社会中的集体行动：对过去三十年间三次集体行动浪潮的一个回顾》，载《学海》2009 年第 4 期。

② 同上。

③ 在 20 世纪 90 年代末期之前，由于高考选拔制度的异常严格、录取比例长期保持较低程度，以及国家对大学生的供给制和职业分配制度的存在，“大学生”一直被中国社会公众视为社会的人才群体。但随着肇始于 20 世纪 90 年代后期的大学收费教育、大学毕业生自主择业改革的逐步施行，尤其是 1999 年全国高校的“扩招”，使得中国的高等教育由“精英教育”步入了“大众教育”的阶段，当下的大学生，已经很难再被定义为“精英”群体了。但是回溯到 20 世纪 80 年代，当时的大学生群体仍然是可以称为社会中坚的。

上讲，这一时期的涉众型犯罪主体存在精英化特征，并且属于“传统精英”。[①]

2. 诉求政治化

在这一阶段的涉众型犯罪及此前的集体行动中，参与人员的诉求不再是第一阶段时原发、浅层和现实的利益要求，而是对国家的根本政治制度安排和意识形态提出了改变的要求（在本阶段引发涉众型犯罪的前期事件中，虽然原发的行动诉求本是要求自主地选举人大代表这一代表性民主的程序，或是在当时日隆的平等意识的支配下要求取消对外籍学生的过高待遇，以及之后要求反腐、寻求公平的经济环境等，但在集体行动展开之后，行动的诉求最终都回到了政治方向上），因此，在这一时期，涉众型犯罪及其前期诱发事件的一个重要表征就是“它的未来取向和政治性”。[②]

三、20 世纪 90 年代初至今的涉众型犯罪

（一）本阶段涉众型犯罪的主要表征

随着中国改革开放进程的深入，尤其是随着 20 世纪 90 年代末开始的产业结构调整、国有企业改制，引发了大量国有企业普通员工的下岗、失业；同时，在 21 世纪初开始的新一轮城市化过程中，土地征用、城镇拆迁成为各地推进城市化的最惯用方式；与此同时，一些地方政府针对农民的使农民不合理负担过重的现象客观存在，也使部分农民产生了明显的怨恨积累等。这些社会变迁带来的问题，都为群体性事件及由此所引发的涉众型犯罪的发生制造了内在的社会动因。本阶段的涉众型犯罪及产生的群体性事件大致可以分为以下几类：

---

① 刘能：《当代中国转型社会中的集体行动：对过去三十年间三次集体行动浪潮的一个回顾》，载《学海》2009 年第 4 期。

② 刘能：《当代职工群体性集体行动的几点理论思考——建立在经验案例之上的观察》，载《开放时代》2008 年第 3 期。

1. 权益维护型群体性事件所引发的涉众型犯罪

在这一时期，权益维护型群体性事件按照参与主体的不同，大致可以分为工人维权型群体性事件、农民维权型群体性事件和市民维权型群体性事件三类。

其中，工人维权型群体性事件主要集中在20世纪90年代末至21世纪初的前5年内，因为这一期间恰恰是国企改制大规模进行、大量企业员工下岗的阶段。在下岗再就业过程中，由于相关保障下岗职工权益机制的不健全，加之企业改制过程中少数原国企领导的贪腐行为、一些国有资产管理部门的失职等情形，使得改制企业职工合法权益受到损害的情形较为突出，由此也在全国多地、尤其是大中型老国有企业较为集中的地区出现了多起工人维护自身权益的群体性事件。在这些事件中，参与人员与当地政府及公安人员形成了严重对峙，并在后期演变为围堵、冲击国家机关，堵塞公路交通等严重情形的涉众型犯罪。①

也是在这一阶段，因一些地方基层政府的领导出于谋求个人政绩的私利，在对政府功能的定位上，将本应为服务型、保障型的政府定位为“谋利型政权经营者”，② 导致在土地征用、税费征收等过程中大量漠视农民合法权益的现象较大量地出现，由此引发农民维权型群体性事件及因此引发的涉众型犯罪也呈现出多发的态势。例如，1996年，地处中部某省的某县，因不满当地政府擅自对农民征收的不合理收费，当地爆发了有3万多名农民参与的群体性事件，整个事件持续近2个月，事件后期演化为冲击乡镇党政机关、

---

① 在这一时期，工人维权型群体性事件往往具有很强的感染性，即一地发生一宗此类事件后，邻近地区或同行业其他企业往往会随之发生类似事件。对此的相关事例，本书在有关群体性事件的仿效性部分已有过论述，在此不再赘述。

② 参见杨善华、苏红：《从“代理型政权经营者”到“谋利型政权经营者”——向市场经济转型背景下的乡镇政权》，载《社会学研究》2002年第1期。

堵塞交通要道、打砸抢村干部住宅的严重涉众型犯罪。又如，2008年，云南孟连地区的胶农，因在与当地橡胶公司的经济合作中长期处于不对等地位，其要求增加收入的合理诉求一直得不到满足，由此引起胶农们的不满，引发与当地政府的直接对抗，并最终引发举世震惊的“孟连事件”。

在这一阶段，普通市民为维护自身合法权益而引发的群体性事件及由此产生的涉众型犯罪也开始出现。例如，2008 年 11 月，西北某省一地级市为修建行政中心，对拟建地原有住户房屋进行拆迁。因 30 多户拆迁户对政府给予的拆迁政策不满，组织起来集体向当地市委上访，其间因与政府部门的对峙态势的加剧，上访人员数量迅速增加到 2000 余人，人员情绪出现异常，随后开始冲击市委办公大楼、聚众打砸抢烧，最终焚毁市委多幢建筑，砸毁数 10 台车辆，并将当地中级人民法院的职工宿舍烧毁，造成极其严重的危害后果。①

2. 因管理冲突事件引发的涉众型犯罪

随着我国城市化进程的加快，部分城市管理者在处理营造整洁、规范、有序的城市环境与确保城市中部分特殊群体（如小商贩、无证载客运营者等）的基本生存权益的问题上，因完全出于政绩观的考量，采取简单粗暴的工作方式，导致城管、公安等部门在整治城市环境、治安管控等行政管理过程中，与管理相对人之间因矛盾引发的群体性事件较大量地出现。例如，2002 年 7 月，西南某市城管人员在处理违章占道经营摊贩过程中，殴打一名 60 多岁的老者，引起其他众多商贩的不满，双方发生打斗。之后，大量公众加入商贩一方，并发展到冲击当地街道办事处和城管执法局的涉众型犯罪。2008 年 11 月，在南方某市开展的打击非法摩托车运营专项行动中，在场参与检查的某街道办工作人员赖某为阻止从事

---

① 刘能：《当代中国转型社会中的集体行动：对过去三十年间三次集体行动浪潮的一个回顾》，载《学海》2009 年第 4 期。

非法营运且企图驾车逃避检查的摩托车驾驶员李某，将手持的对讲机砸向李某头部，导致李某驾车撞到路旁灯柱，因伤势过重死亡。为此，李某家属及同乡将李某的尸体抬到当地交警部门办公区域，并与处置的政府部门发生对抗，继而导致打砸交警部门大楼、掀翻警车的涉众型犯罪的发生。

3. 由普通琐事冲突事件引发的涉众型犯罪

在这一阶段，还出现了此前两个阶段所没有的新形态的群体性事件及其引发的涉众型犯罪，即由民众之间的普通琐事引发的群体性事件及后续的涉众型犯罪。其中最为典型的当属 2004 年的重庆“万州事件”和 2005 年的安徽“池州事件”。这两起事件的最初起因，均是普通民众之间因琐事发生的纠纷，但因围观民众存在的“仇官”、“仇富”情结，加之现场谣言的传播，迅速导致事态失控，最终酿成有严重打砸抢烧等极端犯罪行为的涉众型犯罪。

（二）本阶段涉众型犯罪的特征分析

1. 主体多元化

由这一阶段的集体行动及由此引发的涉众型犯罪可以看出，参与人员的主体不再像前两个阶段那样仅局限在几个特定职业化或特定身份属性的群体中，而是具有了广泛的主体类型。除了失地农民、下岗工人这两个具有本阶段显著特征的职业群体类别外，大量的、混同有不同职业背景的普通市民，以及并不具有明显职业身份的社会闲杂人员也因特定情境成为了一些集体行动及此后引发的涉众型犯罪的参与主体。例如，在一些城市因维权而发生的群体性事件中，收入、职业、受教育状况等均处于社会平均水平之上的社会成员也因业主维权、反对环境污染等事由参与到群体事件之中；而没有明确的职业身份的社会闲散人员也在诸多的涉众型犯罪中发挥了积极参加人的作用。① 由此，使得这一阶段的涉众型犯罪的主体

---

① 例如，在贵州“瓮安事件”、湖北“石首事件”中，大量的犯罪行为参与人都是社会闲杂人员。

呈现出多元化的现象。

2. 诉求多元化、复合化

在本阶段涉众型犯罪及此前的群体性事件中，在参与人员提出了明确诉求的情境下，[①] 其诉求呈现出了多元化、复合化的趋势。就诉求的多元化而言，在有明确诉求的群体性事件中，除了物质化的利益诉求外，非物质化的权利诉求和价值化的诉求（如城市地区居民反对潜在的环境污染，商品房住宅小区业主要求行使业主权利、自主选聘物业管理公司；农村地区农民要求村务公开、要求自己参与村务自治的权利得到有效保障等）开始出现。[②] 就诉求的复合化而言，在一些引发涉众型犯罪的群体性事件中，参与人员的诉求并非单一的，往往夹杂着多个诉求，如在本阶段一些老工业基地发生的因工人维权引发的群体性事件中，工人们除了提出要求提高失业待遇、得到妥善安置之外，通常都强烈地表达了要求惩处企业领导人员的渎职行为、查处企业改制中的腐败行为的态度；[③] 而在因农民维权而发生的群体性事件及由此引发的涉众型犯罪中，除了要求在征地补偿、就业安置方面给予合理的待遇或减轻农民不合理负担等物质化诉求外，当事人往往也会提出要求切实实现村民自治权利的诉求。可见，伴随着社会变迁所带来的利益格局的多元化、社会成员需求的多样态化，在本阶段中引发涉众型犯罪的群体性事件中参与人员的诉求出现多元化、复合化是一个必然的趋势。换言之，正如有学者所言，这一时期引发涉众型犯罪的群体性事件具有

---

① 在这一阶段的群体性事件中，并非每一起事件的参与人都有诉求或主张，在一些事件中，参与人员本身与事件的原发因素无利害关系，参与事件纯属借机泄愤。

② 例如，在 2011 年发生在广东陆丰的“乌坎事件”中，国家有关部门派出的工作组到事发村进行调研时，村民们都一致地表达出了要求重新选举村委会、切实保障村民的民主权利的呼声。

③ 佟新：《延续的社会主义文化传统——一起国有企业工人集体行动的个案分析》，载《社会学研究》2006 年第 1 期。

的一个显著特征就是“以维护某种价值为目标的集体行动逐渐增多”。① 由此，我们也可以隐约看到中国社会成员自主意识的逐渐增强（如在农村地区，农民们在诸多维权型群体性事件中都主张要真正行使国家赋予的“村民自治”的权利，就是意识到了“村党支部和村委会作为国家给予了一定政治地位的乡村权力中心”，②相应地，“村干部在充当代理人和当家人的双重角色”；③ 又如，城市小区业主要求行使业主权利，选聘物业管理公司的集体行动，也表达出了强烈的自主意识）。不过需要特别强调的是，我们注意到，虽然在本阶段群体性事件及此后引发的涉众型犯罪中，行为主体的明确诉求中有不少权利化、价值化的诉求，却鲜有对国家的政治路线、政治纲领提出改变的要求，这也是本阶段与之前论述的第二阶段的一个重大区别。由此我们也就不难理解，尽管这一阶段是中国群体性事件及引发的涉众型犯罪最为频发的时期，但国家高层仍然提倡在处置时强调尽量考虑民众的“合理诉求”，“慎用警力”。

3. 动机泄愤化

在这一阶段，出现了前两个时期所没有的新特征，即行为人参与动机的泄愤化。在这一阶段的一些典型事件中，导致群体性事件矛盾激化、冲突升级、局面失控的参与人，往往并不是最初原发起因的当事人，而是并无利害关系的无关人员，他们的参与，主要是一种“泄愤性冲突”，④ 即利用普通事件，借题发挥、借机泄愤，

---

① 王国勤：《当前中国“集体行动”研究述评》，载《学术界》2007 年第 5 期。

② 于建嵘著：《抗争性政治：中国政治社会学基本问题》，人民出版社 2010 年版，第 195 页。

③ 参见徐勇：《村干部的双重角色：代理人与当家人》，载《徐勇自选集》，华中理工大学出版社 1999 年版，第 280 页。

④ 于建嵘著：《抗争性政治：中国政治社会学基本问题》，人民出版社 2010 年版，第 160 页。

将平时积累的怨气、难以表达的愤懑，利用这一特定时机“搭便车”加以发泄。①

4. 势态开放化

在本阶段，随着社会进步所伴随的信息技术的日益发达，社会成员能够借助于即时、开放的资讯工具（如互联网、手机、微博等）表达诉求、传播信息、开展动员，尤其是网络空间存在的匿名性和不特定性，使得一些引发涉众型犯罪的群体性事件在萌发阶段，社会公众可以随意地就事件发表评论、传播消息和召集力量，使得事件的发展过程始终处于“被围观”和“可进入”的状态；②加之如前所述，在这一时期引发涉众型犯罪的群体性事件中，大量非利益攸关者的介入，导致事件的参与人规模庞大、数量众多，也使得事件的态势处于开放姿态；同时，由于不断有无关人员参与，相互之间更容易相互呼应、相互暗示、相互刺激、相互攀升，更易使得事件的矛盾升级、冲突激化。

5. 目标的聚焦化

在一些因群体性事件所引发的涉众型犯罪中，参与人员为表明自己行为的“正当性”进而获得更大的支持，往往对自己的犯罪行为有所克制，即并不随意实施针对普通民众人身和财产的滋扰行为，而是对党政机关或事件当事人一方（通常是相对强势的一方

---

① 例如，贵州“瓮安事件”本是一女中学生溺水身亡的普通案件，在死者家属与政府部门交涉时，大量的无关人员在不法分子的煽动之下，冲击当地政府、公安局，导致事件急速升级，最后发展成为上万人参与的打砸抢烧严重犯罪事件。四川“大竹事件”也有类似的情形，即一家酒店女服务员因不明原因死亡，在其家属与酒店交涉时，因不法人员散布谣言、挑动，大量无关人员开始聚集、围观，人数达近万名。之后，围观人员开始冲击当地主要政府机关，造成巨大的财产损失。

② 例如，在四川“大竹事件”和湖北“石首事件”中，由于少数不法人员利用QQ、手机短信等工具发布大量虚假信息，导致民众误信、误传，引起民众对当地政府部门的不满，最终引发严重的涉众型犯罪发生。

当事人或被质疑方①）实施犯罪行为。例如，在贵州“瓮安事件”中，数百名犯罪行为人在实施打砸抢行为时，针对的目标均是当地党政机关和执法部门的办公场所及设施，② 相应地，犯罪行为并未明显针对当地普通民众的财产。需要引起警惕的是，正是由于在此类涉众型犯罪中，犯罪行为人所实施的行为均是针对党政机关或事件的相对强势方，而对普通社会成员并不具有明显的侵扰性，因此，其行为往往不容易引起普通民众的抵制感，甚至更容易被一些民众所认同，容易博得同情、引起响应。

6. 诱因多样化、琐碎化

在这一阶段，中国社会的各项改革均先后进入“深水区”，各项利益格局的调整渐次进入关键期，各种矛盾相继暴露、各种冲突此起彼伏，在这样一个复杂、深刻的变革背景下，极易滋生出极端

---

① 例如，在云南某县因企业生产过程中的环境污染而导致的与当地村民发生的群体性事件中，村民一方的参与人员对该企业实施了打砸抢等破坏行为；在因对企业改制不满而引发的吉林通钢事件中，部分参与人员针对改制企业实施了破坏高炉、冲击生产区等行为；在湖北“石首事件”中，参与人员对被害人身前所工作的酒店进行了打砸。

② 在贵州“瓮安事件”中，不法人员的犯罪行为几乎都是针对当地政府机构的，犯罪行为人先后对瓮安县委、县政府大楼进行了打砸抢烧，造成县委大楼被烧毁，县政府大楼 100 余间办公室被烧毁，县公安局大楼 40 余间办公室被烧毁，县公安局户政中心档案资料全部被毁，42 台政府车辆被毁，数十台电脑被抢走；在深州宝安区发生的因执法人员用对讲机砸人所引发的群体性事件及此后引发的涉众型犯罪中，参与的人员也将打砸的目标集中在案发地的交警办公楼和警务车辆上；甘肃“陇南事件”，在因对拆迁不满而由群体性事件升级为涉众型犯罪中，犯罪行为人纵火焚烧了当地市委的主要建筑及中级人民法院的一幢建筑，并烧毁该市档案局大部分档案资料，此外，犯罪行为人还砸烧警车等公务车辆 20 余辆。

化和暴戾化的社会情绪，[1] 而一旦社会普遍弥漫起这样的情绪，则会使社会冲突的爆发“燃点”不断降低，“一个很小很小的偶然事件，都可能引爆整个社会的激愤，引爆大规模的社会报复”。[2] 通过观察可以发现，在本阶段因群体性事件所引发的涉众型犯罪中，一些典型事件往往是由琐碎化的偶发情形引起的，如重庆“万州事件”、安徽“池州事件”、四川“大竹事件”等，且“很多事件的发生往往没有明显的先兆”。[3]

第二节　国家高层对新中国成立以来涉众型犯罪认知处置态度的演进分析

通过前述对新中国成立以来涉众型犯罪及其前期诱发因素的大致归纳，我们可以看出，基于对涉众型犯罪及其诱发因素的自身发展过程的研判，也随着政治民主化趋势的增强、执政智慧的提升，国家高层对这一犯罪态势尤其是作为其背景因素的集体行动/群体性事件的治理态度，经历了一个从宽容对待到严厉打压再到克制治理的渐进转变和再度回归的过程。

---

① 2008年5月，犯罪行为人杨某因对公安民警的正常盘查不满，持刀闯入一公安机关，砍杀10名无辜民警，致其中6人死亡，4人重伤。事件经报道之后，在网络上，大量网友却对此拍手称快或对杨某抱以极大同情甚至视其为“英雄”。这一现象在反映出当前官民矛盾在相当程度上客观存在的同时，也显现出当下不少民众情绪的极端化和暴戾化。

② 笑蜀：《近几个月来发生的几起极端事件，足以佐证社会情绪正在趋向极端化和暴戾化》，载《经济观察报》2008年10月18日。

③ 刘德法著：《聚众犯罪理论与实务研究》，中国法制出版社2011年版，第2页。

一、宽容对待阶段（新中国成立之初至“文化大革命”前）

新中国成立之初至“文化大革命”之前，国家高层针对这一时期的涉众型犯罪，一般采取了较为宽容的认识态度和较为宽缓的处置方式。

首先，将当时的涉众型犯罪界定为人民内部矛盾。针对新中国成立之初，尤其是1956年、1957年所集中爆发的集体行动和此后发生的涉众型犯罪，国家高层均将其界定为“群众闹事”。按照这一表述，闹事的主体是“群众”，这在中国的官方语境下，是一个相当正面的称谓。① 究其原因，当时处于政权更迭之初，国家高层出于“阵营化”② 思维的惯性，需要首先将集体行动的性质作一政治化的评判，而这一阶段集体行动的主体，甚至事件升级之后涉众型犯罪的主体的身份，绝大多数都是新生政权所依靠阶层的农民、工人，以及虽然不是依靠阶层，却极富感召色彩和动员象征的青年学生，③ 因此，在政治判断上将第一阶段的涉众型犯罪及其诱发事件均归入了非对抗性敌我斗争范畴的“人民内部矛盾”。对此，当时的最高领导人针对群众闹事多次强调：“不要讲都是反革命……

---

① 时至今日，“群众”仍然是一个正面的用语，经常在官方语言体系中使用，如“群众路线”、“干群关系”等，并且与“人民”是同等程度且可以互换或并列使用的概念。

② 在20世纪40年代末、20世纪50年代初，中国所面临的国际国内环境都需要当时的领导层具有明晰的“阵营化”意识。在国际上，因“冷战”正兴，东西方剑拔弩张，作为新生社会主义政权的中国，很显然地需要在国际政治战线上站立在东方“阵营”之列；在国内，由于旧政权残余势力仍大量存在，需要将新旧政权作一明显的“政治切割”，因此，“敌我”、“路线”在当时是首要和基本的政治前提，也是“政治正确”的核心。

③ 自20世纪10年代末以降，中国共产党就一直将青年学生视为一个特殊的依靠力量；而以青年学生为肇始主体的“五四运动”，至今仍被主流政治学说视为新民主主义革命爆发的标志。

不能够说主要是反革命。"① 也正是在这样的背景下，我们才能理解，为什么当时的最高领导人甚至作出了"要允许工人罢工、允许群众示威"的讲话。②

其次，在对涉众型犯罪及其诱发因素的认识上，采取了"自省式"的认识方式。在认识这一时期的涉众型犯罪时，当时的国家高层特别重视对诱发矛盾的成因、规律进行分析，并着重从领导层内部查找原因，并实事求是地将客观存在的官僚主义作风、部分群众的利益未得到满足作为引发涉众型犯罪的主因。针对引发诸多群众闹事的官僚主义，当时的最高领导人指出："发生闹事的更重要的因素，还是领导上的官僚主义。这种官僚主义的错误，有一些是要由上级机关负责，不能全怪下面。"③ 针对部分群众的利益未得到满足的问题，最高领导层也认为："一九五六年，在个别地方发生了少数工人学生罢工罢课的事件。这些人闹事的直接原因，是有一些物质上的要求没有得到满足。"④ 对新中国成立之初的涉众型犯罪及其诱发因素的客观认识和辩证分析，成为这一时期的涉众型犯罪被当时的领导层视为可控和可容忍的"人民内部矛盾"的重要原因之一。

最后，在处置方式上，反对动辄以"专政手段"处置。如前所述，由于在此期间国家对于涉众型犯罪有着较为客观的认知，在处置手段的选择上，国家高层对于群众闹事的处置也并未采取严厉的刑事政策，而是采取了较为宽缓的处置方式。在这一时期，针对涉众型犯罪处置手段的选取原则问题上，有关领导人反复指出：

---

① 参见薄一波著：《若干重大决策与事件的回顾》（下卷），中共中央党校出版社 1993 年版，第 570 页。

② 《毛泽东选集》（第五卷），人民出版社 1977 年版，第 312 ~ 329 页，转引自刘德法著：《聚众犯罪理论与实务研究》，中国法制出版社 2011 年版，第 16 页。

③ 《毛泽东文集》（第七卷），人民出版社 1999 年版，第 236 页。

④ 《毛泽东文集》（第七卷），人民出版社 1999 年版，第 236 页。

"现在我们有些同志，对待人民内部问题动不动就想'武力解决'，这是非常危险的，必须坚决纠正的。"① 即使对于群众闹事的带头人物，最高领导人也主张要区别对待，不要简单用压制、专政的方式处理，他指出："对于闹事的带头人物，除了那些违犯刑法的分子和现行反革命分子应当法办以外，不应当轻言开除。"② 针对当时在一些地区一度出现混淆两种不同性质矛盾的情形，刘少奇也明确指出，"用对付敌人的专政的办法来处理自己人的问题，处理劳动人民的问题，这是个根本的错误"。③ "凡是群众中间闹起事来，有的领导人就去分群众的界线，问人家的动机，查人家的历史，当作反革命事件来处理。如果把人民群众当作敌人，这就根本错了，实际上是把自己当作人民的敌人了。"④ 正是在这样的指导方针下，当时国家对于农民闹社、工人罢工、学生罢课等事件及其中所引发的极端涉众型犯罪均采取了"统筹兼顾"、教育为主、刑罚为辅的处理模式，即重新在国家层面对参与事件的群体的利益诉求予以了关注和一定程度上的重新调整，如将农村合作社中农民的分配比例适当提高、适当提高企业工人的物质待遇等；而对于参与集体行动以及涉众型犯罪的人员，也采取了"惩治少数，教育、挽救大多数"的刑事政策，在刑罚处罚上做到了区别对待，取得了较好的社会效果。

---

① 薄一波著：《若干重大决策与事件的回顾》（下卷），中共中央党校出版社 1993 年版，第 571 页。

② 《毛泽东文集》（第七卷），人民出版社 1999 年版，第 237 页。

③ 《刘少奇选集》（下卷），人民出版社 1985 年版，第 305 页。

④ 《刘少奇选集》（下卷），人民出版社 1985 年版，第 305 页。

二、严厉打压阶段（“文化大革命”后至21世纪初）

“文化大革命”之后至21世纪初，[①] 国家高层对这一期间的涉众型犯罪开始采取严厉的处置手段。对此，又可以分为两个不同时期。

第一个时期是“文化大革命”之后至20世纪90年代初，如本书前一节所述，由于受到国内外特定的政治环境的影响，这一时期的涉众型犯罪具有了明显的政治化趋势，并且相关事件的诉求内容也变为直接要求改变国家的根本政治制度，这样的诱发事件及其产生的涉众型犯罪显然已经不属于“人民内部矛盾”的范畴，而已经上升到影响国家政权安危的层面，理应受到国家的强力处置。因此，在这一阶段，国家高层旗帜鲜明地将诱发事件的性质定为“政治动乱”，体现了国家高层对此时的涉众型犯罪的诱发因素在政治上的断然否定。可以说，在这一时期，国家对涉众型犯罪的处置是必须和必要的。

第二个时期是20世纪90年代初至21世纪初的十年，在这一时期，由于改革开放逐渐进入“攻坚阶段”，尤其是从20世纪90年代中后期开始，因为中央和地方实行分税制改革，一些基层政府加大对农民的不合理税负；同时，国有企业的兼并、重组也进入一个高峰期。在这样一个社会矛盾叠加出现的时期，各类社会冲突，尤其是一些农村地区和老工业基地集中区域的集体抗争较大量地涌现出来。在当时的情形下，出于单纯的“维稳”思路，相当多的地方政府在对待并不具有政治化因素的集体行动事件和其所引发的涉众型犯罪过程中，多采取了较为简单、过激的处置方式，即动辄使用大量警力、宽泛化地对参与人员适用刑罚措施的现象在当时各

---

① 按照本书的叙述方式，自“文化大革命”之后至20世纪90年代初，是我国涉众型犯罪演进的第二个阶段；不过，国家高层对涉众型犯罪及其诱发事件的认知和处置态度却是跨越这一阶段的。

级政府处置涉众型犯罪及其前期诱发事件过程中具有相当的普遍性。[①]

三、克制治理阶段（21 世纪初至今）

自 21 世纪初以来，随着政治民主化进程的进一步加快，在新的历史条件下，对涉众型犯罪成因的再度思考，国家高层的处置态度又悄然发生了改变，逐渐摈弃了此前简单制止、一味打压的方式，重新转为较为宽容的认识态度和较为宽缓的处置方式。

首先，是国家高层对涉众型犯罪性质界定的“去妖魔化”。[②]通过对转型时期群体性事件诱因、诉求以及对此前处置方式及效果的反思，加之认识到了“群体事件从社会学来讲可能是危机，也可以是警示，有利于社会功能的重新整合”，[③] 国家高层对这一集

---

① 据笔者对东北、中部、西部几省选取的若干个中级人民法院刑一庭在 1995 年至 2000 年之间的刑事法律文书的抽样分析发现，这几年里，在上述几地法院判处的聚众扰乱社会秩序罪、聚众冲击国家机关罪、聚众打砸抢罪、寻衅滋事罪等犯罪中，带有群体性事件性质的案件约占此类案件总数的 60% ~70%，且每一宗案件中的被告人数都较为众多，少则 4 ~5 人，多则 10 人以上，最多的一起是因原国企职工聚集围堵当地市政府所引发的涉众型犯罪，被告人竟有 28 名之多，且序列靠后的被告人多为一般追随人员，但亦被定罪量刑，且都未被适用缓刑。

② “去妖魔化”是针对“妖魔化”而言的。20 世纪 90 年代初至 21 世纪初的约十年时间里，在各地因部分民众争取权益而引发的涉众型犯罪中，一些地方政府较常态化地采取了事件诱因遮蔽化、合理诉求排斥化、官方反应过度化、宣传报道片面化的态度，将群体性事件视为洪水猛兽。在此期间，“别有用心人员”、“不明真相群众”、“不可告人目的”等词成为不少地方政府在提及群体性事件及引发的涉众型犯罪时的常用语，对其“妖魔化”立场可见一斑。

③ 皮艺军：《社会敌意的犯罪学解读（续）》，载《中国犯罪学学会第十八届学术研讨会论文集》，第 1091 页。

体行动的界定再次复归到“人民内部矛盾”的基本判断上。[①] 对涉众型犯罪基本性质判断的回归，也为克制处置群体性事件及其所引发的涉众型犯罪确立了政治指向。相应地，针对群体性事件、涉众型犯罪的有关官方表述也跟进“去敌人化”。[②]

其次，是对涉众型犯罪诱因认识的“内省化”。在此阶段，官方高层开始从国家治理本身检视得失、总结教训，换位思考执政行为的不足。无论是对涉众型犯罪诱因的总体认识思路，[③] 还是对特定事件成因的剖析，[④] 都反映出了对涉众型犯罪诱因的自省。

最后，对涉众型犯罪治理时刑法投入的审慎化、宽缓化。事实

---

① 在这一期间，一系列国家纲领性文件都将群体性事件列入非敌我矛盾之列。如2004年中国共产党第十六届三中全会提出“要建立健全依法及时合理地处理群众反映问题的长效机制，妥善处理信访突出问题和群体性事件”。在2006年10月中央第十六届六中全会通过的《关于构建社会主义和谐社会若干重大问题的决定》中，进一步阐述了预防和处置群体性事件的重要原则，即“要拓宽社情民意表达渠道”，“把群众利益诉求纳入到制度化、规范化、法制化的轨道”，同时，要“健全社会舆情汇集和分析机制，完善矛盾纠纷排查调处工作制度”。此外，国家领导人在处理群体性事件时明确指出，“及时妥善处理人民内部矛盾，妥善处理信访突出问题和群体性事件。”（胡锦涛：《正确处理各种社会矛盾，大力促进社会和谐》，载《人民日报》2011年2月23日第1版）。

② 自2000年开始，公安部在指称涉众类型社会事件时，启用了中性化、去价值化的“群体性事件”概念；2003年宪法修改后将之前针对“骚乱”的临时军事管制措施“戒严”修改为“紧急状态”，这一用语的“去军事化”也折射出国家高层对“骚乱”这一社会失范现象的“去敌人化”。

③ 党的重要文件《关于构建社会主义和谐社会若干重大问题的决定》提出，“着力解决土地征收征用、城市建设拆迁、环境保护、企业重组改制和破产、涉法涉诉中群众反映强烈的问题，坚决纠正损害群众利益的行为”。

④ 在云南“孟连事件”、贵州“瓮安事件”及广东“陆丰事件”发生后，官方于之后的处置中，都不同程度地表达了维护民众正当诉求、追查当地管理中深层次矛盾和追究失职渎职官员的自查化态度。

上，在刑法治理社会反抗事件中，自古就有审慎处之的古训，如“以礼义治之者积礼义，以刑罚治之者积刑罚；刑罚积而民怨背，礼义积而民和亲”等警句至今仍折射出历史的灼见。① 加之近年来，理论界对刑法功能的认识更趋理性，如有学者提出，“刑法被看作可以任意调遣的工具与专司生杀予夺的峻法的观念泛滥”，将导致“刑法的亲和力与公众认同丧失基础”。② 同理，学者们也指出：“一个过分依赖警察、靠着警察‘冲锋陷阵’的社会，一定会是矛盾积聚、问题累积并高度危险的社会。”③ 国家高层也逐渐意识到了此点。进入21世纪以后，时任中央政法委书记的罗干就提出，“要妥善处置群体性事件，防止和减少因处置不当而激化矛盾，影响社会稳定”。④ 2008年11月，时任公安部部长孟建柱在党的权威刊物上撰文指出，在处置群体性事件中，要明确公安机关的主要任务是维护现场秩序、化解矛盾、制止过激行为、防止局势失控；坚持“三个慎用”（慎用警力、慎用武器警械、慎用强制措施），坚决防止因用警不当、定位不准、处置不妥而激化矛盾，坚决防止发生流血伤亡事件。⑤ 与此同时，最高人民检察院在《关于在检察工作中贯彻宽严相济刑事司法政策的若干意见》中，针对因群体性事件所引发的涉众型犯罪，明确了检察机关的处理原则，即“对极少数插手群体性事件，策划、组织、指挥闹事的严重犯

---

① 《新书·定取舍》。

② 周光权：《论刑法的公众认同》，载《中国法学》2003年第1期，第53页。

③ 蔡道通：《基本人权的尊重：刑法社会保护的边界与限度》，载郎胜、刘宪权、李希慧主编：《改革开放30年刑事法治研究》，中国人民公安大学出版社2008年版，第164页。

④ 《中央要求妥善处理好人民内部矛盾、处置好群体性事件》，载《人民日报》2004年12月9日第2版。

⑤ 孟建柱：《深入学习实践科学发展观，做党的忠诚卫士和人民群众的贴心人》，载《求是》2008年第21期，第7页。

罪分子以及进行打砸抢等犯罪活动的首要分子和骨干分子，要依法严厉打击。对一般参与者，要慎重适用强制措施和提起公诉；确需提起公诉的，可以依法向人民法院提出从宽处理的意见”。相应地，人民法院在审理涉众型犯罪案件的过程中，也悄然出现了克服一味从重思路，开始适用轻缓化的刑罚处罚的趋向。[①]

四、小结

国家高层对新中国成立以来涉众型犯罪认知与处置的态度经历了由“容”至“严”、再到“宽”的演进过程。这一否定之否定的循环往复进程，也反映出国家高层对群体性事件及由此引发的涉众型犯罪认识的不断深化、国家刑法观的愈发成熟、国家执政智慧的不断提升和执政信心的显著增强。[②] 这显然是一个可喜的趋势。基于对涉众型犯罪及其诱发因素的理性研判，也随着政治民主化趋势的增强、执政智慧的提升，我们可以发现，“有所为、有所不

---

① 根据笔者的调研，近年来人民法院审理的涉众型犯罪案件，即使参与人数众多、规模较大，但涉案的被告人数量也呈现出明显下降的趋势；在量刑时，短期自由刑、非剥夺人身自由的刑罚开始较多地适用。例如，在湖北“石首事件”中，当地人民法院对实施聚众扰乱社会秩序罪的首要分子涂某等5人判处5年至2年6个月不等的有期徒刑，对其他积极参加的5名被告人则判处1年至2年的有期徒刑、缓刑和免予刑事处罚；又如，在广东顺德发生的因村民对征地补偿数额不满而引发的聚众扰乱交通秩序罪中，当地人民法院对2名首要分子仅判处管制；再如，在河南新郑张某某等6人因反对环境污染而引发的涉众型犯罪中，6名被告人均被判处缓刑。这样的判决结果在此前几乎是“不可能的”。

② 一般而言，国家的治理能力越强，其对群体性事件的宽容度越大，处置的韧性也越大。从这个意义上讲，正如黄仁宇所言，“所以镇压，不是有力量的标志，而是缺乏力量的表现”。（黄仁宇著：《十六世纪明代中国之财政》，生活·读书·新知三联书店2007年第2版，第137页）

为”的刑法观正逐渐成为官方/国家与刑法理论界的共识。[①] 在这种共识的指导下，刑法只有在应对诸如群体性事件等社会现象时做到“有所不为”、“克制而为”，才能保证在刑法资源相对短缺的当下，在解决更为迫切的严重犯罪时，[②] 刑法资源投入的及时性、充足性与刑法治理的“大有作为”。从这个意义上讲，我们也可以将“刑为盛世所不能废，而亦盛世所不尚”这一解读刑法观的箴言作为本部分的结语。[③]

---

① 刑法理论界有关刑法谦抑性的主张几乎已成主流，其核心观点与刑法“有所为、有所不为”及“轻轻重重”的刑事政策理念有异曲同工之处。

② 例如当前较为突出的黑社会性质组织犯罪、恐怖活动犯罪、严重危害民生犯罪（如制售“地沟油”、“毒胶囊”行为）等领域。

③ 《四库全书·政法类·法令之属按语》。

第三章　涉众型犯罪的成因分析

涉众型犯罪的发生往往有其深刻的社会原因，尤其是在引发该类型犯罪的群体性事件中，其背后更有尖锐、复杂、交叠的社会、政治、经济、文化、社会成员心理，政府管理体制等众多原因。因此，在认识和治理涉众型犯罪时，不能不深入剖析涉众型犯罪产生的各种成因。就本书有关涉众型犯罪的成因来看，可以从社会学、犯罪学和社会心理学的角度进行解读。

第一节　涉众型犯罪成因的社会学分析

由社会学的角度而言，涉众型犯罪及作为诱因的群体性事件发生的社会成因较突出地集中在经济结构调整、城乡大规模建设、社会管理失范和腐败现象等几个方面。

首先，经济结构调整是涉众型犯罪产生的最主要经济成因。

自 20 世纪 90 年代初国家建立社会主义市场经济体系以来，因国家经济结构调整的不断深化，既有的经营方式、分配模式、利益格局都发生了深刻的变革，从而也给原有的利益阶层带来了前所未有的巨大冲击，由此也成了当前以职工为主体的群体性事件发生的经济成因。尤其是原国有、集体企业在改制过程中涉及的分流人员安置、下岗失业人员的再就业、在职在岗人员的福利待遇大幅度下降所引发的职工争取权益问题，以及这一类型企业因经营不善导致的长期拖欠职工工资所引发的权益纷争问题，都成为企业职工参与的群体性事件的主因。据官方的权威统计，在20世纪90年代中期至21世纪初的近10年间，我国国有单位从业人员的数量由1995年年底的11261万人降至2004年年底的6710万人，[①] 而在减少的人员结构中，原国有企业职工占据60%以上。这就意味着，平均每年有近300万名原国企职工下岗或被分流，而这又会牵涉到几百万户家庭至少1000万以上人员的基本生活问题。正是由于前述原因，有学者统计，20世纪90年代中期以前的1992年到1997年，在每年因维权引发的群体性事件中，企业职工约为126万人，但在1998年，这一数字增加到360万人，1999年后则增加到每年400万人以上；而在2004年发生的近6万起和2005年发生的8万多起群体性事件中，以职工为主体的占2/5以上。[②] 对此，相关的官方文件的表述也予以了印证，如2000年中华全国总工会办公厅调研组在《关于工会参与预防和处理职工群体性事件情况的调查》中指出："近两年来，在部分地区和行业，职工队伍中不稳定的因素在增加。各地职工群体性事件有逐年上升的趋势，总体呈现出以下特点：参与人数增多，规模扩大；行为过激，对抗性加强，处理难度加大；事件的重发率高，择机性强；职工群体性事件的内容具有趋同性；地区和行业性特点突出，困难职工群体是事件的主体。"[③] 正是由于在国有、集体企业改制的集中时期，企业职工为维护权益而引发的群体性事件及由此所产生的涉众型犯罪呈现出多发、易发、常发和复发的态势。

---

① 国家统计局编：《中国统计摘要（2005）》，中国统计出版社2005年版，第46页。

② 于建嵘著：《抗争性政治：中国政治社会学基本问题》，人民出版社2010年版，第134页。

③ 中华全国总工会办公厅：《关于工会参与预防和处理职工群体性事件情况的调查》，载《中国工会年鉴（2001）》，中国工会年鉴编辑部2001年版，第438页，转引自于建嵘著：《抗争性政治：中国政治社会学基本问题》，人民出版社2010年版，第134页。

其次，城乡建设的大规模展开，成为涉众型犯罪发生的重要社会诱因。

一方面，随着我国大规模城市化进程在各地的加速推进，农用地征收成为获取必要城市发展空间的必然途径。而在这一阶段，损害农民权益的现象也在一定程度上大量呈现，导致以农民为主体的维权型群体性事件频发。尤其是一些地区的基层政府在处理被征地农民安置补偿等的基本权益的问题上，未切实考虑到农民的关切，反而利用政府部门的优势地位和不对称的经济、信息优势，不断压低征地补偿标准、不断简化征地安置方式、不断虚化相关配套措施，① 导致失地农民基本权益受到重大损害的情形时有发生，由此也必然导致“农村出现了新的紧张关系，农民非制度政治参与呈现出扩大的趋势”，② 而相应的结果自然是相关群体性事件的多发，进而使一些群体性事件升级为严重的涉众型犯罪。

另一方面，因城市发展中的拆迁问题引发的群体性事件乃至涉众型犯罪也成为当前一个不容忽视的重要现象。同样，随着近年来城市化步伐的加快，城镇建设拆迁在一些地区广泛展开。而在这一过程中，一些地方政府急功近利、唯政绩牵引，在拆迁中漠视甚至损害被拆迁户基本权益。因此，在不少地区也造成了群体性事件的发生。③

---

① 张时飞、刘从龙：《让失地农民的生计可持续》，载汝信、陆学艺、李培林主编：《2005 年：中国社会形势分析与预测》，社会科学文献出版社 2004 年版，第 211 页。

② 张厚安、徐勇主笔：《中国农村政治稳定与发展》，武汉人民出版社 1995 年版，第 583 页。

③ 笔者在 2005 年至 2010 年 5 年间，对西南某主要城市的 2 个主城区和 1 个郊县共 3 个基层人民法院涉众型刑事案件进行调研，发现因城市拆迁所引发的居民参与的群体性事件分别占该院涉众型犯罪的 8%、14% 和 12%，而这一时期恰恰是这三个行政区城市快速发展的时期。二者之间的正比例关系也在很大程度上表明，一些地方在城市扩张过程中存在损害民众权益的现象。

再次，社会管理失范是引发涉众型犯罪的重要外部诱因。

长期以来，一些基层政府相关行政管理或执法部门，出于政绩的考量，在行政管理中简单、粗暴执法，忽视甚至损害行政相对人和管理对象合法权益，尤其是一些地方的城管、治安等部门的人员，自身素质低下、法制观念淡薄，迷信权力崇拜强力，极易使民众与政府部门之间形成较为严重的官民对立和官民冲突。①

最后，腐败现象在一定程度上的客观存在，成为涉众型犯罪产生的政治因素。

从前文所述的新中国成立以来涉众型犯罪的演变过程可以看出，早在第一代领导人时期，国家高层就已经充分认识到了官僚主义及腐败现象是引发“群众闹事”的重要政治诱因。毛泽东就曾深刻地指出：“发生闹事的更重要的因素，还是领导上的官僚主义。这种官僚主义的错误，有一些是要由上级机关负责，不能全怪下面。”② 进入21世纪后，客观上存在的腐败现象成为了影响当前社会稳定的重要原因。根据“我国社会稳定研究课题组”在21世纪初所做的实证调查显示，城市居民认为影响社会稳定的主要因素依次是：下岗失业、腐败、贫富悬殊、社会风气败坏、社会治安恶化；农村居民认为影响社会稳定的主要因素则依次是：农民负担过重、腐败官僚主义、贫富悬殊、社会风气败坏、失业下岗人员增

---

① 近年来，各地城管人员在执法活动中与管理对象发生严重肢体冲突，进而发展成为一般民众大量参与的群体性事件的实例屡屡出现。与此同时，在北京、沈阳等地，也出现了因对城管人员的执法活动不满，被管理对象使用暴力致城管人员重伤、死亡的极端刑事案件。但我们也注意到，在前述类型的刑事案件被披露后，社会公众却几乎一边倒地对行凶者报以极大的同情。这在很大程度上反映出，由于很长一段时期以来一些特定部门及人员管理行为的失范，引发社会公众对这些管理部门普遍性地质疑和习惯性地指责。

② 《毛泽东文集》（第七卷），人民出版社1999年版，第236页。

加。[①] 可见，无论城乡，公众都将腐败视为影响社会稳定的重要因素。对此，国家领导人也认识到了一定程度上存在的腐败现象与群体性事件以及涉众型犯罪之间的密切因果联系。时任总理温家宝在廉政工作的讲话中明确提到了群体性事件的发生与腐败之间的关联性，他指出："有些地方发生的损害群众利益问题，甚至群体性事件，很多与政府部门及其工作人员不依法办事、不按政策办事有关。"[②] 正因为腐败情形的现实存在，也导致在国企改制、征地补偿、房屋拆迁等过程中极易发生损害职工、农民、居民合法权益的现象，也就会由此引发社会成员的不满心理和怨恨情绪，从而刺激群体性事件的发生，这也尤其成为一些群体性事件中无利害关系人员纷纷参与、积极行为的重要诱因。

第二节 涉众型犯罪成因的社会心理学分析

在群体性事件及所引发的涉众型犯罪进程中，参与人员往往都是在特定的社会心理支配下实施其行为的，而这样的社会负面情绪，如不满（grievance）、疏离（alienated）、漂泊（rootlessness）和孤立（isolated）等，是造成集体行为和社会运动的核心机制。[③] 相应地，参与人员的行为又会在很大程度上固定和强化特定的社会心理机制，从而促成群体性事件的升级和涉众型犯罪的发生。因此，对涉众型犯罪产生的社会心理的认识和分析是一个颇值得重视的问题。

---

① 王绍光、胡鞍钢、丁元竹：《经济繁荣背后的不稳定》，载《战略与管理》2002 年第 3 期。

② 《温家宝在国务院第四次廉政工作会议上强调：突出重点、加大力度，深入推进政府廉政建设》，载《人民日报》2006 年 2 月 25 日第 1 版。

③ 冯仕政：《单位分割与集体抗争》，载《社会学研究》2006 年第 3 期。

一、"诉求移情表达"现象研究

在群体性事件及其引发的涉众型犯罪中，参与人员的"诉求移情表达"现象颇值得关注。在当前中国社会正处于重大转型，利益格局经历深刻变革，社会各阶层、各团体之间的利益碰撞、矛盾冲突较为突出的情形下，许多社会成员的诉求在一定程度上很难得到及时回应和有效满足，这势必使得相关社会公众将在通常情形中难以表达或一时难以满足的诉求"移情"于特定事件，通过对该特定事件的反应来表达诉求甚至宣泄情绪。实际上，在对一段时期以来发生的引起重大轰动的几起刑事案件的处理中，都可以看出民众诉求移情表达的现象。例如，1997 年发生的张金柱案件，是民众将一定时期以来对少数公安民警特权思想和特权作风所积蓄的不满情绪在该事件上的集中宣泄；① 2003 年因刘涌案二审改判而引发的公众强烈质疑和普遍责难，则是民众对司法实践中一定程度上

---

① 张金柱原为郑州市某公安分局副局长。1997 年 8 月 24 日，张金柱因酒后驾车肇事，肇事后又因拖带被害人继续行驶致一人死亡，一人重伤。此事经媒体报道后在社会上引起强烈反响，并由此引起高层的注意。1998 年 1 月 12 日，郑州市中级人民法院以交通肇事罪和故意伤害罪，一审判处张金柱死刑。张金柱不服判决，提起上诉。后河南省高级人民法院驳回其上诉，维持原判，并最终对其执行死刑。在案发后对张金柱案件的报道中，诸多媒体都将关注点放在其特殊身份上（公安民警，且为领导），同时，"酒后驾车"且"驾驶高档轿车"等细节都构成媒体及公众对其形成严重不良评价的重要元素。从一定意义上讲，案件中的张金柱已被抽象为一个符号，即公众眼中公安队伍中少数特权警察负面形象的典型。正因如此，一定时期以来在民众中形成的对少数警察特权思想和特权作风不满的民意在张金柱这一事件上得到了畅快的宣泄。应该说，法院的判决在很大程度上考虑了民意的因素，该案也被视为"媒介审判"、舆论影响司法的一个显例。

存在的司法腐败现象集体不满情绪的集中流露；[①] 2003年在黑龙江省哈尔滨市发生的宝马车撞人案和2009年胡斌飙车撞人案，则是社会民众对因社会转型期里贫富差距扩大而引发的对暴富阶层的不

① 被诸多媒体称为辽宁沈阳“黑老大”的刘涌，因涉嫌组织、领导黑社会性质组织罪，故意伤害罪等罪名，一审被沈阳市中级人民法院判处死刑。2003年8月11日，辽宁省高级人民法院以“不能从根本上排除公安机关在侦查过程中存在刑讯逼供”为由作出二审判决，判处刘涌死刑，缓期两年执行。消息一经媒体披露，在社会上引起公众的强烈反应。公众几乎一边倒地认为，二审判决存在不公，甚至许多公众认为该判决结果系司法腐败所致。面对民众的强烈质疑，最高人民法院于同年10月8日依照审判监督程序提审该案。2003年12月18日，最高人民法院开庭提审该案。经审理，最高人民法院撤销了二审判决，最终判处刘涌死刑，并于宣判当日对刘涌执行了死刑。在刘涌被公安机关抓获之初，众多媒体对刘涌进行了全方位报道，在报道中，刘涌是一个十恶不赦的黑社会头子。因此，一审法院的死刑判决与公众的心理期望并无冲突。然而，二审的改判，加之被捕前的刘涌拥有数亿元资产（媒体所言），又具有人大代表光环等因素，很自然地使公众将二审改判结果与司法不公甚至司法腐败联系起来（由于掌握资料的有限，笔者不能对二审判决的公正性与否妄加评论），而公众对于司法实践中客观存在的司法不公现象的集体不满情绪，也自然会借助刘涌案而集中宣泄；而最高人民法院对一起普通刑事案件史无前例地提审及最终判决，又被许多媒体认为是司法决策层对民意的顺应（参见《专家解读——最高法院提审表明重视民意》，载搜狐网，http://news.sohu.com/2003/12/18/23/news217062335.shtml；《刘涌被判死刑显示中国政府全力维护社会稳定决心》，载人民网，http://www.people.com.cn/GB/shehui/1063/2264860.html。

满情绪的集中释放。① 可见，当相当数量的社会公众所具有的特定诉求或怨气得不到及时回应或有效疏导时，该情绪并不会自动消解；相反，只要被特定诱因激活，这种情绪就会利用特定事件加以“借题发挥”。从犯罪心理学角度进一步而言，当相当一部分社会成员存在的各种诉求得不到有效回应时，“个体的某种需要本来处于无意识状态，但由于外在的刺激或情境因素作用，激活了无意识状态的需要，从而引发犯罪动机的生成”，② 由此产生群体性事件乃至涉众型犯罪的发生。③

---

① 2003 年 10 月 16 日，被告人苏某驾驶的牌照为黑 AL6666 的宝马吉普车停靠在路边，农民代某驾驶的农用四轮车在同向行驶中与宝马车倒车镜相刮。事故发生后，被告人苏某下车辱骂并殴打代某，后在围观群众劝说下苏某准备向后移动车辆，以查看倒车镜的受损情况。但宝马车启动后向前冲出，将站在车前方的代某之妻刘某当场撞死，并将多人撞伤。案件被媒体报道后，引起舆论及公众极为强烈的反应。贵妇与农妇、擦剐发生后被告人的骄横与被害人的卑微、挂有特别号码车牌的宝马车与运送农产品的农用车，这些颇具戏剧对比性的细节都被媒体及舆论放大为贫富阶层的冲突和身份符号的对立，苏某的行为也被媒体及民众一致认为是蓄意杀人。后哈尔滨当地检察院以交通肇事罪对苏某提起公诉，人民法院也以交通肇事罪判处其有期徒刑 2 年，缓刑 3 年。判决结果甫一公布，又一次引起民意的强烈质疑，加之民众间流传的苏某系该省某主要领导亲戚的传言，导致该案中的民意又增加了对司法及官员腐败的责难成分。考虑到民众舆论的强烈，黑龙江省领导指示对该案进行了复查，但经有关方面复查后认为，案件审判结果并无不当。

② 梅传强著：《犯罪心理生成机制研究》，中国检察出版社 2004 年版，第 104 页。

③ 例如，在 2007 年的四川“大竹事件”中，因当地流传事发酒店的控制人系当地个别公安民警的传言，部分民众因此将平时积蓄的对执法人员的不满情绪加以发泄，数百人冲入酒店实施打砸抢烧活动，导致涉众型犯罪的发生。在 2008 年的安徽“池州事件”中，最初的引发情形是驾车人将路过的中学生剐伤后，不但不救治反而将其打伤，当围观的民众发现车上人员经商的身份后，许多人将转型时期贫富差距扩大的不平衡心理和怨气集中宣泄，致该车辆损毁，并继而引发涉众型犯罪。

二、社会敌意心理研究

就“敌意”本身而言，我们认为，其首先应该是一个中性的概念，是社会成员因挫折感、不安感、仇恨感等因素而生成的对外界的对立心态。从这一意义上讲，“不能说所有犯罪事件都是敌意事件”。① 但不能否认的是，在涉众型犯罪的产生过程中，群体中若存在敌意，则是不特定的许多个体各自犯罪甚至群体犯罪的重要心理原因。② 在研究社会敌意的生成时可以知道，社会心理学中的“相对剥夺理论”是一个重要的形成诱因。按照该理论，人们具有将自己的收入与单位、空间接近的人进行比较的倾向，当自己的收入不如别人时，便会产生相对贫困的判断，进而产生被剥夺的感受。③ 而当相对剥夺感在一个社会中持续增强时，则会必然地与犯罪发生关联，即“社会贫富差距越大，社会底层成员相对剥夺感越强。相对剥夺感增强与感受者犯罪存在正相关关系”。④ 对此，西方犯罪学家也清楚地认识到了相对剥夺感对犯罪产生所具有的巨大影响力。美国犯罪学家谢利在研究由相对剥夺感所引发的犯罪心理时就指出：“贫困不会产生犯罪，但是因贫困而不满却会而且奇怪地足以产生犯罪，在富裕国家的相对剥夺的人们中间比在贫困的真正被剥夺的人们中间更有可能因贫困而不满。”⑤ 因相对剥夺感

---

① 卜安淳：《敌意事件与犯罪事件——2009 年 3 月犯罪学高层论坛后的思考》，载东方法眼网，http://www.dffyw.com/blog/a/cnjbac/8119.html。

② 卜安淳：《敌意事件与犯罪事件——2009 年 3 月犯罪学高层论坛后的思考》，载东方法眼网，http://www.dffyw.com/blog/a/cnjbac/8119.html。

③ 李俊：《相对剥夺理论与弱势群体的心理疏导机制》，载《社会科学》2004 年第 4 期。

④ 翟中东著：《犯罪控制——动态平衡论的见解》，中国政法大学出版社 2004 年版，第 151 页。

⑤ [美] 路易斯·谢利著：《犯罪与现代化》，何秉松译，中信出版社 2002 年版，第 121 页。

而滋生出一定的社会敌意心理，这在中国更有着特殊的成因。长期以来，中国社会就一直有对公平不断追求的文化传统，对此，在被中国古代奉为儒家圭臬的经典文献中就记载："丘也闻有国有家者，不患寡而患不均，不患贫而患不安。盖均无贫，和无寡，安无倾。"① 而在中国历史上有影响的农民起义中，无论是在陈胜吴广起义中喊出的"王侯将相，宁有种乎"的口号，还是在王小波李顺起义中疾呼的"吾疾贫富不均，今为汝等均之"的倡议等，都能看出追求平等在中国社会中所具有的广泛而深远的民众心理基础。回到当代中国，由于社会的深刻变革所必然带来的分配差距的迅速扩大，② 使得相当部分的民众产生不平衡心理，并由此在一些成员中滋生出对社会的敌意情绪。而正是这种"不满和怨气，集体性的受挫和抱怨"③ 情绪的普遍弥漫，将在很大程度上加速社会的"结构性紧张"。④ 因为，"一大群愤愤不平的普通民众"恰恰为集体行动提供了最关键的资源。⑤ 当前，在相当部分社会成员中存在的社会敌意心理以及由此滋生的极端化和暴戾化社会情绪，成为涉众型犯罪易发的重要社会心理因素。

三、从众心理研究

社会心理学者在研究个人在集体行为中的心理变化趋势时指

---

① 《论语·季氏》。

② 根据国家统计局已公开的居民收入调查数据，从 1988 年至 2007 年，中国收入最高的 10% 的人群和收入最低的 10% 的人群的收入差距，已从 7.3 倍上升到 23 倍，远远超出国际上公认的贫富差距的平均指标，达到一个较为危险的水平。

③ [美] 戴维·波普诺著：《社会学》，李强译，中国人民大学出版社 2002 年版，第 616 页。

④ [美] 戴维·波普诺著：《社会学》，李强译，中国人民大学出版社 2002 年版，第 616 页。

⑤ 郭景萍：《集体行动的情感逻辑》，载《河北学刊》2006 年第 2 期。

出："当群体成员或行为超出群体规范的范围，成员就会产生一种背离群体的感受，心里就有一种无形的紧张感。如果成员要想继续保持与群体的联系，这种心理紧张感就会迫使成员改变自己原来的意识和行为，使之符合群体规范的要求。可见。群体压力是当群体成员的思想或行为与群体规范发生冲突时，成员为了保持与群体的关系，必须遵守群体规范时所感受到的一种无形的心理压力。个体从众是个体在群体无形的心理压力下，放弃自己与群体规范相抵触的意识倾向，服从群体大多数人的意见，做出自己愿望相反的行为的现象。"① 因此，在群体中一旦形成"群体规范"，将会对群体中的个人产生极大的心理压制力，促使后者按照该规范而行为，即"规范把个体变成人格体，主导交往，保障人格体在行动时相互期待人格体按照规范去行动"。② 因为此时，"集体似乎是一个迷幻桶，任何个人，无论他自身如何优秀，陷入集体中就会变得弱智甚至失去理智"。③ 对此，法国著名社会学家古斯塔夫·勒庞深刻地指出："孤立的个人很清楚，在孤身一人时，他不能焚烧宫殿或洗劫商店，即使受到这样做的诱惑，他也很容易抵制这种诱惑。但是在成为群体的一员时，他就会意识到人数赋予他的力量，这足以让他生出杀人劫掠的念头，并且会立刻屈从于这种诱惑。"④ 换言之，正是在从众心理的支配之下，群体中的个人，"孤立的他可能是个有教养的人，但在群体中他却变成了野蛮人"。同时，"在群体之中，有意识人格的消失，无意识人格的得势，思想和情感因暗示和相互传染作用而转向一个共同的方向（即群体行为的方向——笔

① 李宁著：《群体心理学》，暨南大学出版社 2000 年版，第 49 页。

② ［德］京特·雅科布斯著：《规范·人格体·社会——法哲学前思》，冯军译，法律出版社 2001 年版，第 132 页。

③ 郭景萍：《集体行动的情感逻辑》，载《河北学刊》2006 年第 2 期。

④ ［法］古斯塔夫·勒庞著：《乌合之众：大众心理研究》，冯克利译，中央编译出版社 2005 年版，"中译者序"第 11 页。

者注）”。[1] 回到因群体性事件所引发的涉众型犯罪的视野中，我们也就不难理解，在一些群体性事件中，许多参与人员并没有明显的利益动机和目的诉求，但只要群体中的其他人做出了某些特定举动，身处其中的参与人员就会不自觉地进行跟随和效仿；而这些人员的跟从与仿效，恰恰又会反过来强化该群体“步调一致、协同行动”地“群体规范”，从而对所有的参与人员形成更为强烈的心理暗示和行为牵引，进而也吸引更多旁观人员的参与和追随，[2] 促成第二轮乃至新一轮从众行为的产生。与此同时，群体性事件的规模和声势也获得不断地放大。

四、群体无责任心理研究

群体无责任心理，是指在群体在共同实施某种越轨行为时，由于群体人数众多，其中的个体都存在可能不受惩罚的侥幸心理，从而推动自己实施一个人在通常情形下所不可能实施的反规范行为。从犯罪心理学意义上讲，群体无责任心理也是罪责扩散心理的一种表现形式，即在非共同犯罪时，行为人对自己的行为通常有着罪责

---

① ［法］古斯塔夫·勒庞著：《乌合之众：大众心理研究》，冯克利译，中央编译出版社 2005 年版，第 18 页。

② 从笔者在数地随机抽取的几例因群体性事件所引发的涉众型犯罪的卷宗中可以看出，在这几起犯罪中，犯罪位次居后、在实行犯罪中起辅助和次要作用的犯罪人，在参与此次涉众型犯罪之前，并无任何违法犯罪记录；他们在供述其参与犯罪的原因时，几乎都不约而同地有“周围的人都在干（指抢商场物品或向现场警察投掷石块等行为——笔者注），我也就跟着去了”或“看着其他人都这样，也没多想，也就上去跟着做了”等供述。可见，涉众型犯罪中的许多行为人都是在从众心理的支配下临时起意实施犯罪的。而在贵州“瓮安事件”中参与打砸的犯罪行为人黄某的供述则更具典型性，其在交代与其他犯罪行为人共同实施犯罪行为时的心理时称：“很多学生都站在最前面，当我们一起把车推翻时，人群中就有人起哄，有人给我们鼓掌，那一刻，我觉得自己像个‘英雄’，根本没想过这样做会有怎样的后果。”（参见《参与者也是受害者》，载《瞭望》2008 年第 36 期。）

自负、自作自受的心理，而一旦置于共同犯罪的场景中，由于共同犯罪人之间有着相互推卸、相互抵赖的可能，于是往往把自己的罪责放在相对次要的地位，存在罪责扩散的心态。① 也正是具有了这种心态，“我们从原始时代继承了野蛮和破坏性的本能，它蛰伏在我们每个人的身上。孤立的个人在生活中满足这种本能是很危险的，但是当他加入一个不负责任的群体时，因为很清楚不会受到惩罚，他便会彻底放纵这种本能”。② 用这样的理论也可以清晰地解释群体性事件以及由此引发的涉众型犯罪中行为人的心理活动规律，即参与其间的行为人虽然在参与群体之前，对自己行为的性质及其法律后果是有概括认知的，但一旦他加入群体之中，尤其是人数规模巨大的群体中，就会获得巨大的“安全感”，③ 并意识到“群体是个‘无名氏’，个人很容易‘隐形’其中”，“群体的匿名性助长了个人的激进和冒险心理，容易使个人失去理性和责任心。‘法不责众’的观念让他形成一种幻觉，即无论他做出怎样的举动，都不必为此而承担责任并接受惩罚。当群体中的个人越多，同质性越强，个体的特征和面目就逐渐消失，人们越来越趋同化”。④ 从这一意义上讲，可以说，群体无责任心理与前述的从众心理是一对形影不离的孪生兄弟。

---

① 梅传强著：《犯罪心理生成机制研究》，中国检察出版社 2004 年版，第 203～204 页。

② ［法］古斯塔夫・勒庞著：《乌合之众：大众心理研究》，冯克利译，中央编译出版社 2005 年版，第 39 页。

③ 同样是从前述笔者在数地随机抽取的几例因群体性事件所引发的涉众型犯罪的卷宗中可以看到，参与犯罪的一般人员主观上普遍存在因身处匿名群体之中而获得安全感，从而肆意实施犯罪的心态，如相关行为人都有“想到人多，不会被抓到”、“几百号人，谁也发现不了谁”、“当时想，我没冲在最前面，应该没事”等的供述。

④ 于建嵘著：《抗争性政治：中国政治社会学基本问题》，人民出版社 2010 年版，第 168 页。

第三节　涉众型犯罪中的虚假信息传播分析

在群体性事件及其所引发的涉众型犯罪中，几乎都存在有关事件信息传播的现象。由于“传播是一个社会过程，人际传播的交往者围绕社会身份、社会观念编码，完成叙述与再叙述的双向传播过程，其重点是‘人际的’而不是‘事际的’”,[①] 且群体性事件本身的群聚性、开放性和冲突性的本质特征，又使得这一过程往往成为不实信息的“集散地”和“扩散源”。与此同时，不实信息的扩散与传播，又会对群体性事件中情绪的感染、矛盾的激化、动员的扩大、态势的升级起着巨大的推动作用。因此，在群体性事件及其引发的涉众型犯罪中，信息的传播是一个值得关注的问题。

一、涉众型犯罪中的不实信息传播现象之认识

在引发涉众型犯罪的群体性事件中，不实信息的大规模扩散，是一个带有普遍性的现象。具体而言，不实信息传播现象通常又表现为谣言扩散与信息传播异化两种形式。

（一）谣言扩散现象分析

从汉语词源上看，谣言与流言在本质上应该是一致的，都是指被流传的虚假、不实信息。细微区别之处在二者信息的内容范畴上，即“流言”的内容范畴通常为个人的私生活领域，且往往带有道德贬损的含义，也正是因为这一缘故，“流言”通常与“蜚语”结伴，并不时会与“绯闻”为伍；而“谣言”的内容范畴则相当广泛，涵盖各领域，尤其以关涉公众共同利益的题材居多。因此，我们认为，在研究群体性事件及其所引发的涉众型犯罪过程中的不实信息时，以“谣言”加以指称较为合适。同时，在国外传

---

① 陈岳芳：《群体性事件中信息的人际传播分析——以瓮安事件和石首事件为例》，载《东南传播》2011 年第 3 期。

播学者看来，谣言（rumor）与流言（gossip）虽然其“根源都是非官方的”，但是谣言的“传播过程是连贯的、具有一种迅速蔓延的气势，而且幅度很大，其结果是所有人声汇集起来形成了可以听得见的音响，人们可以循声追踪：谣言在流窜”。① 从这一意义上讲，用“谣言”指代捏造的虚假信息也是较为准确的。②

从近期带有样本意义的典型群体性事件中可以发现，谣言的出现几乎一致地呈现出了“矛盾要素充分利用”与“贬损官方巧妙嫁接”的两个特征。

由于“传播总是发生在某些特定的场景中，传播发生的处所就是传播情景”，③ 因此在群体性事件中生发出的谣言，都是借助事件本身的特定客观情形，抓住矛盾焦点、渲染冲突色彩、展开充分臆想、进行深度加工后所制造出的。例如，贵州“瓮安事件”最初的起因是当地一名女中学生的溺水身亡，但在此后蔓延开的谣言中，却展现出了一个令人“触目惊心”的叙事版本：“被害人李某，并非正常死亡，而是因考试时不让同班同学王某偷看，而被王某等人报复杀害后扔到河里的，其被打捞上来时一丝不挂。由于犯罪人王某是瓮安县政府一名主要领导的侄女，另一参与人员是贵州省公安厅某领导的亲戚，因此，公安机关做出了溺水死亡的结论，并对被害人家属要求刑事立案的要求予以拒绝。被害人的家人对此不满与公安人员发生争执，其间，被害人的爷爷、奶奶被打伤住院，母亲失去理智，叔叔被公安人员打死。”④ 从这一例子中可以

---

① ［法］让·诺埃尔·卡普费雷著：《谣言——世界上最古老的传媒》，郑若麟译，上海人民出版社 2008 年版，第 18 页。

② 当然，由于在使用“谣言”与“流言”时，论者们通常不会特别关照二者的区别，加之一些译著在翻译时也未加以严格区分，因此，在本文引注相关文献时，二者是可以互换的概念。

③ 陈岳芳：《群体性事件中信息的人际传播分析——以瓮安事件和石首事件为例》，载《东南传播》2011 年第 3 期。

④ 《还原瓮安事件》，载《瞭望》2008 年第 36 期。

看出：谣言的制造者首先从死亡中学生的“女性”性别入手加以利用，因为这一性别本身就暗含“弱势”、“无辜”的隐喻，再加之其仅为中学生的低龄特征，更易唤起公众的同情心。至此，在这一环节，谣言的始作俑者就已经制造出了“无辜受害人”和“凶残犯罪人”这一对强烈的矛盾冲突，并展现在公众面前。其次，由于该学生死亡的场域是“河里”，必然会产生后续的尸体打捞行动，因此在这一环节添加“尸体一丝不挂”的描述，就能将被害人迅速且彻底地“惨烈化”，由此在进一步强化公众同情心的同时也能唤醒公众对“犯罪人”的仇恨感。在这一环节，谣言又完成了渲染冲突、深化怨恨的过程。最后，谣言为“命案”事件设计了一个极易激活普通民众义愤感的结尾，即由于“犯罪人”均具有官方（且是当地实权人物）的强势背景身份，使其在杀人之后仍然能逍遥法外，而办案机关也因此徇私枉法、放纵罪犯，由此将最终的冲突矛头指向了官方，激起了谣言受众的普遍怨恨，为该事件的“一呼百应”，以及演化为震惊全国的涉众型犯罪起到了催化剂的作用，也由此实现了一个成功的谣言公众“推广”进程。

又如，在四川“大竹事件”中，一名在该县莱仕德酒店工作的女服务员突然意外死亡，其家属在殡仪馆发现被害人身前有被性侵害的迹象，随之要求当地公安机关立案，但后者在长达10多天的时间里迟迟未能给被害人家属一个明确的答复。在此情形下，谣言开始滋生。最为“权威”的谣言版本为：“三位省里的高官，也是莱仕德酒店老板的朋友，要求被害人陪酒，而后三人对被害人实施轮奸并进行野蛮摧残。导致被害人死亡时，牙齿掉落几颗，脖子上有掐握痕迹，下阴被弄烂。警方却欲以被害人系醉酒死亡而结案。”① 与贵州“瓮安事件”中的谣言一致的是，四川“大竹事件”中的谣言也深度挖掘了事件中的特定要素并将其与官方相嫁

---

① 贾云勇：《四川大竹事件追记：传闻未澄清公众走向失控》，载《南方都市报》2007年2月4日。

接。首先，谣言将被害人系年轻女性的自然特征牢牢抓住，并作为演绎的起点。因为这一特征在谣言受众看来，是“少女”、“青春”、“纯洁”的代名词，在很大程度上能获得普通公众的天然好感，也会与此后其不幸死亡的结局形成强烈反差，激起公众的怜惜感。在这一环节，谣言进行了充分的矛盾预设与冲突铺垫。其次，谣言利用了被害人系进城务工人员，且又是在“酒店”当“服务员”的社会特征。“进城打工”意味着被害人家境贫弱，甚至可以说“贫寒”，这种社会身份本身就易于引发一般人的同情心，也为此后被害人遭受“权贵”欺凌埋下了“阶层冲突”的伏笔；而“酒店”这个工作场域，由于在当下的语境中使用该词时，使用主体经常对其带有边缘化、否定化的描述，① 又很容易使公众对前来此处消费的人员产生“高消费”、“公款吃喝”甚至“恣意”、“寻欢”的联想。在这一环节，谣言充分利用事件中被害人的社会身份、工作场域背景等要素特征，并在此基础上加工出了被害人身陷于这样一个“声色犬马”场所的情节，从而为此后被害人遭受“残害”的怨恨制造渲染了氛围。最后，谣言并不满足于此，而是需要进一步将事件的矛盾冲突与官方要素巧妙连接，于是谣言加入了三名“官员”来消费的情节，之后便顺理成章地演绎出了要求被害人陪酒并随之进行轮奸的细节，谣言中被害人被“公款吃喝”、“寻欢”的官员所残害的描述直接触动了一般民众最为敏感的情绪，从而加剧了怨气的积累与提升，成功地演绎出了不良官员

---

① “酒店”，究其本来功能，只是提供住宿、餐饮服务的场所。但在当前，由于种种原因，不少酒店成为聚赌、吸毒、卖淫嫖娼等违法犯罪行为的聚集之地或是“偷情”、绯闻等不道德行为的多发之处，而许多媒体有关“执法机关在某某酒店打掉卖淫嫖娼窝点或聚众赌博窝点”以及“某某在酒店偷情”等的报道，又进一步强化了“酒店”在公众心目中的负面形象。

残害民女这一强烈的戏剧冲突，① 也使得对事件的叙述完成了从“弱女被害”到“官民冲突”的华丽转身。

（二）信息传播异化现象分析

在引发涉众型犯罪的群体性事件中，信息传播的异化表现为信息在传播过程中朝着“对比鲜明化”、“官方有责化”的方向异化。在近年来所发生的重大群体性事件中，都能发现这些典型的异化特征。

例如，重庆“万州事件”的起因本是搬运工余某肩上的扁担不慎撞到后面行走的妇女曾某，由此引发两人的争执，其间曾某打了余某一个耳光，曾某的丈夫胡某也上前殴打，并自称是“公务员”，出了什么事都“可以摆平”。胡某的言语当即引起在场民众的公愤，这一场景也被迅速地扩散开去。而在这一事件的传播过程中，胡某的“公务员”身份被传播者突出、放大，被害人的“棒棒”（重庆地区对搬运工的俗称——笔者注）身份也在不断被强调。在这里，被殴打的搬运工余某的身份，从其装束、工具等外观上即可判断；而自称“公务员”的胡某，虽从外观上尚不能对其真实身份作出评判，然而事件的传播者却根本未从常识角度去辨析胡某对自己身份的说法：一个真正具有公务员身份的人，会不会在殴打他人之后，于大庭广众间公开宣扬自己的身份？但在此情形下，无论是现场围观的公众还是传播者，都会“宁可信其实”，从而把“公务员”殴打“棒棒”这个带有鲜明阶层冲突色彩的事件加以扩散。从这个意义上讲，每一个传播者都在口口相传的过程中有意或无意地反复强化着“打人者是公务员”、“被打者是‘棒

① 实际上长期以来，中国民众对于官员欺凌百姓，尤其是民女，都天然地持有强烈的愤恨。这一点，在历史小说等文献和戏剧中都有淋漓尽致的描写，也由此生发出了包括读者/观众在内的普通人的强烈义愤，如《窦娥冤》等历史名剧和《水浒传》等小说中的相关描写。而谣言的制造者显然深谙此点，且将其充分利用。

棒’”的关键词，当事人双方的角色对比因此变得异常鲜明，在普通民众看来甚至异常“扎眼’。此时，事件经过这样的传播，对于受众而言，其所接收到的事件关键信息就是“官员恃强凌弱”，“随意欺辱社会弱势群体”，事件也由普通的民间纠纷异化为了官民冲突。而在闻讯赶来的警察准备将双方带走调查时，这一举动被在场民众异化为警察要保护打人的“公务员”，由此引发民众与警察的对峙。随着信息被异化且不断扩散，官官相护、警察保护打人公务员说法的流传，导致事件不断升级，最终演变为围攻当地政府的重大群体性事件。而经事后调查，打人者胡某的真实身份只是某水果市场的普通管理员，其交代在现场自称公务员的动机是害怕招致围观民众攻击而虚张声势以求自保。

无独有偶，安徽“池州事件”在传播过程中，也经历了几乎完全一致的信息异化过程。几名外地经商人员因驾车时擦剐而殴打一名中学生，引起周围群众不满招致围堵。当警察赶到现场后欲将双方当事人带至派出所接受调查时，传言开始产生。围观人员中出现了警察将打人者带走的目的是为保护随意打人的外地大老板的说法，而这一说法背后，隐含着一个“事实”：即打人者是商人，且是沿海发达地区来投资的巨贾；被害人则是当地（中部欠发达地区）无任何背景和势力的普通中学生。事件经过这样的传播，使一起由普通交通事故引发的治安案件被描绘成暴富阶层与一般大众之间的冲突，被害人的无辜化更显突出；而警察所代表的政府则是在袒护显贵、漠视民众，自此，政府取代了打人者成为了民众攻击的对象。随着这一说法的传播，当地出于义愤的民众源源不断地涌至现场，而随着聚集者的不断增加，场面逐渐失控，聚集人员开始围攻警察、焚烧车辆、冲击派出所，最终使事件演变为震惊全国的涉众型犯罪。而在事件平息后查清的事实是，打人者的数人并非当地政府招商的投资商人，只是外来从事一般商业经营的人员，与当地政府或相关领导并无任何联系；而赶来现场的警察将当事双方带至派出所接受调查的程序，更是完全符合相关办案规程。

二、涉众型犯罪中不实信息传播的机理分析

当前中国正处于社会重大转型时期,[①] 各项变革均深刻且复杂，利益格局“破”与“立”的更迭艰巨推进，机制转换时蛰伏的矛盾纷至暴露，不同阶层、群体之间的诉求呈现冲撞。这种转型时期特定的社会情势为谣言、异化信息的形成与传播提供了天然的土壤。而历史经验也一再证实，凡是社会所处的重大转型/变革阶段，恰恰也是各种谣言、异化信息大行其道的时期。为此，在中国近现代的历史上似曾相识的场景总是反复出现。其间，无论是清末的“传教士恶行传言”,[②] 还是民国之初的“中山陵巫术风波”,[③]

---

① 官方高层在对当前国家发展情势的提法上，经常会使用“改革开放航程正进入到‘深水区’”的表述，从这一表述中，我们完全可以解读出“深水区”的含义，即意味着改革所面临相当程度的不可预见性、矛盾“漩涡”的密集性和政策推进的高风险性。这也折射出国家高层对当前社会发展关键期各种矛盾冲突复杂性的充分认识和对改革艰巨性的深刻体悟。

② 19 世纪末，在清政权处于风雨飘摇之际，长江流域的江南诸省陆续出现了关于西方传教士在中国从事拐卖儿童、强奸妇女、私藏军火、掠夺资财等不法活动的传言，尤其是随后的传言升级为传教士将诱骗来的孩童“挖眼”以炼取白银等骇人听闻的版本，最终导致 1891 年在中国的九江、扬州、芜湖、江阴、宜昌等地相继爆发了大规模的民众焚毁教堂、杀死传教士的事件，史称“长江教案”。

③ 1928 年春，国民政府为纪念孙中山先生而修建的中山陵在即将完工之际，南京市民中流传开“为使中山陵顺利合拢，修建陵墓的石匠需要摄取童男童女魂灵”的恐怖传言。随着传言的扩散，南京市民陷入了集体性恐慌之中。此后，部分市民出于恐惧和自保，自发地展开了对所谓的“摄魂妖人”的报复行动，导致众多无辜人员被暴力所伤甚至死亡。

抑或是新中国成立之初的"政治谣言",① 都呈现出了重大历史变更时期不实信息生成的若干一致性特征。以史鉴今，可以让我们更深刻地认识到社会不实信息的生成与传播机理。

（一）高度发达的资讯科技为不实信息的传播提供了强大的技术支撑

随着信息科技呈几何级数的发展，今天的资讯技术已经达到了空前发达的高度。在此背景下，"传播由传统意义上的'集中传播模式'向'分布传播模式'进化，即信息传播的'门槛'越来越低，公众可以用较低的代价自行获取或发布信息——信息传播开始从'集中'走向'分布'"。② 因此，在当前的社会中，几乎"人人都能拥有麦克风"。③ 基于互联网技术的微博、论坛、帖子等信息发布平台，以及既有的手机短信等通信方式，都为普通社会公众提供了易于获取、便于掌握、速于沟通的即时信息平台。在这种平台上，几乎每一个社会成员都可以表达诉求、宣泄不满、散布传言

---

① 1950年春，新中国成立之后的第一个春天，天气乍暖还寒，政治的气候则尤显"春寒料峭"。在西方敌对势力和国内尚未肃清的旧政权残余的合谋下，政治谣言风起，如当时在上海、浙江、山东等地流传起"蒋经国已经到了上海，坐汽车进行秘密活动"、"美国与蒋介石已经收复海南岛"的谣言；而在北京，因为有人发现古建筑鼓楼顶上在"冒黑烟"的现象，被传为新政权即将被颠覆的超自然"征兆"，并一度引起众多民众对新政权执政能力的质疑（后来经过北京市公安局、中国科学院进行的调查，发现所谓鼓楼"冒黑烟"只是从什刹海方向飞来的大量蚊虫。因成团聚集在鼓楼上方飞舞，肉眼从远处观望时，因视角原因，会形成楼顶冒黑烟的错觉）。

② 庹继光、李缨著：《法律传播导论》，西南交通大学出版社2006年版，第173页。

③ 武和平：《在网友骂声中听取诤言》，载《中国青年报》2012年4月15日。

甚至完成召集。[①]

（二）社会怨恨情绪相当程度的积累形成了不实信息生成的内在动力

如前所述，当前中国社会所处的深刻转型期，也是各种社会矛盾纷至涌现的时期。而由社会矛盾所滋生的怨恨情绪在一定程度上积聚之后，谣言或信息异化自然成为了怨恨排解的必然选择和情绪宣泄的有效管道。因此，许多社会弱势群体、失意人群中的成员，在其境遇得不到有效改善、怨气得不到及时纾缓、诉求得不到切实回应时，便借助开放的传媒工具，将政府或社会强势群体（如官员、富商等）作为对立面，臆造出相关负面信息并加以散布，便成为了弱者的“武器”。[②]

（三）特定的大众集体心理是不实信息扩散的外部推手

凡是社会重大变革或深刻转型时期，往往也是特定的大众集体心理的活跃时期，[③] 其中所表现出的最典型的集体心理就是焦虑感和敌意情绪。

在社会进入深层次变革阶段时，剧变所带来的对既有模式的强

---

① 2011年春，在北非国家利比亚所发生的政权更迭事件之初，一些反卡扎菲政权的利比亚民众就是通过推特（twitter）或脸书（facebook）等互联网信息工具捏造并散布不利于政府的相关信息，此举在一定程度上加剧了当时国内民众的惶恐感、提升了公众对政府的质疑感，并为最终卡扎菲政权被推翻起到了推波助澜的作用，这一现象也被一些西方时事评论人称为“twitter革命”。

② 例如，近年来，网上不时出现以某官员名义开通的实名微博，其中大量透露自己收受贿赂、公款吃喝甚至包养情人等“内幕”，但经过调查，均系他人冒用，且相关信息也纯属捏造；又如，某地一公安局领导在出差途中，发现道路交通事故，主动疏导交通，开车抢救伤员，但这一举动却被传为“公安局局长交通肇事后逃逸”。

③ 从前文提及的清末、民国早期和新中国成立之初的种种不实信息广为流传的情况来看，谣言产生的背景都是旧政权处于内困外患之际或新政权甫一成立之时，社会的动荡或剧变都会给社会成员造成极大的不安全感。

烈冲击性和对未来情势的不可预知性，必将使社会各阶层、[1] 各群体[2]都不同程度地弥漫起较为普遍的焦灼感与不安感。[3] 当某一传言在扩散时，听闻的社会成员出于不安、焦虑的本能，势必会将此信息加以传播，并在传播中有意无意地掺入自己的理解甚至想象，而这种“加工”过程又使得不实信息的结构更为“丰满”、内容更为“切实”；与此同时，传播者在传递经过自己演绎的版本的同时，也再一次经历了加重焦虑、强化不安的过程。因此，虚构与加工交替进行、传播与焦虑相互攀升，最终导致“小流言”引发

---

① 近年来，各地不同级别的官员自杀事件时常会见诸媒体。究其原因，官方的说法中最为常见的是“工作压力过大”。虽然其中也有部分自杀官员身前正在或即将因贪腐问题接受相关部门调查，其自杀有着畏罪的动因，但在各地追逐 GDP、官员问责制、安全责任一票否决等指标重负和机制压力之下，官员自杀更多系基于焦虑或由此引发的心理疾患的说法是完全成立的。

② 中等收入群体是当前官方一直倡导培育和发展的重要社会组成力量。这一群体作为社会中坚，通常有着较高的受教育水平、较体面的职业地位、较高的经济收入和较稳定的家庭结构，然而，在通胀攀升、房价高企、医疗高昂、子女教育不易等现实问题的压力之下，这一群体也普遍地弥漫着危机感和不安全感。有媒体报道，北京的中产阶层规模虽已超过全市人口的40%，但是中产阶层的负担还很重，尤其是那些处于中下位置的中产阶层，还面临着教育、医疗及住房消费的巨大压力。

③ 2012 年 9 月，中央电视台新闻频道的一档栏目以随机采访的形式向被采访对象提问：“你幸福吗?”这一问题虽得到大部分受访对象肯定或较积极的回复，但也有不少受访者坦承“不幸福”或“压力大”。这一话题亦引发了公众的持续热议。实际上，这一看似宏大、颇具哲学意味的话题能够被新闻界人士所捕捉并设计出的事实，也在一定程度上反映出，在当下中国社会公众中，“幸福感”尚不是大众普遍存在的心理感受。

“大恐慌”。[①]

如果说焦虑感/不安感是社会成员传播不实信息时的无意识举动的话，敌意情绪则是加速不实信息升级和传播的有意识推动。在各类社会矛盾较为密集的当前，随着大量社会个体因对境遇、诉求的不满引发出对官方或强势群体的敌意心理，这种心理的普遍化极易集中生成大众的敌意情绪，这其中最具代表性的当属“仇富情结”与“仇官情结”。[②] 由于这两种心理的普遍弥漫，民众都会受到感染，而且“感染是人们相互影响的一种互动方式”和“一种情绪的传递交流”，[③] 因此，极易催生出一般社会成员的“暴戾化”情绪，[④] 并由此导致其中的众多社会成员形成极强的内心冲动去臆

---

① 2010 年 3 月的某晚，两名从事工业废旧物品运输的人员为图便利，将所运的工业废料倒入成都市郊一水渠内，致水体轻微污染。因该水渠系城区一自来水厂的取水源之一，自来水厂暂时停止供水。有知悉者将此事予以传播，后经不断流传，最终形成的版本内容是：全市的自来水都已被有毒物严重污染，不能使用。由此导致众多市民的恐慌，并在市区内一度出现大规模的购买瓶装水、桶装水风潮。后经政府相关部门公开事件真相、澄清不实传言，事态才逐渐平息，自来水供应也很快恢复正常。这一事件反映出在环境不断恶化的当下，社会公众对于环境污染的高度敏感和普遍焦虑，这也是不实传言内容不断深化的主要原因。

② 在 20 世纪 90 年代末期所做的一项关于“致富的合法性”的调查中，有 71% 的受访者认为“富人有家庭关系、社会关系或者背景”，有 37% 的人认为“富人通过非法手段致富”（载《希望月刊》1999 年第 3 期，转引自翟中东著：《犯罪控制——动态平衡论的见解》，中国政法大学出版社 2004 年版，第 186 页）；而当前，中国社会民众对富人，尤其是通过不正当手段致富的暴富阶层，仍存在较为强烈的不满心态（参见王俊秀、杨宜音主编：《中国社会心态研究报告》，社会科学文献出版社 2013 年版，第 37 页）。

③ 梁良著：《从众》，东方出版中心 2007 年版，第 59 页。

④ 笑蜀：《近几个月来发生的几起极端事件，足以佐证社会情绪正在趋向极端化和暴戾化》，载《经济观察报》2008 年 10 月 18 日。

造针对敌意对象的不利信息或将此类信息加以广泛传播，① 或者将信息予以敌意化的选择性推断。② 前述重庆“万州事件”和安徽“池州事件”，恰恰也证明了敌意心理在不实信息的产生和传播过程中起到了关键性的推动作用。例如，在贵州“瓮安事件”中，由于谣言的传播暗合了当地普通民众中大量饱受挫折感和相对被剥夺感人群的脆弱心理，使得发生女中学生死亡的河边“已经不仅仅是个看热闹的案发点，而是一个失意者的阵营……那些矿权纠纷中吃亏的乡民、那些移民拆迁中失意的流离者、那些为治安忧心忡忡的市民，再就是那些狂热的年轻人，他们在河边找到了共鸣”。③

（四）传播过程的匿名性及低风险预测性为不实信息的扩散提供了“安全预期”

在不实信息的传播过程中，由于大多数的传播者都可以选择以

---

① 例如，在“药家鑫事件”中，犯罪嫌疑人药家鑫系在校大学生，驾驶其父为其购买的轿车，而被害人为骑电瓶车的打工者，这种直观上的身份殊异和交通工具的鲜明对比，使得网络上一度出现“药家鑫是官二代”、“其父为当地高官”的流言。而随后公开的事实证明，药家鑫家庭为普通工薪阶层，其父转业到地方后仅为当地普通科级干部。又如，在南京六名警察故意伤害致人死亡一案中，在案件为公众了解之初，广大网友对实施伤害的警察一致地口诛笔伐。然而，当网上突然出现案件的被害人鹿某系国务院某部副部长亲戚，被害人长期仗势欺人、飞扬跋扈的传言后，网友的立场戏剧性地转向了涉案警察一方，几乎一致性地认为六名警察是“杀掉衙内”、“为民除害”。而经过事后的澄清，被害人根本不具有传言所称的高官背景。

② 2012年4月，一对中国留学生情侣在美国被歹徒枪杀。这起本应引起国人痛惜的案件，由于被害人的“留美学生”身份和案发时所驾驶的“宝马轿车”，被众多网友视为“富二代”，也流出了“在国外炫富享乐被杀”、“不值得同情”的说法，甚至有不少网友拍手称快。而经被害人同学及亲友证实，被害人均系普通家庭出生，通过奖学金获得留学机会，所驾宝马车也仅为价值一万美元的二手车。

③ 钱真：《瓮安事件调查：刑事案件如何演变为群体性事件》，载《中国新闻周刊》2008年第25期。

一种匿名的方式制造和传播不实信息,① 因此，在匿名的环境下，每一个参与其间的臆造者和扩散人都会有着强烈的安全感。因为，“群体是个‘无名氏’，个人很容易‘隐形’其中”，并且“群体的匿名性助长了个人的激进和冒险心理，容易使个人失去理性和责任心”,② 也由此会大大降低其因传播谣言而可能受到惩罚的心理预期，促成不实信息的臆造者和传播人在扩散谣言或异化信息过程中的肆意化。

（五）官方澄清机制的滞后导致不实信息在传播过程中的“被信服化”和“复扩散化”

在不实信息的传播过程中，始终存在一个“传播者→受众→复传播者→新受众”的循环往复、不断扩散的流程。在这样的一个流程中，当每一个受众最初接收到不实信息后，因不实信息本身大多所具有的夸张化成分与戏剧性元素，受众在受到较强烈的视听冲击的同时,③ 也会因该信息的“离奇”和“不同寻常之处”而对该信息予以本能的判断与甄别，甚至也会对其心存疑虑。此时，官方对不实信息予以澄清和说明就显得尤为突出和必要。因为，这一环节是真相与谎言争夺受众的关键节点。如果此时的官方能及时释明真相、回应质疑，显然就能使为数不少的受众在掌握真相、辨明曲直后，不再继续加以传播；反之，在当前社会矛盾仍较为凸显和尖锐，“仇富”、“仇官”情结较为普遍弥漫着的氛围中，一般民

---

① 虽然近年来主管部门加强了对互联网信息传播渠道的管控，如要求网吧经营者对上网者逐一进行身份证登记、微博提供商被要求推行实名化等举措，但要真正意义上实现网络信息传播全程的透明化、实名化和可查证化，任务还相当艰巨。

② 于建嵘著:《抗争性政治：中国政治社会学基本问题》，人民出版社2010年版，第168页。

③ 当一名受众接触不实信息时，其虽然主要是以“听”的形式接收信息的，但由于传播者所传播内容的夸张性、生动性，往往会导致在该受众的感知系统中呈现出视觉化的“场景”。

众在对待不实信息时，往往会或多或少地存在“宁可信其有”的“阴暗面推定”心理。因此，一旦政府相关部门对在社会上已经开始流传的信息不加以及时澄清和主动回应的话，必然会给受众传递出政府“不敢面对”、“无法回答”的信号，由此又会给受众形成该信息“可靠”、“确有其事”的强烈心理暗示，从而造成不实信息在广大受众中的“被信服化”。① 当不实信息的受众普遍接受了这一信息时，每一个受众此时又会继续将该信息加以传播，并在传播过程中会自觉或不自觉地掺入自己对“事件”的“还原”、对原委的理解、对趋势的揣测等。此时的受众又会将此信息视为客观事实进一步扩散，其也由此成为不实信息的“复传播者”，其传播对象又是即将成为新传播者的下一个听众。正是官方对于不实信息的怠为应对、迟于澄清，最终形成了不实信息“传播→接受→再传

---

① 在四川“大竹事件”中，在酒店务工的女服务员意外死亡后不久，在当地民众中即开始流传被害人系被几名官员轮奸残害致死的言论，当地政府对此传言一直采取回避态度，导致了民众迅速完成对该传言内容由“将信将疑”到“确信无疑”的过程；而在贵州“瓮安事件”中，溺水身亡的女生系被班上两名有权势的官员子女欺凌导致其自杀的传言，也是在当地官方迟迟不予以澄清的背景下，完成了由流言向“事实”的转身。

播→再接受”的“以讹传讹”的态势。[①]

三、涉众型犯罪中不实信息传播的应对

首先，消除信息不对称的环境。信息不对称的环境是“小道消息”产生的最佳土壤。因为，在缺乏正常信息获知渠道和没有透明信息发布机制的环境下，公众对不明情形的知悉欲和探求感尤为强烈，而此时，不实信息的发布者往往会以“知情人”的身份散布“内幕消息”。在信息不对称的情形下，公众无法验证和甄别“内幕消息”的真伪，却又极易轻信带有夸张性、感染力的描述，且该类信息恰恰又能满足人们的好奇心，加之“小道消息往往具有良好的贴近性，它传播的往往是发生在人们身边的人和事，与当事人的利益息息相关，十分容易引起传播者和接受者的共鸣和互动”，[②] 从而出现与“劣币驱逐良币”（Bad money drives out good）

---

① 南京“彭宇事件”可以视为官方澄清机制滞后导致不实信息广为传播、占据舆论主导，一度彻底误导了公众意向的典型样本。2006 年 11 月的某日，南京市民彭宇在公交车站与老太徐某发生碰撞，导致徐某受伤。彭宇随即搀扶徐某并送到医院治疗。之后，双方因对事故原因和赔偿数额发生争议，徐某将彭宇诉至法院。一审法院经审理后，判令彭宇赔偿徐某 4 万余元。彭宇对判决不服提起上诉并求助于媒体。由于判决书对案件事实认定的模糊、说理的含混，媒体介入后，将事件描述为彭宇做好事反被诬陷，并因此承担法律责任的过程，由此引起舆论哗然。在媒体的不实报道广泛流传过程中，由于官方一直未对案件事实经过和相关证据予以回应和说明，一边倒的媒体导向最终使得民众一致地认为彭宇成为“做好事反被诬赖”的代言人，而受到广泛支持与同情，而徐某及其家人则饱受指责与骚扰，事件还由此引发了社会公众对当前道德滑坡的热议，并在部分公众中形成了“老人倒地不能扶”、“好事不能做”的“共识”。直至数年之后，南京市政府才出面阐明案件事实经过和相关证据，将案件真相予以澄清。

② 朱宝奇、温品人：《小道消息特征及其应对策略刍议》，载《中国市场》2011 年第 5 期。

相类似的“谣言排挤真相”的现象。[①] 而与之相对应的是，在一个信息透明和公开的环境下，由于国家为公众提供了能了解相关事件真相的官方渠道，供给了客观、全面的信息源头，[②] 在公众对事件真相予以探知的诉求得到了较充分满足的情形下，官方/国家的信息渠道就能在很大程度上挤压“小道消息”的传播空间，使其难以变形、难以扩散。因此，“增强政府工作透明度，提高政府公信力”[③] 这一最高层的表述除了保障公众对公共信息的知情权之外，在应对不实信息传播上，更有着深远的意义。就当前而言，由官方建立起一整套常态化、机制化的信息发布机制显得尤为必要，也是

---

① “劣币驱逐良币”是经济学上的一个定律，又被称为“格雷欣法则”（Gresham's Law）。16世纪英国伊丽莎白时期的铸币局局长托马斯·格雷欣发现，在当时的英国，因为贵金属不能满足造币的需求，铸币机构必须在新铸造的货币之中加入其他金属成分，故此后的市场上就有两种货币，一种是原先不含杂质、完全用贵金属铸造的货币（即“良币”），另一种是被加入其他金属的货币（即“劣币”）。虽然两种货币在法律上的价值相等，但人们出于趋利的普遍心理，在能较轻易地辨认两种货币时，储存不含杂质的货币，将含杂质的货币拿去交易流通。如此一来，良币就因渐渐被储存而减少流通，而市场上所流通的就只剩下劣币了。这一现象也揭示出了一个规律，即在欠缺科学机制安排的背景下，公众出于趋利避害心理，都会作出不符合公共利益的行为选择。在现实生活中，这一定律也可解释其他现象，如盗版软件对正版软件造成的巨大冲击等。

② 毋庸讳言，基于长期以来官方发布信息所具有的“去负面化”和滞后性的特点，为数不少的公众对官方发布的信息向来存有一定的疑问。但尽管如此，主流媒体仍然是社会公众首选的信息获知管道，如中央电视台的《新闻联播》几十年来一直位居国内各电视栏目收视率的榜首的事实即是明证。

③ 温家宝：《政府工作报告》（十届人大三次会议）。

消除不实信息传播的根本之策。①

其次，建立迅捷的不实信息公开回应机制，使“谣言止于知者”。在资讯技术高度发达、信息传播媒介多样化的当下，试图单纯以切断不实信息传播路径的方式阻却其扩散的努力已经很难达到预期效果。② 故而，当出现不实信息流传的现象时，官方的缄默只会强化公众对不实信息的信服感，最终导致此类信息的以讹传讹、急剧扩散。因此，在应对不实信息传播时，官方予以公开面对和及时回应是不二选择。官方“理直气壮”地直面谣言内容的过程，③ 实际上也是消除公众对不明事件焦灼感、紧张感的最有效措施（而在社会急速转型的时期，如前所述，社会成员中普遍弥漫着的焦灼感与不安感，是导致传言迅速扩散的重要原因），一旦官方澄清了事件真相，就能在很大程度上减轻不实信息给受众造成的不安

---

① 在这方面，国家已经开始作出了相应的尝试和探索。例如，近年来，国务院各部委和 31 个省（自治区、直辖市）均已经建立起了新闻发言人制度。其中，教育部、国家发改委、国家统计局等与社会公众有着密切联系的中央国家机关还建立了定时、定点进行新闻发布的机制（《中央各部委和各省区市都有新闻发言人》，载《法制日报》2009 年 1 月 7 日）；与此同时，一些省份也提出在各个县区所有县级党委、政府设立新闻发言人，构建起省、市、县三级党委、政府新闻发布工作体系（参见《我省 107 个县区年底前全部建立新闻发言人制度》，载《西安日报》2012 年 9 月 23 日）。

② 为防止不良信息，尤其是境外敌对势力煽动性、颠覆性信息的渗透，一直以来，我国有关部门对于境外的某些网站采用了多种网络屏蔽技术，一定程度上阻止了此类信息的流入。然而，随着计算机、网络技术日新月异的迅猛发展，具备一定电脑和网络基础的普通人借助于公开下载的特定软件，即可规避监管无障碍地浏览境外网站的信息，这种网络行为也被不少网友形象地比喻为“翻墙”。

③ 过去，出于担心对相关谣言进行说明的过程本身又会导致该谣言借助官方渠道再一次扩散的负面影响，因此，官方对小道消息的澄清往往是异常谨慎的，由此也鲜有直接面对谣言内容的，但这显然不能达到有力驳斥不实信息的目的。

感，促使其理性、冷静地甄别各类信息，进而阻却其盲目传播不实信息的心理动因，而此种针对信息传播过程中的大众心理干预措施的效能也是远强于对不实信息物理隔离措施的。① 从这一意义上讲，“政府越公开的辟谣越有力度”，② 此其一；其二，在出现不实信息的第一时间，官方应及时跟进回应，以期尽可能地减少该信息在传播中不断升级、不断变形的周期和流程。不实信息在大量人群中扩散时，每一个传播者都会掺入自己的理解与臆断，并对信息进行加工后再加以传播，导致谣言愈演愈烈。因此，建立迅捷的舆情回应机制，压缩谣言传播的时间，也就是挤压谣言扩散的空间。换言之，在回应谣言的机制上，越高效即意味着越有效。

再次，官方回应方式要精细化、精准化。不实信息要获得受众的信服，通常都具备细节化、戏剧化的“叙事性特征”，③ 这必然也给官方针对不实信息的澄清方式提出了新的课题。而既有的回应谣言时空泛化、说教式的驳斥机制，显然很难有针对性地揭示不实信息的虚假性，也很难在与谣言争夺公众的较量中占据主动。因此，当前在谣言澄清的方式选择上，需要注重回应方式的精细化、精准化。详言之，即以细节回应细节，以证据还原事实。就以细节

---

① 2012年的早春，因王立军事件所引发的一系列政治化的传言甚嚣尘上，甚至一度出现了所谓“军车进京”、“首脑机关枪声”等危言耸听的谣言。此后，中央媒体较为迅速地对此类谣言作出了正面回应，并在回应中罕见地转述了谣言的核心内容作为驳斥的对象。经过公开澄清，此类谣言被很快平息。而随后对薄谷开来、王立军等人一系列案件的公开审理，又进一步消除了在这一年的重大敏感时期到来之前公众的政治焦虑感，也在很大程度上对政治性谣言的再度发酵和重新扩散起到了立竿见影的公众心理阻却功效。

② 焦璐：《价值累加理论——集体行动的一种叙事框架》，载《天水行政学院学报》2009年第1期。

③ 例如，在四川“大竹事件”、贵州“瓮安事件”中，传言都对事件中被害人的被害细节予以了详尽甚至生动的描述，由此也使传言内容颇具“故事感”，极富煽动性。

回应细节而言，谣言中的各种情节由于本身具有的渲染性、戏剧化色彩，极易让受众信以为真，因此要澄清这样的谣言，必须与这样的虚构情节短兵相接，并利用事实细节对谣言的情节迎头痛击。只有一一回应、精准驳斥，才能将不实信息逐一破除、逐一释疑，最终将公众从谣言中带出。① 就证据还原事实而言，在科学技术日益发达的当前，完全可以借助相关技术手段提取并固定科学证据，从

① 在引发四川“大竹事件”、贵州“瓮安事件”之前的相关谣言中，都将被害人遇害的过程、受伤害的惨烈程度进行了详尽的描述。而要澄清这样的谣言，显然必须要与这样的虚构情节短兵相接，而要对其迎头痛击的武器正是有关事实真相的细节。在贵州“瓮安事件”中，谣言称“被害人系被犯罪人报复杀害后扔到河里的，且其被打捞上来时一丝不挂”，而这一情节最终被公安机关的尸检报告证明纯属虚构。在四川“大竹事件”中，传言曾有“被害人生前被多名官员轮奸”的细节，但在事后，时为酒店服务员的犯罪嫌疑人供述了自己强奸被害人的事实，而权威医学鉴定机构出具的鉴定结论也确定了被害人系慢性胰腺炎伴急性出血坏死而死亡。在2009年新疆“7·5事件”发生后，境外反华媒体大肆指责中国政府滥用暴力镇压少数民族平民，并配发了所谓的相关照片。然而，经过仔细比对，境外媒体所公布的军警殴打平民的照片系西亚某邻国政府制止反政府示威者的照片，被“移花接木”用来污蔑中国政府。这一细节澄清之后，舆论哗然，该西方媒体的中立性和公信力遭到严重质疑。

而还原事实，为公众呈现真相，达到“事实胜于雄辩”的效果。①

最后，引导媒体，回归事实。随着新传媒时代的到来，媒体与媒体之间的竞争也日趋激烈。一些媒体为了在白热化的角逐中保持领先，往往会为了吸引受众关注而在一定程度上牺牲报道的客观真实性，从而为不实信息的扩散起到了推波助澜的作用。正如在彭宇案真相大白后，追问在该事件发酵过程中媒体的责任时，有评论指出：“部分媒体在报道彭宇案时，完全没有追问事实真相，而是不负责任地充当了一方当事人的传声筒；部分媒体连一审判决书都没有看到，就仅依道听途说匆忙作出道德评判。”② 因此，在当下引导媒体回归事实本位、恪守职业底线，显得尤为必要。

---

① 在哈尔滨“宝马车撞人案”中，舆论一度强烈质疑被告人苏某系故意驾车冲撞被害人致后者死亡，其行为属于故意杀人罪。而办案机关经过反复勘验，根据公安部权威鉴定机构的多次论证，并结合现场目击证人的证言、被告人的供述、被害人丈夫的陈述等证据，最终还原了事实：被告人在所驾车辆与被害人夫妻所驾农用车发生擦剐后，将车挡置于空挡后立即下车交涉，之后在交警要求下准备倒车；但此时由于被告人情绪激动，误认为此前车的挡位已置于驻车挡，在未查看挡位的情况下随即将挡位下拨一挡（被告人误认为置入倒车挡，实际为前进挡），并为表示不满猛轰油门，结果致车猛向前冲，将被害人撞死。故对其行为认定为过失致人死亡罪的定性是准确的。经过一系列证据还原的前述案件事实向媒体公开且释明后，也基本获得了公众的信服和接受。

② 《误读彭宇案，媒体当自省》，载《检察日报》2012 年 1 月 18 日。

中篇
涉众型犯罪规制论

第四章　涉众型犯罪罪名设置研究

涉众型犯罪，是指因群体性事件所引发的，在与管理当局对抗或对峙的情形下，不特定多数的行为人实施刑法分则特定罪名的规模性共同犯罪行为类型。从现行刑法规定来看，可以囊括这些犯罪行为的有以下五个罪名：聚众扰乱社会秩序罪，聚众冲击国家机关罪，聚众扰乱公共场所秩序、交通秩序罪，非法集会、游行、示威罪，侮辱国旗、国徽罪。研究这些罪名的立法沿革、构成要件、入罪门槛、各罪界限、刑事责任等，对于惩治这类犯罪、维护社会稳定具有基础性意义。

第一节　涉众型犯罪的立法设置总览

稳定和谐的社会秩序，是任何一个社会正常运转的前提和基础，是人民安居乐业、社会生产经营、国家进步发展的一个必要保证。聚众扰乱公共秩序的行为，不仅严重危及国家改革、发展、稳定的大局，严重影响社会的正常工作和生活秩序，而且也严重危害国家和政府的权威，必须动用刑法予以规制。对此，无论过去还是现在，我国立法机关的认识是高度一致的。

1979 年 7 月 1 日第五届全国人民代表大会第二次会议通过、1980 年 1 月 1 日起施行的我国第一部刑法，在总结历史经验教训的基础上，针对严重扰乱公共秩序的行为，规定了相应的罪名。该法第 158 条规定了扰乱社会秩序罪，具体条文表述为：“禁止任何人利用任何手段扰乱社会秩序。扰乱社会秩序情节严重，致使工作、生产、营业和教学、科研无法进行，国家和社会遭受严重损失的，对首要分子处五年以下有期徒刑、拘役、管制或者剥夺政治权利。”第159条规定了聚众扰乱公共场所秩序、交通秩序罪，具体条文表述为：“聚众扰乱车站、码头、民用航空站、商场、公园、影剧院、展览会、运动场或者其他公共场所秩序，聚众堵塞交通或者破坏交通秩序，抗拒、阻碍国家治安管理工作人员依法执行职务，情节严重的，对首要分子处五年以下有期徒刑、拘役、管制或者剥夺政治权利。”此外，该法第137条还专门对聚众“打砸抢”的行为进行了规范，在指出对该类特定行为应当分别按照相关罪名处理外，还独立规定了聚众打砸抢罪。具体条文表述为：“严禁聚众‘打砸抢’。因‘打砸抢’致人伤残、死亡的，以伤害罪、杀人罪论处。毁坏或者抢走公私财物的，除判令退赔外，首要分子以抢劫罪论处。犯前款罪，可以单独判处剥夺政治权利。”上述条文的颁布实施，对于打击肃清文化大革命遗毒、惩治破坏社会公共秩序的行为，起到了纲领依据的作用。当时，许多危害社会秩序的行为，都是根据上述有关条款的规定而得到应有的惩处。此后，一些附属刑法规范相继出台，也都根据上述条文设置了相应的刑事责任条款，如《矿产资源法》、《全民所有制工业企业法》、《集会游行示威法》、《军事设施保护法》、《铁路法》等。

自从20世纪80年代实行改革开放以来，尤其是90年代以来，扰乱社会秩序的犯罪行为呈现出一些新的特点和趋势：聚众性扰乱公共秩序的行为明显增多，日益呈现蔓延趋势；官民对抗开始出现，聚众冲击国家机关的行为开始增多；非法集会、游行、示威等新型扰乱社会秩序的行为也时有发生。为此，1997年3月14日第八届全国人民代表大会第五次会议修订、1997年10月1日起施行的修订刑法，对涉众型犯罪作出了较大的调整和补充。此次修订在第六章第一节专门设立了扰乱公共秩序罪，其中包括若干涉众型犯罪，从而形成一个涉众型犯罪罪群。这些罪名有聚众扰乱公共秩序罪，聚众冲击国家机关罪，聚众扰乱公共场所秩序、交通秩序罪，非法集会、游行、示威罪，破坏集会、游行、示威罪，侮辱国旗、国徽罪。具体条文为，第 290 条第 1 款规定：“聚众扰乱社会秩序，情节严重，致使工作、生产、营业和教学、科研无法进行，造成严重损失的，对首要分子，处三年以上七年以下有期徒刑；对其他积极参加的，处三年以下有期徒刑、拘役、管制或者剥夺政治权利。”第 290 条第 2 款规定：“聚众冲击国家机关，致使国家机关工作无法进行，造成严重损失的，对首要分子，处五年以上十年以下有期徒刑；对其他积极参加的，处五年以下有期徒刑、拘役、管制或者剥夺政治权利。”第 291 条规定：“聚众扰乱车站、码头、民用航空站、商场、公园、影剧院、展览会、运动场或者其他公共场所秩序，聚众堵塞交通或者破坏交通秩序，抗拒、阻碍国家治安管理工作人员依法执行职务，情节严重的，对首要分子，处五年以下有期徒刑、拘役或者管制。”第 296 条规定：“举行集会、游行、示威，未依照法律规定申请或者申请未获许可，或者未按照主管机关许可的起止时间、地点、路线进行，又拒不服从解散命令，严重破坏社会秩序的，对集会、游行、示威的负责人和直接责任人员，处五年以下有期徒刑、拘役、管制或者剥夺政治权利。”第 299 条规定：“在公众场合故意以焚烧、毁损、涂划、玷污、践踏等方式侮辱中华人民共和国国旗、国徽的，处三年以下有期徒刑、拘役、管制或者剥夺政治权利。”此外，第 289 条还规定：“聚众‘打砸抢’，致人伤残、死亡的，依照本法第二百三十四条、第二百三十二条的规定定罪处罚。毁坏或者抢走公私财物的，除判令退赔外，对首要分子，依照本法第二百六十三条的规定定罪处罚。”

对比之前的刑法，修订后的刑法（即现行刑法）对涉众型犯罪的立法的主要变化有以下几个方面：一是将扰乱社会秩序罪一分为二，分别规定为聚众扰乱社会秩序罪和聚众冲击国家机关罪。鉴于实践中聚众冲击国家机关的行为较为严重，且较一般的扰乱社会秩序行为危害性要大得多，性质也更为恶劣，故立法机关将其分离出来，规定为独立的罪名。同时，现行刑法重新规定了两罪的主体要件，将其由原来的“首要分子”单一主体扩大为“首要分子”和“积极参加者”两类主体，从而扩大了主体范围。此外，现行刑法对两罪的刑罚幅度也进行了调整：刑度由原来的一档法定刑修改为两档法定刑；最高刑由原来的 5 年分别调高到 7 年和 10 年。二是取消了聚众扰乱公共场所秩序、交通秩序罪的剥夺政治权利这一刑种。现行刑法在这一罪名的罪状和法定刑基本不变的基础上，又作了一点小修改，即取消了剥夺政治权利这一刑种。三是增设了非法集会、游行、示威罪，侮辱国旗、国徽罪两个新罪名，并规定了独立的法定刑。四是保留了聚众打砸抢的规定，但取消了聚众打砸抢罪这一独立罪名。根据现行刑法的规定，对于聚众打砸抢的行为，应当根据具体案情，分别按照故意杀人罪、故意伤害罪和抢劫罪定罪处罚。这些修改，顺应了扰乱公共秩序犯罪行为发展的新情况，是立法机关积极主动应对社会生活变化的结果。

第二节　涉众型犯罪的构成要件概述

涉众型犯罪作为一个类罪，在犯罪客体要件、犯罪客观要件、犯罪主体要件和犯罪主观要件四个方面具有一些共性。以下分别予以阐释。

一、涉众型犯罪的客体要件

刑法将涉众型犯罪规定在第六章第一节扰乱公共秩序罪之中，因此，这类犯罪的同类客体是公共秩序。这里的公共秩序，与广义的社会秩序同义，即指为维护社会公共生活所必需的秩序。公共秩序通常由法律、行政法规、国家机关、企业事业单位和社会团体的规章制度等所确定，主要包括社会管理秩序、生产秩序、工作秩序、交通秩序和公共场所秩序等。遵守公共秩序是中国公民的基本义务之一，保障这些秩序正常稳定是刑法的任务之一。

虽然都是公共秩序，但是不同的场所，秩序的具体内容不同。刑法规定的五种涉众型犯罪，各自的秩序内容也有差异。聚众扰乱社会秩序罪，其直接客体是狭义的社会秩序，即公司，企业、事业单位，社会团体的工作、生产、营业、教学、科研秩序；聚众冲击国家机关罪，其直接客体是国家机关的工作秩序，即国家立法机关、行政机关、司法机关、军事机关等正常进行工作的秩序；聚众扰乱公共场所秩序、交通秩序罪，其直接客体是公共场所秩序和交通秩序，即车站、码头、民用航空站、商场、公园、影剧院、展览会、运动场或者其他公共场所秩序以及道路交通秩序；非法集会、游行、示威罪，其直接客体是公共场所秩序，因为集会、游行、示威只能在公共场所进行；侮辱国旗、国徽罪，其直接客体也是公共场所秩序，因为在非公共场所焚烧、毁损、涂划、玷污、践踏国旗、国徽的，不会导致公共秩序的混乱。

二、涉众型犯罪的客观要件

涉众型犯罪在客观方面，表现为以聚众方式扰乱公共秩序，造成严重损失的行为。具体来说，有三个基本构成要素：一是聚众，二是扰乱公共秩序，三是造成严重损失。

1. 聚众

在五个涉众型犯罪中，刑法明文规定必须以聚众方式实施犯罪行为的，有聚众扰乱社会秩序罪，聚众冲击国家机关罪，聚众扰乱公共场所秩序、交通秩序罪三个罪名。非法集会、游行、示威罪和侮辱国旗、国徽罪，虽然罪状中没有“聚众”一词，但从该类行为的特点以及实践案例来看，通常也必须以聚众方式进行。

何谓“聚众”？对此，刑法理论界主要有以下六种不同的观点。第一种观点认为，“所谓聚众，是指首要分子纠集多人，在同一时间、同一地点相聚集”。[①] 第二种观点认为，所谓聚众，是指“聚集多人，这里的多人必须明确为‘三人以上’，而且不应包括纠集者本人在内。聚众的众人中既要包括首要分子或积极参加者，也要有其他不属于犯罪分子的参加者”。[②] 第三种观点认为，“聚众是指犯罪分子为满足某种无理要求，纠集、煽动、诱骗三人以上（包括犯罪本人在内）参与扰乱社会秩序的犯罪活动”。[③] 第四种观点认为，“聚众犯罪中的‘众’泛指三个以上的参加者，并非特指三个以上的犯罪人员”。[④] 第五种观点认为，“所谓聚众纠集多人实施犯罪行为，一般应当是指纠集三人以上。纠集三人以上是包括聚集首要分子和积极参加者三人以上。如果只是一二人闹事，从未引发众人围观起哄的，不构成本罪”。[⑤] 第六种观点认为，“聚众，是指首要分子纠集特定或者不特定之多数人于一定地点，而成为可以从事共同行为的一群人。如果没有首要分子的纠集，而是多数人的自动聚会，则不属于聚众。在聚众的情况下，参与者往往处于随时增多与减少的状态”。[⑥]

上述观点的分歧主要在于三个方面：一是纠集的对象是否以三人以上为基本条件；二是纠集的对象是否包括首要分子本人；三是纠集的对象是否包括因受鼓动、蒙蔽、胁迫而不明真相的参加者。

---

① 高铭暄、马克昌主编：《刑法学》，北京大学出版社、高等教育出版社2007年版，第604页。

② 赵秉志主编：《扰乱公共秩序罪》，中国人民公安大学出版社2003年版，第254~255页。

③ 陈兴良、曲新久、顾永忠著：《案例刑法教程》，中国政法大学出版社1994年版，第392页。

④ 张正新、金泽刚：《论我国刑法中的聚众犯罪》，载《法商研究》1997年第5期。

⑤ 李希慧著：《妨害社会管理秩序罪新论》，武汉大学出版社2001年版，第112页。

⑥ 张明楷著：《刑法学》，法律出版社2007年版，第765页。

我们认为，从司法认定的角度来说，将纠集对象的人数作为一个考量因素，是可取的。根据《汉语大辞典》的解释，“三人以上为众”。因此，以三人作为“聚众”的必要条件，符合社会公众的通常理解。但是，应注意，这里的“三个”，只是最低条件，而未必是充分条件。从实际案件来看，纠集的人数往往并不限于三人。所以，应当根据个案来判定纠集的人数是否达到“聚众”的要求。正如有学者所言，“至于集合多少人才算为聚众之问题，则须从个案加以判断，其决定之关键点乃在于聚众之人数是否足以妨害公务之执行。如执行职务之公务员只有一人，而行为人只聚集三人，当然足以该当聚众，但如执行公务之公务员有数百人之众，而行为人只聚集三人，则非聚众”。[①] 关于纠集的对象，我们认为，应当包括行为人本人。这是因为，刑法规定的“聚众”，强调的是扰乱公共秩序的行为实施者是“众”，强调众多的人形成一个整体，从而对有关单位、政府部门形成压力。同样，关于被纠集者的身份，即不管是首要分子或其他参加者，还是不明真相的一般公众，均不应影响对“众”的认定，因为主体身份与扰乱公共秩序的后果并无必然联系。聚众既可以是事先纠集、召集，也可以是临时纠集、召集。

2. 扰乱公共秩序

“聚众不是聚众犯罪的实行行为，而仅是实施实行行为的一种形式。”[②] 扰乱公共秩序是涉众型犯罪行为的核心要素。所谓扰乱，是指造成公共秩序的混乱，使其由稳定变为动荡，由连续变为间断，由有序变为无序。至于扰乱的方式，并没有特别限制，既可以是暴力性的扰乱，也可以是非暴力性的扰乱。在实践中，扰乱公共

---

① 林山田著：《刑法特论》，台湾三民书局股份有限公司 1980 年版，第 929 页。

② 刘志伟：《聚众犯罪若干实务问题研讨》，载《国家检察官学院学报》2003 年第 6 期，第 61 页。

秩序的方式主要有：冲击或强占有关单位的工作、生产、营业和教学、科研场所的；在有关单位工作场所高声喧嚣的；强行阻断有关单位的门禁、通道，或切断其水源、电源、煤气的；围攻、辱骂、殴打有关单位工作人员的；砸毁、损坏有关单位用于工作、生产、营业和教学、科研的设施、设备或其他财物的；冲击国家机关的；强占车站、公园、广场等公共场所的；堵塞交通要道的；等等。总之，无论行为人采用什么方法或手段，无论行为人实施行为在什么时间或场所，只要其行为不当干扰、破坏了有关单位的正常运转秩序或有关公共场所的管理秩序，即属于扰乱社会秩序。

应当强调的是，在刑法规定的五个涉众型犯罪罪名中，虽然只有聚众扰乱社会秩序罪，聚众扰乱公共场所秩序、交通秩序罪两个罪名的罪状中含有“扰乱秩序”等类似表述，但我们认为，聚众冲击国家机关罪，非法集会、游行、示威罪和侮辱国旗、国旗罪等行为的核心要素也在于扰乱、破坏国家机关工作秩序和公共场所管理秩序，只是行为人实施扰乱行为的主观目的或动机有所不同而已。

3. 造成严重损失

造成严重损失，是涉众型犯罪行为客观方面的又一必备要素。缺乏这一要素，则难以认定构成刑法中的扰乱公共秩序行为。同样需要说明的是，刑法只对聚众扰乱社会秩序罪、聚众冲击国家机关罪明确规定必须具备“造成严重损失”这一要素，对其他三个犯罪都未规定。这是否意味着聚众扰乱公共场所秩序、交通秩序罪，非法集会、游行、示威罪和侮辱国旗、国徽罪不需要“造成严重损失”这一要素呢？答案应当是否定的。涉众型犯罪之所以违法，最根本的原因不是行为人实施的行为本身违法（行为人可能还是在行使宪法权利，如集会、游行、示威），而在于行为人实施行为的手段或方式违法，破坏了公共秩序，并且这种破坏不是一般的破坏公共秩序，而是严重地破坏公共秩序。这种对公共秩序的严重破坏，最终以严重损失的形式表现出来。总之，涉众型犯罪都是结果犯，而非行为犯，必须以行为造成严重损失的结果为构成要素。

何谓“严重损失”？一般认为，严重损失，是指因行为人的聚众扰乱公共秩序行为而造成的各种有形的物质损失和无形的智力成果、社会利益和政治利益等诸多方面的严重损失。严重损失既包括物质损失，也包括非物质损失。物质损失，是指因犯罪行为而停产、停业等造成的直接经济损失或者预期财产利益损失。非物质损失，是指因聚众扰乱行为导致不直接从事生产经营活动的社会组织、团体等无法正常开展工作而造成的社会利益、政治利益的损失。对于物质损失的严重程度，一般以造成财产损失的数额作为判定标准。但非物质损失并不表现为物质性形态，无法精确计算，因而较难把握。对于这类损失是否严重，一般可从扰乱行为的手段、持续时间的长短、因无法工作直接延误的工作事项的重要程度、损失是否可以弥补等方面把握，即借助扰乱行为本身的“情节”来把握。例如，聚集人数特别众多，围攻、殴打工作人员多人，毁损一定财物的；占据办公场所，封锁通道等持续相当长时间，拒不退出，致使有关单位长期工作瘫痪的；由于扰乱行为，致使教学计划无法完成，影响多人学业的；致使重大科研项目无法继续或造成重大损失的；致使政党、人民团体大的会议（如党代会、青代会等）无法如期举行或中止的；打乱其他关乎重大社会利益的事项部署的（如致使防疫计划无法实施的）；等等。但这仅仅是认定方面的权宜之计，就地位来说，严重损失与情节严重应当是并列的两个构成要素，并不互相包容和替代。造成严重损失是指扰乱行为的结果，情节严重是指扰乱行为的程度。

严重损失是否包括第三方损失，这是一个值得探讨的问题。所谓第三方损失，是指因行为人的聚众扰乱行为，致使有关单位无法正常开展工作，从而给第三人利益造成的严重损害。对此，有观点认为，虽然第三方的损害结果并非行为人直接造成，但属于行为扰乱社会秩序给社会利益造成的损失，故应作为衡量行为人行为是否情节严重的根据之一。例如，由于行为人聚众扰乱医疗单位工作秩序，致使危重病人不能得到及时救治而死亡或残疾的，虽然行为人的行为与危重病人的死亡或残疾不具有直接因果关系，但行为人的行为与医疗单位无法开展工作具有直接因果关系，因此，行为人的行为与危重病人的死亡或残疾具有间接因果关系，应当将之作为行为人行为的危害结果。[①] 我们认为，对于第三方的损害结果能否视为聚众扰乱秩序行为的危害结果，不能一概而论。原则上，由于这类危害结果并非聚众行为直接造成，而是一种间接结果，故通常不应认定其是行为人聚众扰乱行为的危害结果。但是，如果行为人明知其聚众扰乱秩序行为可能会侵犯第三方的利益，却不听有关单位或团体的劝阻，放任危害结果发生的，则可以将该结果认定为聚众扰乱行为的结果。因为在这种情况下，行为人实际上是有意延长其行为的因果关系链条。

三、涉众型犯罪的主体要件

涉众型犯罪行为的实施，必须以多数人参加为前提条件。在这些参加者之中，由于各人所起的作用不同，地位不同，因而应当予以区分。作为共同犯罪一种特殊形式的涉众型犯罪，由于参加人数多、涉及面广，因而刑法采取区别对待的原则，将涉众型犯罪的参加者分为“首要分子”、“其他积极参加者”和“一般参加者”。原则上，只追究首要分子和其他积极参加者的刑事责任，对一般参加者则不予追究刑事责任；同时，对首要分子和其他积极参加者的刑事责任在立法上作了区分，规定了轻重有别的法定刑。具体地说，聚众扰乱社会秩序罪的责任主体是首要分子和其他积极参加者，聚众冲击国家机关罪的责任主体是首要分子和其他积极参加者，聚众扰乱公共秩序、交通秩序罪的责任主体是首要分子，非法集会、游行、示威罪的责任主体是负责人和直接责任人员，侮辱国

---

① 参见赵秉志主编：《扰乱公共秩序罪》，中国人民公安大学出版社2003年版，第235页。

旗、国徽罪的责任主体是首要分子和其他积极参加者（虽然该罪也存在单独犯罪的情形，但在多人实施的情况下，责任主体应当是首要分子和其他积极参加者）。在涉众型犯罪中，首要分子和其他积极参加者是犯罪的成立条件。因此，在处理涉众型犯罪时，一定要掌握好刑事政策，正确认定各参加者的身份，重点打击首要分子和其他积极参加者。

1. 首要分子

根据刑法第 97 条的规定，所谓首要分子，是指在犯罪集团或者聚众犯罪中起组织、策划、指挥作用的犯罪分子。涉众型犯罪中的首要分子，是指在特定聚众犯罪中起组织、策划和指挥作用的犯罪分子。犯罪集团与聚众犯罪的区别在于二者的组织程度不同：前者具有组织的严密性、长期性和稳定性，后者则表现为松散性、临时性和偶然性。涉众型犯罪虽然组织程度不如犯罪集团，但作为一种由三人以上共同实施的以“涉众”为要素的共同犯罪，在参与者当中也存在犯罪行为的组织者、实施者和指挥者，对整体犯罪活动起着协调和制约作用。这些在涉众型犯罪中起协调与制约作用的组织者、策划者和指挥者，就是涉众型犯罪的首要分子。

在实践中，涉众型犯罪的“首谋”和“煽动者”，通常就是这类犯罪的首要分子。所谓首谋，是指在涉众型犯罪中因偶然原因而被其他参加者推举、拥护而成为犯罪的领导人物，或者以期许、允诺、利诱、威逼等，纠合特定或不特定多数人而自动成为领导人物的人。首谋是涉众中人际关系的管理组织者，其一举一动都被涉众型犯罪参加者所注意。首谋在涉众型犯罪参加者实施实行行为之际，虽然不一定要发号施令，但是在通常情况下，多负起指挥涉众的责任。所谓煽动者，是指在涉众尚未形成之前，对于特定或不特定多数人，煽动其实施特定的犯罪行为，并促成其结合为涉众，或者在涉众形成之后，鼓动其实施特定的犯罪行为，以实现其犯罪意图的行为人。煽动者在涉众形成之后，自动加入而成为其构成分子并成为首谋。有观点认为，“煽动者只需对不特定的多数人或者聚众的参加者予以煽动即可，不问其煽动的犯罪是否被聚众参加者付诸实行，也就是说假设其行为对于特定犯罪的实施，具有影响的关系，即可予以认定为煽动者”。[①] 我们认为，这一观点值得商榷。涉众型犯罪不同于一般的共同犯罪，其均是结果犯，因此，如果被煽动者未能接受煽动，则难以认定煽动者为首要分子。换言之，无论是首谋或者煽动者，都必须以其他参加者实施了扰乱公共秩序的行为作为构成首要分子的条件。

2. 其他积极参加者

所谓其他积极参加者，是指在涉众型犯罪中积极参加犯罪活动，在犯罪实行过程中起主要作用的犯罪分子。这里的“积极”，是对“参加”这一行为的修饰，是一个带有心理评价的词语，强调的是行为人对参加犯罪活动的一种热衷的态度。这种态度上的要求表明，立法精神在于，对于首要分子以外的其他参加者，只有具有较大的主观恶性，才能追究其参与涉众型犯罪的刑事责任。在判定行为人是否“积极”参加犯罪活动时，应当把握两点：一是看行为人参加犯罪活动是否是主动参加的，或者是否是愉快地接受他人的犯罪邀请的；二是看行为人在犯罪中所起的作用大小。这两个要素，原则上应当同时具备，才能认定。但在特殊情况下，行为人虽然参加犯罪不是特别主动或自愿，但在加入后实施犯罪相当积极，发挥了骨干作用，则也应当认定为其他积极参加者。有学者认为，“在行为人以实际行动参与了聚众犯罪活动并具有一定的积极性时，就认定其为‘其他积极参加者’，可以对其行为以聚众犯罪追究刑事责任”。[②] 我们认为，这一观点值得商榷。首要分子以外的其他参加者是否应当承担刑事责任，不能仅仅根据他们在犯罪活

---

① 李宇先：《论聚众犯罪主体》，载《零陵学院学报》2004 年第 1 期，第 65 页。

② 刘志伟：《聚众犯罪若干实务问题研讨》，载《国家检察官学院学报》2003 年第 6 期，第 61 页。

动中体现出来的主观恶性大小来决定，还应看其在犯罪活动中所起的作用大小，否则就有主观归罪之嫌。

在实践中，“下手实施者”通常可以认定为其他积极参加者。所谓下手实施者，是指直接实施犯罪实行行为的犯罪分子。下手实施者是将首谋的犯罪意图或犯罪计划直接付诸实现的人，是直接破坏法律秩序的人，其在犯罪中的作用也很重要。下手实施者之所以实施犯罪行为，既可能是听命于首谋命令的结果，也可能是各参与者互相暗示的结果。换言之，首谋者的命令对于下手实施者的行为固然有相当的控制和影响，但是在有些情形下，即使没有这些命令的发出，在众多参加者情绪高昂的情况下，下手实施者仍然可能情不自禁地实施暴力或非暴力行为。另外，下手实施者实施犯罪行为，也并不一定在同一时间一齐下手，而可能是有的参加者先动手，其他参加者受到先下手者行为的强烈暗示，不自觉地模仿。在这种情形下，下手实施者与其说是自动的行为人，不如说是被动的行为人。尤其是陷入疯狂兴奋状态的涉众参加者，一听到有人在旁边喊打，不管该命令出自何人，立即毫无顾虑地实施破坏行为，犹如未经意志作用的反射动作。值得注意的是，并非所有的下手实施者，即并非所有的实行行为人都会被认定为其他积极参加者。对于某些下手实施者，虽然实施了犯罪实行行为，但由于其在整个犯罪实行过程中所起的作用比较小，故也可以不认定为其他积极参加者。

3. 一般参加者

在涉众型犯罪中，除首要分子和其他积极参加者外，还有其他参加者，即一般参加者。所谓一般参加者，是指在实行涉众型犯罪活动中起次要或者辅助作用的犯罪分子，即次要的实行犯和帮助犯。如上所述，对于次要的实行行为者，虽然其参加了犯罪的实行，但因对危害结果的发生所起的作用较小，因而不应追究其刑事责任。而对辅助犯罪实行者，如犯罪工具的提供者，因这类行为对危害结果的发生作用也比较有限，因而一般也不认定为构成犯罪。

在实践中，对于“在场助势者”的地位和作用，需要认真甄别。所谓在场助势者，是指在他人实施涉众型犯罪之际，在现场壮大声威的行为人。在场助势者虽然没有亲手实施扰乱破坏公共秩序的行为，但犯罪行为的实施甚至变本加厉，与其现场助势也不无关系。这些助势行为通常有摇旗呐喊、打锣示威、散发传单、口头声援等。然而，在各种涉众行为中，助势行为是最缺乏犯罪性的。而且，对于行为人而言，其之所以加入现场助势的行列，往往是出于随大流、随声附和的心态，其未必有明确的犯罪意识，也未必能够正确认识其行为可能引起的利害关系，因而最缺乏可谴责性。

值得注意的是，无论是必要涉众型犯罪还是任意涉众型犯罪，都应当根据具体案情正确认定首要分子和其他积极参加者。在一个典型的涉众型犯罪中，可能同时存在首要分子和其他积极参加者。但是，在一些特殊情形下，也可能存在只有其他积极参加者而没有或无法认定首要分子的情况。另外，首要分子也未必只有一人，也可能是两人或多人。但是，无论首要分子或其他积极参加者是一人或数人，都无须适用刑法总则追究各个犯罪人的刑事责任，而只需直接引用刑法相关条文的规定定罪处罚即可。

四、涉众型犯罪的主观要件

涉众型犯罪的主观要件为故意，即行为人明知纠集多人扰乱公共秩序会造成危害社会的结果，而希望或者放任这种危害结果发生的心理态度。行为人的动机多种多样，通常是企图通过这种扰乱活动给机关、单位与团体施加压力，以实现自己的某种无理或合理的要求或者借机发泄不满情绪。但动机如何，不影响犯罪的成立。

涉众型犯罪的故意，从结构上分析，也可以分为认识因素和意志因素两个部分，且因行为人是首要分子和其他积极参加者而有所不同。就认识因素而言，首要分子应在主观上认识到自己是在组织、策划、实施、指挥实施犯罪行为，认识到其他参加者是在自己的策动下实施危害社会的行为，认识到自己和他人行为的社会危害性；其他积极参加者则应认识到自己是在首要分子的领导下实施危害社会的行为，认识到自己行为的危害性并决意实施危害行为。就意志因素而言，首要分子是对自己的行为和各参与者的行为会造成危害社会的结果持希望或者放任的态度，其他积极参加者是对自己的行为会造成危害社会的结果持希望或放任的心理态度。但无论是首要分子还是其他积极参加者，都不要求其认识到行为造成的危害结果达到“重大损失”的程度，也不要求其认识到参与犯罪行为的态度达到“积极”的程度。这些均是立法者对涉众型犯罪所设定的“量”的要求，也是司法人员根据案件事实在事后所作的客观评价，并不要求行为人在实施犯罪行为时主观上对此有精确认识。有学者认为，聚众犯罪的故意内容极为复杂。首先，要求首要分子与积极参加者具有超越个人意思的集体意思，即聚众的共同意思。其次，要求具有形成聚众的意思与作为聚众成员从事活动的意思。形成聚众的意思，是指具有使众人纠集在一起的故意；作为聚众成员从事活动的意思，是指具有作为聚众扰乱社会秩序的一员而从事扰乱社会秩序活动的故意。① 我们认为，在涉众型犯罪中，每一个犯罪主体都应具有作为聚众成员从事活动的意思，无疑是正确的，但是否具有形成聚众的故意，则是不同的。对于首要分子而言，其犯罪故意认识因素应包括形成聚众的意思和作为聚众成员从事活动的意思；但对于其他积极参加者而言，其是否具有形成聚众的意思则应视具体案件事实而定，不可一概而论。

第三节　涉众型犯罪的具体罪名解析

聚众扰乱社会秩序罪，聚众冲击国家机关罪，聚众扰乱公共场所秩序、交通秩序罪，非法集会、游行、示威罪和侮辱国旗、国徽罪这五个涉众型犯罪，每个罪在构成要件、司法认定方面都有其特殊之处，需要认真探讨。

---

① 参见张明楷著：《刑法学》，法律出版社2007年版，第765页。

一、聚众扰乱社会秩序罪

聚众扰乱社会秩序罪，是指聚众扰乱社会秩序，情节严重，致使工作、生产、营业或教学、科研无法进行，造成严重损失的行为。关于本罪，有以下争议问题：

（一）关于本罪的客体要件

本罪的客体要件是社会秩序。一般认为，所谓社会秩序，是指特定主体的正常活动秩序。但是，关于本罪的“社会秩序”的范围，刑法理论界主要有两种不同的观点。第一种观点认为，本罪所涉及的社会秩序，是指狭义的社会秩序，即企业、事业单位、人民团体的正常活动。因刑法已将聚众冲击国家机关的行为单独规定独立的犯罪，故本罪所侵犯的社会秩序不再包括党政机关的工作秩序。[①] 第二种观点认为，社会秩序是一个较为宽泛的概念，用具体的列举方法是不足以穷尽的，即使现行刑法第 290 条的规定将扰乱社会秩序中的“社会秩序”加以限定为“公司、企业、事业单位、社会团体的工作、生产、营业、教学、科研秩序”，其仍为一个整体含义的概念。因此，在司法实践中，应注意把握扰乱社会秩序的行为对不同场所、不同社会秩序的侵害。[②] 我们认为，从规范的角度来看，第一种观点忠实于法律条文，严格依照刑法规定进行解释，将其局限在特定范围内，基本上是可取的。第二种观点将更大范围内的社会秩序纳入本罪的保护客体范围之中，虽有利于保护社会法益，最大限度地惩治聚众扰乱社会秩序的犯罪，但有突破立法限制之虞，故值得商榷。

还有一个需要探讨的问题是，个体工商户、农村承包经营户的

---

① 参见高铭暄、马克昌主编：《刑法学》，北京大学出版社、高等教育出版社 2007 年版，第 604 页。

② 参见王作富主编：《刑法分则实务研究》，中国方正出版社 2003 年版，第 1407 页。

正常经营活动能否成为本罪的保护客体。对此，理论界存在两种截然不同的观点。第一种观点认为，个体工商户、农村承包经营户既非企业、事业单位，也不是人民团体，因此其经营活动不能成为本罪被保护的客体。第二种观点认为，个体工商户、农村承包经营户的经营活动能够成为本罪的保护客体。因为刑法第 290 条第 1 款没有列举它所保护的主体种类，而是用“工作、生产、营业和教学、科研”五个普遍概念规定了它所保护的范围，所以应认为，凡是合法正常的工作、生产、营业和教学、科研活动，无论是机关、团体还是企事业单位，还是个体工商户、农村承包经营户从事的，都可以成为刑法保护的对象。我们基本赞同第二种观点。任何社会团体，只要其是依法成立的合法组织，不论其所有制性质如何不同，宗旨有何差异，都是合法的社会主体，其正常活动秩序理应受到我国法律包括刑法的同等保护。只要侵犯其正常活动的行为情节严重，致使其活动无法正常进行，造成严重损失的，都应受到刑法的严厉惩处。当然，社会团体组织形式各种各样，经营活动也各不相同，其组织宗旨、对社会的重要性亦各不相同，相应的扰乱其活动秩序的危害性也不相同，具体认定时必须注意区别对待，正确把握。例如，聚众扰乱党的机关的工作秩序显然比聚众扰乱一般专业社团的活动秩序的危害性严重。一般来说，聚众扰乱比较重要的企事业单位、社会团体的行为，其犯罪标准宜低；聚众扰乱普通企事业单位、社会团体的行为，其犯罪标准宜相应略高。总之，应准确把握行为的社会危害性，做到定性准确、罚当其罪。①

（二）关于“情节严重”

本罪的客观要件，表现为聚众扰乱社会秩序，情节严重，造成严重损失的行为。其构成要素可进一步分为：聚众扰乱社会秩序、情节严重、造成严重损失。其中，需要特别明确的是情节严重的性

① 参见赵秉志主编：《扰乱公共秩序罪》，中国人民公安大学出版社 2003 年版，第 235 页。

质及其认定。

我们认为，情节严重，是聚众扰乱社会秩序客观行为的又一必备要素，是对聚众扰乱秩序行为“量”的要求。它并不归属或被归属于“造成严重损失”，而是与其并列的构成要件要素。何谓情节严重？对此，刑法理论界主要存有以下四种观点。第一种观点认为，所谓情节严重是指由于行为人的聚众扰乱行为，企事业单位、社会团体的正常活动无法进行，并造成严重损失，致使工作、生产、营业和教学、科研无法正常进行；或者是指行为后果严重，即致使工作、生产、营业、教学和科研无法进行，国家和社会遭受严重损失的后果。① 第二种观点认为，所谓情节严重一般是指聚众扰乱时间较长，纠集人数较多，具有人身侵害情形，造成恶劣影响等。② 第三种观点认为，情节严重是指与犯罪构成各个要件相联系的环节及其情形，如犯罪动机卑劣、聚众扰乱社会秩序时间长、人数多、造成恶劣的政治影响和国际影响等。③ 第四种观点认为，所谓情节严重是指具有下列情形之一的：犯罪动机险恶、目的卑劣的；聚集人数较多或扰乱时间较长的；经有关部门批评教育、劝阻，拒不散去的；多次聚众扰乱社会秩序的；社会影响极其恶劣的；聚众扰乱重要单位正常活动的；造成损失特别严重的；等等。④

上述各种观点的分歧，主要在于在认定情节严重时，应当考虑哪些因素，亦即在考量因素的范围上存在不同看法。我们认为，在

---

① 参见赵秉志主编：《扰乱公共秩序罪》，中国人民公安大学出版社2003年版，第255页。

② 参见高铭暄主编：《新中国刑法学》，中国人民大学出版社1998年版，第829页。

③ 参见王作富主编：《刑法分则实务研究》，中国方正出版社2003年版，第1409页。

④ 参见王作富主编：《刑法分则实务研究》，中国方正出版社2003年版，第1409页。

考虑情节严重时，应当立足于行为客观方面的因素，而不应将行为人的心理动机、犯罪起因等主观因素纳入进来。进一步来看，就行为的客观方面因素而言，也不是考虑所有的因素，而是考虑行为的纠集对象、人员的数量和规范、扰乱行为持续的时间长短、影响范围等，扰乱行为的危害结果不应当包括在内。

（三）关于本罪与非罪的界限

关于本罪与非罪的界限，主要应注意不要将人民群众合法的游行、抗议、请愿等表达意愿的活动当作聚众扰乱社会秩序罪来处理。宪法规定，公民享有游行、示威表达自己意见的权利。如果人民群众对有关单位不满，聚集起来静坐、示威、请愿的，不能作为本罪来处理。对于人民群众因合理要求没有得到满足而采取的过激行为，在认定是否构成犯罪时，更应特别慎重，以免激化矛盾。例如，农民工因工资待遇问题而聚集起来，闯进企业老板或管理人员办公室，掀翻办公桌，推搡企业管理人员，要求支付拖欠工资的，一般不能作为犯罪来处理。对于情节一般，损失也比较轻微的群体性扰乱行为，则更不能认定构成本罪。如果确有必要，可按社会治安管理处罚的有关规定处理。

（四）关于本罪与破坏生产经营罪的界限

本罪也可能干扰和破坏了正常的生产经营活动，造成一定的经济损失，因而容易与破坏生产经营罪混淆。二者的区别主要在以下四个方面：一是侵犯的客体不同。本罪侵犯的是特定主体从事正常活动的秩序，而破坏生产经营罪侵犯的是公私财产所有权。二是客观方面表现不同。本罪表现为以“聚众”的方式扰乱生产经营秩序，而破坏生产经营罪则表现为“毁坏机器设备、残害耕畜或者以其他方法”破坏生产经营。三是主观要素不同。虽然二者都是故意犯罪，但本罪的成立并不要求行为人具备特定的犯罪目的或动机；而破坏生产经营罪的成立，要求行为人必须是出于泄愤报复或者其他个人目的。四是犯罪成立的标准不同。本罪是结果犯，行为人的聚众扰乱行为不仅要导致生产经营无法正常开展、情节严重，而且还必须造成严重损失，才能构成犯罪，如果没有损失或者损失未达严重程度，则不构成犯罪；而破坏生产经营罪属于行为犯，原则上只要行为人实施了破坏生产经营的行为，即构成犯罪。例如，被告人程某为了其铁龙公司垄断南岸区大南坪地区的液化气经营，排挤内引液化气有限责任公司在南岸区大南坪地区自主销售二甲醚复合燃料，欲与内引公司签订二甲醚复合燃料独家代销协议。为了给内引公司施加压力以便顺利签约，被告人一方面邀约另一名被告人黎某纠集数名残疾人，用残疾人三轮车围堵内引公司娄溪沟储备站大门；另一方面纠集他人与对方进行协商签约事宜，导致储备站大门车辆无法进出，内引公司的生产经营活动受到破坏。内引公司经理迫于压力，与铁龙公司签订了二甲醚销售协议，将其公司在大南坪地区的二甲醚销售经营权让铁龙公司独家代理。协议签订后，被告人黎某及其邀约的残疾人方才撤离内引公司。之后，铁龙公司没有履行与内引公司签订的代销协议内容。法院认定两名被告人的行为构成破坏生产经营罪。① 我们认为，法院的判决是正确的。两名被告人纠集少数残疾人围堵内引公司大门，破坏该企业正常的生产经营秩序，其行为应构成破坏生产经营，而不构成聚众扰乱社会秩序罪。

二、聚众冲击国家机关罪

聚众冲击国家机关罪，是指聚众冲击国家机关，致使国家机关工作无法正常进行，造成严重损失的行为。本罪是聚众扰乱社会秩序的一种特殊形式，修订刑法时鉴于其保护法益的特殊性，将其从聚众扰乱社会秩序罪中分离出来，规定为独立的犯罪。

（一）关于“冲击国家机关”

本罪在客观方面表现为聚众冲击国家机关，致使国家机关工作

---

① 参见重庆市南岸区人民法院刑事判决书（［2011］南法刑初字第98号）。

无法正常进行，造成严重损失的行为。具体剖析，本罪的客观要件具有以下三个要素：聚众、冲击国家机关、造成严重损失。需要着重探讨的是“冲击国家机关”这一要素。

冲击国家机关，是本罪客观行为的核心要素。冲击，是指冲锋、撞击的意思。冲击是一种程度比较激烈的、带有暴力性质的特殊扰乱行为。有学者认为，所谓冲击，是指在首要分子的纠集下，强行冲闯国家机关门禁；包围国家机关驻地；用石块、杂物投掷、袭击；切断电源、水源、电话线等；堵塞通道，阻止国家工作人员出入；强占办公室、会议室，辱骂、追打工作人员；损毁公共财物、毁弃文件、材料；强行侵入、占据办公场所拒不退出等。①“冲击”一词，表明上述干扰和破坏国家机关工作秩序的行为具有相当的强度以及行为人主观方面的顽固程度。所谓冲击国家机关，是指冲撞或包围国家机关，强行进入国家机关或堵塞国家机关通道以及占据国家机关办公场所等行为。本罪的行为对象是国家机关。所谓国家机关，是指行使国家权力、管理国家事务的机关，包括国家立法机关、国家行政机关、国家司法机关、国家军事机关等。国有公司，企业、事业单位和人民团体一般不属于国家机关，但如果这些单位具有管理国家事务的职权，则冲击这些单位，干扰其正常履行管理国家事务职责的，亦属于冲击国家机关。例如，被告人曹某某因本村土地被征用，并对政府工作人员工作方法产生不满情绪，声称要向县委、县政府领导讨个说法。曹某某购买了条幅等物品，自编标语，写好横幅，组织本村几十名群众，由被告人邢某某、王某某等人打着横幅边走边喊。行至柘城县县委、县政府后，不听保安人员的劝阻，强行冲入县委、县政府办公楼大厅，对县委保安人员进行谩骂、殴打，并对政府工作人员进行殴打，在县委、县政府大厅乱喊、乱骂，致使县委、县政府无法正常工作长达 3 个

---

① 参见赵秉志主编：《扰乱公共秩序罪》，中国人民公安大学出版社 2003 年版，第 266 页。

多小时之久，影响极为恶劣。法院认定3名被告人构成聚众冲击国家机关罪，判处曹某某有期徒刑5年，邢某某与王某某分别被判处有期徒刑3年缓刑5年与有期徒刑2年缓刑3年。① 我们认为，法院的判决是正确的。被告人曹某某因不满政府征地，纠集部分村民，伙同邢某某、王某某等人聚众围堵县委、县政府，致使县委、县政府工作无法正常进行长达3个多小时，严重影响了行政机关的工作秩序，在社会上造成恶劣影响，是一种“冲击”行为，应当认定构成聚众冲击国家机关罪。

造成严重损失是聚众冲击国家机关行为的又一必要要素。这里的“严重损失”，是指聚众冲击国家机关的行为严重破坏了国家机关的正常工作秩序，并造成其有形或无形的各种损失，包括物质损失和非物质损失。从实践来看，这些损失更多的是非物质损失，主要是国家机关因被冲击而造成的工作受阻、机构瘫痪、威信丧失等无形利益的削减。如何判断这些利益损失的严重程度，是一个实践难题。

（二）关于本罪与非罪的界限

本罪在认定过程中，要注意区分一般聚众扰乱国家机关工作秩序的轻微违法行为与本罪的界限。二者的区别，主要在于行为有无造成严重损失。虽然有聚众扰乱国家机关的行为，但并未导致国家机关财产损失，也没有其他严重的非物质损失的，则一般不得认定为犯罪。

本罪也要注意与因执法严重违法而造成的群体性事件相区别。在实践中，一些地方的政府部门因法治观念淡薄，行政行为严重违法，侵害人民群众的利益，从而造成人民群众聚众围堵在国家机关内的情形，则要慎重对待，一般不宜作为本罪处理，如2004年湖南嘉禾拆迁事件，就是典型的因违法执法而引发的群体性事件。嘉禾县政府在未经正式审批的情况下，启动占地189亩的珠泉商贸城项目。项目涉及拆迁居民1100多户，动迁人员7000余人，拆迁机

① 参见河南省柘城县人民法院刑事判决书（［2012］柘刑初字第140号）。

关、企事业单位和团体20余家。嘉禾县政府采用“株连九族”式等非常规的拆迁措施，导致群众集体抵制。对于这种抵制“违法拆迁”的“违法行为”，因存在违法性阻却事由，故不构成犯罪。

在实践中，还有一种“告洋状”现象，也值得认真分析。所谓“告洋状”，就是指访民到外国驻中国大使馆或者联合国驻华机构去告状，或专找外国驻中国的媒体记者告状。一些访民连年上访，问题却得不到解决，遂到国外机构去反映情况，希望以此对地方政府机关施压，使问题得以解决。对此，一些地方政府认为这类行为严重损害国格，给首都的社会稳定、党和国家的形象造成严重损坏，影响极其恶劣，需要依法严厉打击。一些地方司法机关陆续出台规定，将“告洋状”列为非法行为予以打击，将到“外国驻华使领馆和驻华机构实施穿状衣、举标语、喊口号”等违法行为列为重点打击对象，规定：根据上访次数，普通非正常进京上访行为将被分别给予告诫、警告、拘留、劳动教养的处罚。但“告洋状”是一种“严重非正常上访行为”，因而“不受告诫、警告的限制，公安机关可以直接予以拘留或劳动教养”；情节严重的，依法追究刑事责任。例如，被告人彭某事先通过手机串联，与其他48名湖南省长沙地区籍“上访”人员及全国其他地区众多“上访”人员一起，聚集在北京市三里屯使馆区亮马河南路联合国计划开发署大门前，喊着口号，手举印有“血拆长沙，上访无罪，还我人权，公平正义”、“暴力拆迁，长沙到底还要惨死多少人”等煽动性话语的横幅上访，引来大量不明真相的群众围观及外国人士摄像，扰乱了该地区的公共场所秩序，致使联合国计划开发署大门紧闭，由武警把守大门，无法正常工作。经公安民警维持秩序并一再劝阻，众人仍不愿解散离去，后被公安民警强制带离。其中，被告人彭某头戴写有“湖南SOS”的帽子，胸前挂着写有“人类最大的冤是我家，请关注我家的不白之冤，SOS最强烈的控告，冤！冤！冤！”等内容的牌子，带头大声喊冤，拄着拐杖行走在“上访”队伍外侧。经审理查明，在此之前被告人彭某曾多次到位于长沙市内的省、市、区三级政府及位于北京市内的日本使馆、美国使馆等重点地区“上访”。最终，法院认定被告人彭某构成聚众扰乱公共场所秩序罪，判处有期徒刑2年10个月。① 我们认为，法院的判决是正确的。被告人彭某通过事前串联聚众扰乱公共场所秩序，抗拒、阻碍公安机关依法执行职务，情节严重，系首要分子，其行为已构成聚众扰乱公共场所秩序罪。当然，我们认为，对“告洋状”的行为不能一概以违法犯罪论处，而应根据具体情况分析认定。如果仅仅是涉及国外机构告状，不涉及泄露国家秘密，也不涉及聚众扰乱公共秩序等违法犯罪行为的，不得以违法犯罪论处，不能因为行为本身可能使地方官员失面子而刑罚加身；但是，如果采用聚众的方式围堵在国外机构门前或者聚众冲击国外机构，严重影响交通秩序的，可以考虑按照聚众扰乱公共场所秩序、交通秩序罪论处。对此，2005年5月1日起施行的《信访条例》第20条、第47条规定，对于在国家机关办公场所周围、公共场所非法聚集，围堵冲击国家机关，拦截公务车辆，或者阻塞、阻断交通，在信访接待场所滞留、滋事，煽动、串联、胁迫他人信访或借机敛财，扰乱公共秩序，妨害国家和公共安全的信访人，有关国家机关工作人员要进行劝阻、批评和教育，经劝阻、批评和教育无效的，由公安机关予以警告、训诫或制止；违反法律的，由公安机关处置或处罚；构成犯罪的，依法追究刑事责任。

（三）关于本罪与妨害公务罪的界限

本罪和妨害公务罪都可能表现为干扰、阻碍国家机关及其工作人员依法履行职务或职责的行为，二者的区别主要在于以下几个方面：一是行为手段不同。本罪是以聚众的方式冲击国家机关，扰乱其正常的工作秩序；妨害公务罪是以暴力、威胁或者其他方式阻碍国家机关工作人员依法履行公务活动。二是行为对象不同。本罪的

---

① 参见湖南省长沙市岳麓区人民法院刑事判决书（［2014］岳刑初字第149号）。

对象主要是国家机关，而非特定的国家机关工作人员；妨害公务罪的对象主要是特定的国家机关工作人员，一般不针对国家机关。三是场所不同。本罪通常是在国家机关的办公场所内或者其附近实施的；妨害公务罪则一般是在执行公务的场所实施的，如对正在批发市场查扣假冒伪劣商品的工商执法人员进行围攻、谩骂等。

三、聚众扰乱公共场所秩序、交通秩序罪

聚众扰乱公共场所秩序、交通秩序罪，是指聚众扰乱车站、码头、民用航空站、商场、公园、影剧院、展览会、运动场或者其他公共场所秩序，聚众堵塞交通或者破坏交通秩序，抗拒、阻碍国家治安管理人员依法执行职务，情节严重的行为。本罪需要探讨的问题主要有：

（一）关于犯罪地点的认定

根据刑法的规定，本罪中聚众扰乱公共秩序行为发生的地点只能是公共场所，聚众扰乱交通秩序行为只能发生在用于交通的地点。因此，准确认定上述地点，是认定本罪的关键。何谓公共场所？所谓公共场所，顾名思义是指公共活动的场所，其特点是面向不特定公众开放，满足公众出行、购物、休息、娱乐等物质文化需要且带有公益或商业性质。常见的公共场所，除刑法第 291 条明确列举的八种公共场所以外，还包括各种商业银行、证券和期货交易场所、酒店等餐饮场所、歌舞厅、健身场馆、体育场馆、物资交易场所等。公共场所也可能基于维护、休整等原因不向公共开放，如果行为人在公共场所不向公众开放的时间内，出于某种动机在该场所内聚众闹事的，则可能触犯其他罪名，但不构成本罪。例如，被告人马某、李某为让马某当选村主任，与马某某（另案处理）等人商量后进行了分工安排，由被告人马某出资，被告人李某负责拉江庄镇饶钹村的选票，马某某等人负责拉江庄镇黄山村的选票，在拉选票时，给选民一包新一代红杉树香烟变相购买选票。后马某某又找来李某、孔某（二人已被治安处罚）等人在黄山村拉选票，

被告人李某找来李某某（已被治安处罚）等人在铙钹村拉选票，并给选民每人一包新一代红杉树香烟或是五元现金。被告人李某制作了内容为“如果我当选村主任我就修桥补路，计划生育少罚款或不罚款”的承诺书张贴在村内为被告人马某拉选票，并且被告人李某带人至黄山村委会对正在进行的选举工作会议进行扰乱。后被告人李某和马某某等人在各个投票现场为被告人马某拉选票，并从选民手中抢选票自己来填，对不愿将选票给他们的选民进行辱骂，致使选举秩序混乱，许多选民放弃了投票。当天下午，在选票箱集中至铙钹小学准备唱票时，由于铙钹村五、六组的一个选票箱被破坏，被告人李某和马某某等人以此为借口起哄，不服从选举工作人员的安排，不听公安民警的劝阻，坚决不让唱票，并提出无理要求。当天晚上，被告人李某等人还不让贾汪区公证处的人封存及带走选票箱，并派人看管票箱，造成选举会场秩序严重混乱。当天夜里，马某某等人将选票箱搬到黄山村委会门口看守。第二天上午，马某某安排李某某、孔某等人抬着选票箱，马某某带人在前面吆喝闹事围黄山村转了一圈。在工作人员及公安民警的反复劝说下，马某某等人才将选票箱搬回铙钹小学，但被告人李某和马某某等人仍然起哄不让唱票，与工作人员对峙，直到下午才同意将选票箱移交到江庄镇里存放。其间，被告人马某辱骂黄山村书记侯某并发生冲突，后在公安民警及选举工作人员的劝阻下平息。公安民警在维持秩序时，被告人李某起哄造成选举会场秩序难以维持。2008年2月1日上午，铙钹村五、六组重新选举，在投票现场被告人李某用录音的喇叭为被告人马某拉选票，最终导致选举失败，至今村主任空缺，村里的各项工作无法顺利开展。法院认定被告人马某和李某的行为构成聚众扰乱公共秩序罪。① 我们认为，法院的判决值得商榷。在本案中，两名被告人行为的实质是干扰、破坏村民自主

① 参见江苏省徐州市中级人民法院刑事裁定书（［2009］徐刑一终字第135号）。

选举村民委员会主任。由于实际纠集的人数有限（仅六人），难以谓之聚众，且行为实施地点是在投票箱设置地和投票现场，这难以谓之公共场所，故不构成聚众扰乱公共场所秩序罪。至于是否构成他罪，值得进一步研究。

刑法规定的聚众扰乱交通秩序的行为有两种：聚众阻塞交通和聚众破坏交通秩序。所谓堵塞交通，是指采用各种方法设置障碍，阻断人员和车船等交通工具的通行。所谓破坏交通秩序，是指采用设置障碍以外的方法，破坏交通管理人员和车船等交通工具正常的运行状态，如殴打交通管理人员、毁坏交通管理设施等。从这两种行为的特性来看，该罪只能发生在特定的地点或场所，以及用于交通的道路及其交叉道口。

（二）关于“抗拒、阻碍国家治安管理人员依法执行职务”的地位

刑法第 291 条描述了三种行为类型：聚众扰乱公共场所秩序的行为、聚众扰乱交通秩序的行为以及抗拒、阻碍国家治安管理人员依法执行职务的行为。这里的问题是，“抗拒、阻碍国家治安管理人员依法执行职务”是独立的行为类型，还是对前两种“聚众”行为构成犯罪的进一步要求？对此，有学者认为，其应是一种独立的第三种类型。因为如果不这样理解，就意味着在行为人已经聚众扰乱公共场所秩序、交通秩序的情况下，进一步“抗拒、阻碍国家治安管理人员依法执行职务”，且情节严重，才构成犯罪。但这样解释不当，缩小了处罚范围。这种行为类型是不以暴力、胁迫手段为要件的，因而与妨害公务罪存在区别。①

我们认为，“抗拒、阻碍国家治安管理人员依法执行职务”并非是独立的行为类型，而是对前两种聚众行为构成犯罪的进一步要求，是附加的情节要素。首先，从抗拒、阻碍行为的对象范围来看，国家治安管理人员是代表国家机关履行治安管理职责的人民警

---

① 参见张明楷著：《刑法学》，法律出版社 2007 年版，第 766 页。

察以及治安队员、联防队员等。这些人员从职务上看应属于国家机关工作人员，而对于阻碍国家机关工作人员依法执行职务的行为，刑法第277条已经规定有妨害公务罪，而且，阻碍国家治安管理人员依法执行职务的行为，在危害性程度、发案率等方面与其他妨害公务的行为相比，并不具有特殊性，因而立法者没有必要再专门就阻碍国家治安管理人员依法执行职务的行为规定另一独立犯罪。其次，从行为之间的关联度来看，“抗拒、阻碍国家治安管理人员依法执行职务”通常发生在前两种“聚众”行为之后。在实践中，行为人实施聚众扰乱公共场所秩序、聚众扰乱交通秩序行为后，有关的治安管理人员通常会出面干涉、规劝、制止，如果行为人接受管理，自行解散纠集人员，则自然不存在定罪的问题。只有行为人抗拒、阻碍治安管理人员维护治安秩序的，才有可能构成犯罪。最后，从立法平衡来看，也不宜将“抗拒、阻碍国家治安管理人员依法执行职务”视为一种独立的行为类型。因为，如果认为不以暴力、胁迫手段“抗拒、阻碍国家治安管理人员依法执行职务”构成独立的犯罪，则难以解释以类似方式抗拒、阻碍其他国家机关工作人员的行为不构成犯罪（阻碍国家安全机关、公安机关除外）；而且，如果认为不以暴力、威胁手段“抗拒、阻碍国家治安管理人员依法执行职务”构成本罪，那么以暴力、威胁手段实施的构成妨害公务罪便存在法定刑严重不平衡的问题。因为本罪的法定最高刑是5年有期徒刑，而妨害公务罪的法定刑是3年有期徒刑，施暴的轻，不施暴的反而重，这显然不合理。例如，2014年4月6日12时，被告人任某某因向老板追讨工钱无果，遂提议去堵塞义隆公路新潭村路段，以引起政府重视。同日14时30分许，被告人任某某指使其儿子任小某把工地上的翻斗车开到公路中间，并将其事先写好的有“欠钱还钱”字样的两块木板竖靠在翻斗车两边。后被告人任某某伙同肖某某、王某、任小某、吕某某，把公路边的木板横摆在另一侧公路中间并站在该处拦截过往车辆。当天正值清明假期，造成五六十部过往车辆不能通行，时长达40分钟左右，严重扰乱了正常的交通秩序，现场过往车辆司机及围观群众怨声载道。后待公安人员来现场劝说约 20 分钟后，公路恢复通车。法院认定被告人任某某构成聚众扰乱交通秩序罪，判处有期徒刑 9 个月。① 我们认为，法院的判决是值得商榷的。根据案情，被告人将翻斗车开至公路中央、立木板的行为确实导致了交通堵塞，造成五六十部过往车辆不能通行，但是当公安人员来到现场劝说后，在 20 分钟的时间里被告人能接受管理，使道路恢复通车。在这样的情况下，被告人是否有抗拒、阻碍治安管理人员维护治安秩序的行为我们尚存疑问，可能缺乏“抗拒、阻碍国家治安管理人员依法执行职务”这一要素，因而难以认定成立聚众扰乱交通秩序罪。

（三）关于“情节严重”的理解

根据刑法的规定，构成本罪需要扰乱公共场所秩序或交通秩序，抗拒、阻碍国家治安管理人员依法执行职务的行为的情节达到严重的程度。可见，“情节严重”是本罪客观方面的又一必要要素。衡量行为的情节是否严重，应从纠集人员的多少、行为的动机或起因、行为的方法、行为持续时间的长短、行为发生场所的具体情况、行为发生的时间、行为造成的后果或影响等方面考察。特别要注意的是，不能仅将行为人“抗拒、阻碍国家治安管理人员依法执行职务”行为本身作为严重情节来看待。换言之，即使行为人具有抗拒、阻碍国家治安管理人员依法执行职务的行为，要认定其聚众扰乱行为构成本罪，还要考察这种抗拒、阻碍行为是否情节严重，是否还有其他严重情节，进而作出正确的认定。例如，许昌县河街乡政府工作人员在许禹公路河街乡大路李村路段拆迁房屋时，被告人张某为阻止拆迁自家房屋，躺在汽车底部，致使群众围观，许禹公路被堵长达 2 个小时。法院认定，被告人构成聚众扰乱交通秩序罪，判处

---

① 参见广东省龙川县人民法院刑事判决书（［2014］河龙法刑初字第 149 号）。

有期徒刑1年，缓刑2年。[①] 我们认为，法院的判决是值得商榷的。被告人既不存在聚众扰乱交通秩序罪的主观故意，也没有聚众扰乱的行为，更不是聚众扰乱的首要分子，其行为只是导致村民来围观，尚未达到情节严重，故被告人的行为不构成犯罪。

四、非法集会、游行、示威罪

非法集会、游行、示威罪，是指举行集会、游行、示威，未依照法律规定申请或者申请未获许可，或者未按照主管机关许可的起止时间、地点、路线进行，又拒不服从解散命令，严重破坏社会秩序的行为。本罪需要探讨的问题主要有：

（一）关于本罪的犯罪客体

本罪的犯罪客体，是社会秩序还是国家对集会、游行、示威的管理制度？对此，理论界通常认为，本罪的客体是国家对集会、游行、示威的管理制度。对此，我们保留不同意见。我们认为，本罪的犯罪客体是复杂客体，既有社会秩序也有国家对集会、游行、示威的管理制度。就这两个客体的关系而言，前者是主要客体，后者是次要客体。集会、游行、示威是宪法赋予公民的基本权利，国家之所以要对集会、游行、示威进行审批、管理，其目的不是压制、阻挠、妨碍公民行使这一宪法权利，而是保证公民更好地行使这一权利，防止公民不当行使这一权利，以致侵犯其他社会利益。

（二）关于“拒不服从解散命令”的性质

根据刑法的规定，本罪分为两种行为类型：一是未依照法律规定申请或者申请未获许可，而举行集会、游行、示威；二是未按照主管机关许可的起止时间、地点、路线举行集会、游行、示威。所谓集会，是指聚集于露天公共场所发表意见、表达意愿的活动；游行，是指在公共道路、露天场所列队行进，表达共同意愿的活动；

① 参见河南省许昌县人民法院刑事判决书（［2009］许县刑初字第267号）。

示威，是指在露天公共场所或者公共道路上以集会、游行、静坐等方式，表达要求、抗议或者支持、声援等共同意愿的活动。有学者认为，在上述第一种情况下，只要未申请或申请未获许可而举行集会、游行、示威，便成立本罪。① 我们不赞同这一观点。我们认为，无论上述哪种形式，都必须具有“拒不服从解散命令”这一情节，才可能构成犯罪，这一情节是本罪客观方面的必要要素。首先，从刑法条文的表述来看，应当理解为，在第一种情况下，只有行为人拒不服从解散命令，且严重破坏社会秩序的，才构成犯罪。其次，从可罚性来看，虽然行为人没有申请或者申请未获许可便举行集会、游行、示威，但在有关机关发布解散命令后当即解散集会、游行、示威的，并没有破坏社会秩序，立法保护的主要客体并未受到侵犯，因而法益侵害性并没有达到值得刑罚科处的程度。最后，从权利行使来看，集会、游行、示威是宪法赋予公民的基本权利，对于行使宪法所规定的权利的行为，即使在程序等方面存在轻微违法，也不宜认定为犯罪。这是权利行使和权力行使在程序违法后果上的区别：对于前者的程序违法，社会容忍度较高；对于后者，社会容忍度较低。例如，2011 年 5 月中旬，以被告人李某某、庞某某、夏某某、卢某某等为首的 7 名出租车司机，为了使玉林市政府同意其营运的出租车经营权在 2012 年期满后获准续期，经多次商量，决定组织出租车司机停运罢市，集中停放，以集会、示威的方式向政府施加压力。因此，在未经主管机关审批许可的情况下，在 7 名被告人的串联、煽动、胁迫下，其他出租车司机参与停运罢市，将近 150 辆出租车集中停放在玉林市文化广场西路附近，进行集会、示威。经现场公安民警劝告后，仍然拒不解散，造成交通秩序混乱，附近单位及居民的工作秩序和生活秩序被严重扰乱。

---

① 参见张穹主编：《修订刑法条文实用解说》，中国检察出版社 1997 年版，第 385 页。

法院认定，7 名被告均构成非法集会、示威罪。① 我们认为，法院的判决是正确的。被告人在尚未申请许可的情况下举行集会、示威，并且具有拒不服从公安民警解散命令的情节，同时严重破坏社会秩序，构成非法集会、示威罪。

（三）关于本罪的犯罪主体

本罪的犯罪主体是必要共犯还是任意共犯？对此，刑法理论界鲜有论及。我们认为，从刑法条文的表述来看，其犯罪主体是“负责人”和“直接责任人员”，因而属于必要共犯。而且，我们还认为，本罪属于涉众型犯罪，犯罪行为的参与者必须达到“众”的要求，但刑事责任的承担主体应当是“首要分子”和“其他积极参加者”。刑法条文中表述的“负责人”，基本上可以认定为首要分子，“直接责任人员”则可以认定为其他积极参加者。

五、侮辱国旗、国徽罪

侮辱国旗、国徽罪，是指在公众场合故意以焚烧、毁坏、涂划、玷污、践踏等方式侮辱中华人民共和国国旗、国徽的行为。本罪需要探讨的问题有：

（一）关于本罪的犯罪场合

根据刑法的规定，侮辱国旗、国徽的行为只有发生在公众场合，才可能构成犯罪。在秘密空间侮辱国旗、国徽的行为，并不构成犯罪。这里的公众场合，其实就是公共场所。由此可以看出，本罪也是复杂客体，其主要客体是国家尊严，次要客体是公共秩序。值得探讨的是，在网络上涂划、玷污国旗、国徽的行为是否成立本罪？或者说，网络空间是否属于公众场合？对此，有学者作出了肯定的回答。② 我们认为，这一观点值得商榷。首先，从立法规定来

---

① 参见广西壮族自治区玉林市玉州区人民法院刑事判决书（［2012］玉区法刑初字第 6 号）。

② 参见张明楷著：《刑法学》，法律出版社 2007 年版，第 774 页。

看，本罪规定在扰乱公共秩序罪这一章节之中。因此，侮辱国旗、国徽的行为必须扰乱了公共秩序，才可能构成犯罪，而网络空间毕竟不是物理空间，因而不可能会造成破坏公共秩序的结果。其次，从现实案例来看，惩治在网络空间涂划、玷污国旗、国徽的行为，无论是在我国还是在国外，亦闻所未闻。

（二）关于本罪与非罪的界限

侮辱国旗、国徽的行为，在一些国家也被视为一种意愿表达，属于言论的范畴。对其是否违法，在司法认定中时有反复。这在美国最为典型。美国历史上曾经发生过许多次焚烧国旗案，其中最为著名的是联邦最高法院于 1989 年判决的“得州诉约翰逊案”（Texas VS. Johnson）。1984 年，美国共和党大会在得克萨斯州的达拉斯举行，反对里根政府内政外交的人则在会场外示威，其中一位叫约翰逊的先生焚烧美国国旗以泄愤，并兴高采烈地围着燃烧的国旗大叫“红、白、蓝，我要让你成碎片！”得州当局以有意损坏国旗罪逮捕并起诉约翰逊。约翰逊因焚烧国旗而违反了得克萨斯州的有关法律，并被州法院判服 1 年监禁和 2000 美元罚款。此案由于涉及法律的违宪问题，因而一直打到了联邦最高法院，9 位大法官最终以 5:4 裁定被告无罪。大法官布伦南在裁定书中指出，美国宪法第一修正案不仅保护口头或者文字形式的表达自由，而且具有传播成分的行为也是应当肯定的。在本案中，被告焚烧国旗是为了以一种有力的方式来表达自己的政治立场，既然被告的行为具有传播的成分，那当然属于宪法第一修正案所规定的言论自由，应当予以保护。①

类似的案件在我国很少发生，不过近年来，由于各种社会矛盾激发，相关的案例开始出现。例如，2007 年 4 月 6 日 23 时 30 分许，青海省大通县东峡镇某村村民赵某某酒后进入该县东峡民族中学内，将该校悬挂于学校操场主席台旗杆上的国旗降下后，拿到新

① See Texas v. Johnson, 491 U. S. 397m1989. 参见任冬来：《在美国焚烧国旗是否合法》，载《读书》1995 年第 10 期。

教学楼墙根处用打火机点燃，将国旗焚烧后逃离现场。随后，赵某某被司法机关以侮辱国旗罪批捕并判处有期徒刑6个月。[①]

两个基本相同的案例，何以结论如此大相径庭？我们认为，原因应当是多方面的，主要原因是文化传统的差异。由于每个国家的文化传统不同，因而对表达自由的容忍度是不同的。在我国，特殊的历史文化传统使得国家和民族的尊严一直在社会公众心目中享有最高的权威和绝对的权力，任何对国家尊严的侵犯都是不可饶恕的。中国有长达数千年的“家长制”传统，这种传统在当今中国社会在很大程度上受到削弱，但对政治和社会思维方式仍然有着不可忽视的影响，这一因素在一定程度上影响了政府乃至部分公众对言论自由界限的判断。而美国主要是一个移民国家，最初移民的主体就是在英国受到追害的清教徒。移民特别注重机会的平等，不能容忍政府对个人自由的干涉。在美国立宪的过程中，由于这个特殊文化传统，以及当时在法哲学思想界占统治地位的古典自然法思想的影响，如何限制国家权力、防止政府异化为专制工具便成为所有国民关注的焦点。因此，在美国的焚烧国旗案中，代表公权力的国旗尊严让位于公民私人的表达自由权。美国大法官们宁可引用抽象的宪法原则，也要否定一般法律，从而肯定公民表达自由的权利，尽管焚烧国旗的方式是难以接受的，但是支持表达自由可以确保政府受到公民的监督，少数意见可以顺畅地、自由地表达。不过，尽管如此，大法官们内部意见分歧也较为严重，可以看到这一涉及价值选择问题的复杂性。回到上面提到的青海案例，应当强调的是，该事件发生在学校操场上，属于公共场所，不仅扰乱了学校教学秩序，而且也强烈地刺激了正在接受教育的青年学生，影响是比较恶劣的。这也是动用刑法的原因之一。

---

① 参见杨冰：《中美表达自由之比较与反思》，载《法制与社会》2009年第1期（上），第323页。

第五章　涉众型犯罪特殊形态研究

涉众型犯罪是一种相当复杂的法律现象，在其发生、发展和完成的过程中，由于各种主客观因素和条件的变化，将呈现出各种特殊的样态，需要重点研究。

第一节　涉众型犯罪的未完成形态

一、涉众型犯罪有无未完成形态之争

（一）涉众型犯罪是结果犯还是情节犯

根据行为与结果的结合程度，犯罪可以分为行为犯和结果犯两个基本类型。其中，行为犯又可以进一步分为举动犯、危险犯、情节犯等类型，结果犯又可以分为基本结果犯和结果加重犯等类型。

刑法规定的涉众型犯罪，究竟是结果犯还是情节犯呢？综合上述分析，我们倾向于认为，涉众型犯罪都是以扰乱公共秩序的结果为构成要素的犯罪，因而属于结果犯，如聚众扰乱社会秩序罪和聚众冲击国家机关罪均规定了“造成重大损失”这一要素，非法集会、游行、示威罪规定了“严重破坏社会秩序”这一要素。这两种要素虽然不一定完全表现为物质性损失，而可能表现为非物质性损失，或者物质性损失和非物质性损失共存，但理论界通常认为，结果犯的“结果”，并不限于物质性损失，非物质性损失也包括在内。因此，以上三个犯罪属于结果犯应无疑义。需要探讨的是，聚

众扰乱公共场所秩序、交通秩序罪和侮辱国旗、国徽罪并未规定类似的要素，相反，聚众扰乱公共场所秩序、交通秩序罪还明确规定“情节严重”，这是否意味着它们不属于结果犯呢？对此，我们持否定意见。我们认为，从整个罪名体系来看，涉众型犯罪作为一个特殊的犯罪类型，其特点是含有“破坏公共秩序”这一结果要素，因此每一种涉众型犯罪都是结果犯，即使在条文中并未明确规定“破坏公共秩序”这一结果要素。否则，难以解释为什么法定刑更低的聚众扰乱公共场所秩序、交通秩序罪是行为犯，而法定刑更高的聚众扰乱社会秩序罪、聚众冲击国家机关罪反而是结果犯，因为一般来说，结果犯的危害性要重于行为犯，而且从现实性来考察，聚众冲击国家机关罪和聚众扰乱社会秩序罪的危害性程度都远远高于聚众扰乱公共场所秩序、交通秩序罪。不过，这一问题实在太复杂，值得进一步研究。退一步讲，即使认为聚众扰乱公共场所秩序、交通秩序罪和侮辱国旗、国徽罪是情节犯，这两个涉众型犯罪和其他三个犯罪一样，也有成立未完成形态的余地。

（二）涉众型犯罪存在未完成形态

1. 犯罪既遂的判断标准

犯罪未完成形态与犯罪完成形态（即既遂形态）是相对而言的，因此明确了犯罪既遂的判断标准，也就明确了犯罪未完成形态的判断标准。关于犯罪既遂的判断标准，综合现有论著，主要有“犯罪目的实现说”、“犯罪结果发生说”和“犯罪构成要件齐备说”三种观点。犯罪目的实现说主张应当以犯罪目的是否实现，作为认定犯罪既遂的标志；犯罪结果发生说主张应当以犯罪结果是否发生，作为认定犯罪既遂的标志；犯罪构成要件齐备说主张把行为人所实施的行为是否齐备刑法分则所规定的具体犯罪的全部构成要件，作为认定犯罪既遂的标志。

上述三种观点虽然不乏一定的道理，但都存在明显的缺陷。犯罪目的实现说是以犯罪目的的存在为前提的，然而许多犯罪并非以犯罪目的为主观方面的要件，更谈不上以犯罪目的的实现为犯罪既遂标志了。即使在目的犯的场合，犯罪目的只是主观方面的必要要件，但并非以此来判定是否达到犯罪既遂。在有的犯罪中，即使行为人的犯罪目的并未实现，也同样构成犯罪既遂，如颠覆国家政权罪。另外，犯罪目的带有强烈的主观色彩，因此，不可能单纯从主观犯罪目的来认定既遂与否。犯罪目的只能借助行为人的客观行为来认定，然而，即使实施同一犯罪，不同的行为人完全可能具有不同的犯罪目的。因此，如果将犯罪目的作为判定既遂与否的标准，必将导致同一犯罪不同的既遂标准的混乱现象。犯罪结果发生说也存在同样的问题，因为并非所有的犯罪都存在犯罪结果。在举动犯、危险犯、情节犯的场合，法律条文就没有将犯罪结果作为犯罪客观方面的必要构成条件，而且也不以危害结果的发生作为犯罪既遂的标志。如果事实上发生了预期的危害结果，只是从重处罚的量刑情节。犯罪构成要件齐备说是我国刑法理论界的通说，为大多数刑法学者所认同。相较犯罪目的说和犯罪结果说不能用来作为区分行为犯、举动犯及危险犯既未遂的标准，构成要件齐备说能作为所有类型犯罪既未遂的标准，具有其他学说不可比拟的包容性及普遍适用性。构成要件齐备说认为，刑法分则关于各种犯罪（直接故意犯罪）的刑事责任，都是以犯罪既遂为标准的。因此，判断某种犯罪构成要件具备与否，只要将案件事实与分则规定相对照、按图索骥即可，极具可操作性。然而，仔细辨析便可发现，犯罪构成要件齐备说仍存在缺陷，并不具有理论的自洽性，其最大的软肋是混淆了犯罪成立标准和犯罪既遂标准。按照犯罪构成理论，某一行为构成犯罪的条件是这一行为具备了刑法分则规定的某个犯罪构成的全部要件，缺少其中任何一个要件，都不构成犯罪。而根据犯罪构成要件齐备说，犯罪既遂的形态也要求行为具备刑法分则规定的某个犯罪构成的全部要件，如果缺少任何一个要件，犯罪就未达到既遂。据此，犯罪的成立标准也就是犯罪的既遂标准，二者完全重合。其结果是，一个行为要么构成犯罪，而且是犯罪既遂，要么不构成犯罪，从而实质上排除了犯罪未完成形态存在的可能。但从犯罪进程来看，犯罪成立和犯罪既遂是两个先后有别的犯罪阶段。先有犯罪的成立，然后才有犯罪的既遂形态，在时间上处于不同的序列。从认识论的角度来看，先是判断某一行为是否成立犯罪，在得出肯定的回答后，才可能进一步判断该行为处于何种犯罪形态。因此，犯罪成立的判断标准和犯罪既遂形态的判断标准应当是不同的。如果将构成要件齐备作为判断犯罪成立和犯罪既遂的共同标准，那么犯罪构成要件的齐备既是犯罪成立的标志，又是犯罪既遂的标志，这就会使人们产生“构成要件不齐备”究竟是未遂还是非罪的疑问。我们认为，犯罪构成要件齐备说的缺陷，根本在于混淆了犯罪构成与犯罪形态之间的关系，其深层原因是没有厘清犯罪构成体系内在的层次结构。有学者认为，我国的犯罪构成体系应分为三个层次：第一层次是作为构成整体的“犯罪构成”。它是犯罪成立的规格和标准，是犯罪概念的法定化和具体化。第二层次是犯罪构成“要件”，具体包括犯罪主体要件、犯罪主观要件、犯罪客体要件和犯罪客观要件。第三层次是犯罪构成要件“要素”。要素是寓居于要件中的、组成犯罪构成有机整体的最基本的因素，具体包括特殊身份和故意、过失、危害结果等要素。① 犯罪构成要件齐备说将区别犯罪完成形态与未完成形态的标准定位于犯罪构成“要件”这个层次是不妥的，而应深入犯罪构成要件“要素”这一层次中。因为犯罪构成要件是否齐备，只是解决犯罪是否成立的问题；犯罪构成要件要素齐备，才是犯罪既遂形态的成立。

所谓“犯罪构成要件要素齐备”，是指某一行为具备刑法分则所规定的某一犯罪构成的所有构成要件要素。某一行为齐备犯罪构成要件要素的，成立犯罪，而且是既遂；某一行为未齐备犯罪构成要件要素的，虽成立犯罪，但属于犯罪的未完成形态。以故意杀人罪为例，被害人死亡的危害结果是犯罪构成客观要件的要素。只要

---

① 参见肖中华著：《犯罪构成及其关系论》，中国人民大学出版社 2000 年版，第 147 页。

行为人着手实施故意杀人的实行行为，即使未能将被害人杀死，也成立故意杀人罪，只是属于故意杀人罪的未遂形态。换言之，故意杀人罪未遂只是没有齐备被害人死亡这一危害结果“要素”，而不是没有齐备“构成要件”。事实上，行为人在具备刑事责任能力的前提下实施了故意杀人的行为，即已经具备了故意杀人罪的构成要件，否则根本不成立故意杀人罪。故意杀人罪既遂与未遂的区别，不在于犯罪构成“要件”的不同，而在于犯罪构成要件“要素”不同（通常是客观要件要素）。综上，在现行犯罪论体系下，犯罪既遂的标准应当是犯罪构成要件要素齐备，而非犯罪构成要件齐备。

2. 涉众型犯罪存在未完成形态

无论被视为结果犯还是情节犯，涉众型犯罪均可能存在未完成形态。以下分别分析之：

何谓结果犯？对此，刑法理论界主要有以下三种不同的观点。一是既遂标准说，即以犯罪既遂为标准对结果犯概念所作的表述。该观点认为，结果犯是指不仅实施犯罪构成客观要件的行为，而且发生法定的危害结果，才构成既遂的犯罪。二是成立标准说，即以犯罪成立为标准对结果犯概念所作的表述。该观点认为，结果犯是以发生犯罪结果为成立标志的犯罪。三是双重标准说，即同时以犯罪既遂和犯罪成立为标准对结果犯概念所作的表述。该观点认为，结果犯是指以侵害行为产生相应的法定结果为构成要件的犯罪，或者是指以侵害结果的出现而成立犯罪既遂状态的犯罪。以上三种不同的表述，分歧的焦点在于对结果犯的界定究竟应采取何种标准，而其冲突则源于既遂标准说与成立标准说之间的对立。我们认为，结果犯应当采用什么标准，取决于具体的犯罪范围。如果是针对刑法中所有的犯罪，则双重标准说是可取的；如果是针对直接故意犯罪，则既遂标准说是可取的；如果是针对过失犯罪和直接故意犯罪等，则成立标准说是可取的。根据刑法规定，在过失犯罪、间接故意犯罪及少数的刑法规定以危害结果作为罪与非罪区分标志的直接故意犯罪的场合，犯罪只有成立与不成立之分，犯罪成立的状态是唯一的，且特定的犯罪结果的发生对于犯罪的成立起着不可替代的作用。在这种情况下，在界定结果犯时，犯罪成立无疑可以充任一个确定的标准。但在大多数存在完成罪与未完成罪之分的直接故意犯罪的场合，犯罪的各种停止形态均是在犯罪已经成立的前提下所表现出来的在犯罪发展进程中所处的不同状态，犯罪成立的状态不再是单一的形态，而是表现为多种形态。在这种情况下，犯罪成立显然难以充当区分各种犯罪形态的确定的标准，而必须进一步考察犯罪的具体形态。易言之，必须采用既遂标准说。传统刑法理论由于未注意问题的语境，因而导致结果犯的判断标准多元，引起不必要的概念混乱。我们认为，在过失犯罪、间接故意犯罪等以犯罪结果的出现为成立条件的犯罪中，没有必要专门研究犯罪结果的意义；相反，在一些直接故意犯罪中，需要考察犯罪结果对于刑事责任的影响。因此，结果犯应当或者主要是针对直接故意犯罪而言的，对其概念界定采用既遂标准说是较为可取的。

在对结果犯概念作出上述界定之后，接下来需要明确的问题是，犯罪结果的含义是什么。对此，刑法理论界通说认为，犯罪结果专指犯罪行为通过对犯罪对象的作用而给犯罪客体造成的物质性的、可以具体测量确定的、有形的损害结果，即物质性结果。通说这一概念界定与大陆法系刑法理论认为“只有结果犯有犯罪结果而行为犯没有犯罪结果”的观点是一致的。大陆法系刑法理论将犯罪客体分为行为客体和保护客体，前者归属于构成要件该当性范畴，后者归属于违法性范畴。在这种三阶梯式的犯罪成立体系中，认为犯罪结果仅指物质性结果是正确的，因为行为对象都是具体的、可感知的，对行为对象的侵犯当然也是有形的、可测量的。然而，根据我国刑法理论，犯罪客体是指刑法所保护的而被犯罪行为所破坏的社会关系。任何犯罪行为都会破坏社会关系，因此在逻辑上都会对社会造成危害，这种危害就是犯罪行为造成的结果，即犯罪结果。它既包括物质性结果，也包括非物质性结果。显然，这一犯罪结果是一个广义的犯罪结果概念。当然，我们在结果犯限定为犯罪既遂形态的范畴之内后，对犯罪结果也应当作出相应的限定。这种限定，应当是与行为犯相对而言的。结果犯与行为犯的区别，在于是否将犯罪结果作为犯罪既遂的构成要件要素：即前者不仅要考察危害行为，还要考虑危害行为的结果；后者仅考察实行行为，不考虑这一行为的结果。根据我国刑法的相关规定，我们认为，结果犯既包括危害行为造成物质性损害结果的犯罪，也包括危害行为造成可抽象思维把握的非物质性损害结果的犯罪（如对公共秩序的破坏）；而行为犯仅指危害行为造成高度抽象、直接推定存在的非物质性损害结果的犯罪（如煽动颠覆国家政权罪的犯罪结果）。由此，我们将犯罪结果界定为所有的物质性结果和一部分可以用抽象思维把握的非物质性结果。这一犯罪结果的概念既与广义的犯罪结果不同，也与狭义的犯罪结果（仅指物质性结果）有别，不妨称为中义的犯罪结果。理论界一致认为，结果犯（直接故意犯罪）均存在犯罪未完成形态。在将犯罪结果作上述界定之后，如果特定的物质性和非物质性犯罪结果出现，则为犯罪既遂；否则，则为未遂。就涉众型犯罪而言，其判断的标准，主要是考察公共秩序被破坏这一非物质性结果是否已经存在。

即使认为个别涉众型犯罪为情节犯，同样也可能存在犯罪未完成形态。何谓情节犯？对此，刑法理论界主要有以下几种观点：第一种观点认为，所谓情节犯，是指刑法分则明文规定的、以“情节严重”或“情节恶劣”作为犯罪构成必备要件的犯罪。第二种观点认为，所谓情节犯，是指某种危害社会的行为以“情节严重”或“情节恶劣”为犯罪成立要件的犯罪形态。第三种观点认为，所谓情节犯，是指以一定的概括性定罪情节作为犯罪构成必备要件的犯罪。情节犯之情节只关系到行为的有罪性，是区分罪与非罪的标准，与量刑无关，即情节犯不包括情节加重犯和情节减轻犯。第四种观点认为，情节犯有狭义和广义之分。狭义的情节犯即基本情节犯，是指我国刑法分则中明确规定的以“情节严重（情节恶劣）”作为犯罪成立的情节要求或者以此作为认定该罪既遂形态必要要素的犯罪类型。而广义情节犯除了包括基本情节犯之外，还包括刑法分则中将“情节严重（情节恶劣）”作为刑罚升格条件（情节加重犯）或减轻处罚条件（情节减轻犯）的犯罪类型。[①] 上述观点的分歧，根本原因在于对情节犯范围的认识存在差异，而这又与讨论问题的论域密切相关。我们认为，情节犯是在研究犯罪成立或者犯罪形态问题时提出的一个概念，因而应当将其限定在犯罪论范畴内，而不应扩及于刑罚论。进一步讲，情节犯是行为犯的一种，而行为犯是与结果犯对应的，其共同的论域是犯罪形态。因此，对于情节犯的概念，可作如下界定：所谓情节犯，是指以刑法分则中明确规定的“情节严重（情节恶劣）”作为犯罪既遂形态的必要要素（定量因素）的犯罪。

对于情节犯，刑法理论界通说认为，其只有犯罪成立与否的问题，而没有完成形态与未完成形态之分的问题。换言之，情节犯是在具备实行行为的基础上又具备了法定的“情节”要件的犯罪。这一情节不但标志着构成犯罪，而且也符合了犯罪构成的全部要件，达到了法定的完成犯罪状态。对于情节犯来讲，仅有实行行为尚不足以构成犯罪，还必须具备“情节”要件；仅有实行行为而不具备“情节”要件，可能构成某种违法，却构不成犯罪。由于法定的“情节”要件既是构成这类犯罪的必备要件，同时又是其构成要件齐备的标志，所以这类以情节作为构成要件的犯罪无未遂存在的可能，不存在既遂与未遂之分。[②] 我们认为，这一观点值得商榷。同其他直接故意犯罪一样，情节犯也存在一个犯罪发生、发展和变化的动态过程。在行为人着手实行犯罪之后，也可能具备其

---

① 参见王志祥：《情节犯基本问题研究》，载《保定学院学报》2008 年第 1 期，第 48 页。

② 参见高铭暄主编：《刑法学原理》（第二卷），中国人民大学出版社 1993 年版，第 275 ~ 276 页。

他犯罪构成要件，但缺乏情节要素。如果将这种行为一概作为非罪评价，非要等到情节出现以后才予以刑法评价，恐对法益保护不利。因此，在其他构成要件齐备的情况下，对于某些情节犯，即使刑法特别注明的情节没有出现，也应当有成立犯罪未完成形态的余地。就涉众型犯罪而言，即使被认定为情节犯，鉴于保护法益的重要性、危害后果的广泛性，亦应肯定其犯罪未完成形态成立的可能，如对于聚众扰乱公共场所秩序、交通秩序的行为，即使未造成秩序严重混乱这一情节，但综合全案认为有造成秩序严重混乱之虞而有惩罚必要的，则亦可以认定成立犯罪未完成形态。

二、涉众型犯罪的预备形态

（一）预备行为的可罚性

预备行为，是指为了犯罪准备工具、创造条件的行为。关于预备行为的可罚性，刑法理论界存在分歧，各国刑事立法对此做法也不一致。概括起来，主要有三种方式：一是对预备行为一律不予处罚，即在刑法总则和分则中均未规定处罚预备行为；二是对预备行为原则上不予处罚，只对严重犯罪的预备犯予以处罚；三是对预备行为原则上予以处罚，即在刑法总则中明确规定对预备行为应予以处罚。我国刑法关于预备行为可罚性的规定，采用的是上述第三种立法模式。

根据我国刑法的规定，哪些犯罪预备行为具有刑事可罚性呢？这似乎是一个不证自明的问题。理论界一般认为，我国刑法对所有的预备行为都要予以处罚，如有的学者指出，我国刑法对犯罪预备的处罚采取的是“积极说”，即认为一切犯罪的预备行为都具有社会危害性，无论其危害性大小，都会使犯罪客体遭受程度不同的侵害，因此，只要证明被告人所实施的是为实行犯罪创造条件的预备行为，就应当令其承担刑事责任。[①] 有的学者也认为，从我国刑法的规定来看，处罚故意犯罪的预备行为乃是一项基本原则。也就是说，一切故意犯罪的预备行为，都被刑法严加禁止，并要承担刑事责任。[②] 但也有学者对上述观点提出了质疑，认为根据刑法的规定，并不能得出一切预备行为均具有刑事可罚性这一当然结论。[③] 我们认为，纯粹就立法规定来看，刑法并未对可惩罚的“预备行为”的范围作出限定，因此，应当认为，任何一种危害行为只要被认定为预备犯，则原则上都可以予以刑罚处罚。应当注意的是，这是就惩罚当罚性而言的，至于是否实际处以刑罚处罚，则应当根据具体案情而定。

（二）涉众型犯罪的预备

涉众型犯罪的预备，是指涉众型犯罪行为人已经开始实施涉众型犯罪的准备活动，但是由于意志以外的原因未能着手实施而被迫停顿下来的一种犯罪形态。与其他犯罪类似，涉众型犯罪预备也应当具备以下三个条件：一是行为人已经开始实施为了某种涉众型犯罪的预备行为，如准备犯罪工具、制订犯罪方案等。二是行为人尚未着手实施涉众型犯罪的实行行为，即行为人在实施刑法分则规定的构成某一具体犯罪构成的客观方面的危害行为之前即停顿下来，不能再向前发展。三是行为人尚未着手实施涉众型犯罪的实行行为，是其意志以外的原因所致。行为人主观目的是顺利实施、完成涉众型犯罪而积极创造条件，但因为客观原因所限，被迫在着手实施涉众型犯罪的实行行为之前停顿下来。

---

① 参见陈兴良著：《刑法适用总论》（上卷），法律出版社 1999 年版，第 409～410 页。

② 参见谢望原主编：《台、港、澳刑法与大陆刑法比较研究》，中国人民公安大学出版社 1998 年版，第 193 页。

③ 参见王志祥著：《危险犯研究》，中国人民公安大学出版社 2004 年版，第 272～278 页。

根据主体的不同，涉众型犯罪的预备可以分为两类：一是首要分子的预备，二是积极参加者的预备。首要分子的预备，是指组织、策划、指挥涉众型犯罪的行为人在进行制订犯罪计划、网络犯罪分子、安排犯罪线路等活动时即被发现，因而未能将犯罪向前继续推进的情形；积极参加者的预备，是指犯罪行为人在准备犯罪工具、创造犯罪条件时即被发现，因而未能进一步实施犯罪的情形。首要分子的预备，相当于共谋的预备，较之积极参加者的预备，离实行行为的着手更为遥远，也更不容易查处。

三、涉众型犯罪的未遂形态

（一）实行行为的着手

实行行为的着手，是指实行行为开始的瞬间。实行的着手是犯罪实行行为的起点，是实行行为的一部分，本身属于实行行为，因而是区分犯罪预备与犯罪未遂、犯罪既遂的标志。

关于实行行为着手的含义，刑法理论界主要有以下几种不同的观点：一是主观说。该说认为犯罪是行为人危险性格的表露，危险性格是刑事责任的基础，行为本身只有表露危险性格的意义，因此，应以行为人是否存在犯罪意图为标准，来确定犯罪的着手。主观说又有极端的主观说和变通的主观说之分。前者认为，只要当行为人根据其犯罪意思或者犯罪计划，认为自己的行为是犯罪实行行为的开始时，即使在他人看来不是实行行为的起点，也应当认为是犯罪的着手；后者认为，只有从行为人的行为本身能够识别其犯罪意图时，才能认定是犯罪的着手。二是客观说。该说基于客观主义立场，认为着手是实行行为之开始，主张从行为人所实施的客观行为出发，来确定犯罪的着手。客观说又有形式的客观说和实质的客观说之分。形式的客观说从罪刑法定原则出发，以法定的犯罪构成事实为基础，完全从形式上考察着手的判定标准，认为只有当行为人开始实施符合法定基本构成要件的行为时，方为实行的着手。实质的客观说从实质上实行的着手的客观方面出发，以未遂犯的可罚性之实质的根据为判定着手时期的标准。三是折中说。该说主张应从行为人的主观意图和客观行为两个方面来判断犯罪的着手，认为当行为人实施了具有社会危险性的行为，并且明确表露出犯罪意图时即为犯罪的着手。折中说又有主观性客观说和个别性客观说两种不同的观点。主观性客观说以主观说为基础，认为认定着手应以行为人的整体犯罪计划为依据，犯罪意思明确地表现在具有侵害法益的危险的行为中时，就是实行的着手。个别性客观说以客观说为基础，认为应当按照行为者的犯罪计划，法益侵害的危险已迫近时，就是着手，但不同的犯罪个别地决定实行的着手时间。

上述关于着手的各种学说，既有值得肯定的地方，也有各自的缺陷。主观说着眼于从行为人的主观要素来认定实行的着手，而无视客观的要素，这是其片面之处，也是其致命的缺陷，由此导致其影响日渐式微，为学者所不采。但主观说也有合理之处，如认为认定实行的着手应当考虑行为人的主观的因素——故意的内容，这是值得肯定的。客观说中形式的客观说主张开始实施符合构成要件的行为是实行的着手，坚持了罪刑法定这一基本原则。但是，何谓构成要件的行为，形式的客观说没有提供一个判断的标准，这是其不足之处。客观说中实质的客观说提出用现实危险性作为判断构成要件的行为的标准，这是值得肯定的，但是怎样认定现实危险性仍然缺乏必要的说明。折中说中主观性客观说仍然立于主观说的立场，坚持以行为人的主观要素作为判断着手的标准，这是应当摒弃的。但是，该说吸取了客观说的合理内容，主张通过客观行为来认定行为人的主观意图，这无疑是正确的。折中说中个别性客观说主张在具体认定实行的着手时，应当从各个具体的犯罪个别地予以确定，这是很有见地的。因为犯罪是多种多样的，不是千篇一律的，根据一定的标准认定实行的着手时，只能具体情况具体分析，才可能作出符合实际的结论。但该说提出的“行为者计划”，不仅有欠明确、难以判定，而且极大地影响这一理论的适应面，因为许多突发性、激情性犯罪，行为人可能根本没有所谓的“犯罪计划”，涉众型犯罪的绝大多数参与者就是如此。可见，现有的关于认定着手的各种理论，或多或少均存在一定的缺陷，没有一个是真正做到完美无缺的。在没有最优选择的情况下，次优选择无疑是最佳的方案。综合起来，形式的客观说应当是较为可取的方案，稍加修正便可以坚持。我们坚持修正的形式客观说，认为着手是指行为人开始实施刑法分则规定的具体犯罪构成的实行行为。行为人开始实施实行行为的瞬间，即为着手的始点。对着手的判定，应当首先坚持构成要件的形式标准，其次坚持构成要件的实质标准。

（二）涉众型犯罪的未遂

涉众型犯罪的未遂，是指涉众型犯罪的行为人已经开始着手实施刑法分则规定的基本构成要件客观方面的行为，但由于意志以外的原因而未得逞的一种犯罪停止形态。在涉众型犯罪当中，由于犯罪参加者众多，介入犯罪的形态多样，因而给犯罪未遂的认定也带来一定的困难。

1. 首要分子未遂的认定

在涉众型犯罪中，首要分子实际上是整个犯罪行为的组织者、策划者和指挥者，是组织犯，并没有亲自实施扰乱公共秩序的行为，因而其未遂形态的认定，通常要根据实行犯（即其他积极参加者）的犯罪形态，这是因为首要分子和其他积极参加者已经结成一种共犯关系。所谓共犯关系，是指数行为人在共同实施犯罪的过程中，针对特定犯罪事实所结成的一种相互协作、相互补充、相互利用的关系。共同犯罪在犯罪形态上之所以有别于单独犯罪，正是由于共犯关系的存在；各共同犯罪人在刑事责任的承担上之所以不同于单个犯罪人，也正是因为共犯关系的存在。关于共犯关系，有学者作了形象的比喻，“在整体犯罪构成要件之实现而言，‘正犯’是扮演‘主角’的地位，而共犯之‘教唆犯与帮助犯’是扮演‘导演或配角’的地位”。① 换言之，实行犯（正犯）是共同犯罪中的关键人物，其行为直接造成危害社会结果的发生，共犯的犯罪性、可罚性取决于实行犯的犯罪性、可罚性。因此，共犯的犯罪形态通常也取决于实行犯的犯罪形态。在涉众型犯罪中，需要追究刑事责任的是首要分子和积极参加者，积极参加者是犯罪实行行为的实施者，其犯罪形态通常决定首要分子的犯罪形态，即如果积极参加者虽然开始着手实施扰乱公共秩序的行为，但因意志以外的原因未能造成扰乱公共秩序的严重后果的，则其行为属于犯罪未遂。而对首要分子来说，由于其组织、策划和指挥行为本身不能造成扰乱公共秩序的结果，必须借助于积极参加者的扰乱行为才能实现这一结果，而积极参加者未能将其扰乱行为实施完毕，这对首要分子来说，是意志以外的原因，因而首要分子的行为也处于未遂状态。当然，在许多情况下，首要分子不仅组织、策划和指挥整个涉众犯罪活动，而且也亲自参加扰乱公共秩序行为的实行，在这种情况下，首要分子实际上是身兼组织犯和实行犯双重身份于一身，对其犯罪形态的评价，则应根据实行犯的标准来认定。

2. 其他积极参加者未遂的认定

其他积极参加者属于实行犯，在只有一人的情况下，可以根据实行犯的未遂标准来判定其他积极参加者的未遂形态。不过，在涉众型犯罪的情况下，单一实行犯（只有一个其他积极参加者）的情况比较少见，更多的是共同实行犯（存在多数其他积极参加者）。如何判断这些共同实行犯的未遂形态，是涉众型犯罪的一个重大问题。

共同实行犯的未遂，是指在共同犯罪中，各共同犯罪人均开始着手实行刑法分则规定的具体犯罪基本构成要件的实行行为，但由于意志以外的原因，而未能达到犯罪既遂的一种犯罪行为状态。共

---

① 参见黄村力著：《刑法总则比较研究》，台湾三民书局股份有限公司1995年版，第202页。

同实行犯的未遂，主要涉及以下两个问题：第一是关于共同实行犯的着手。对此，理论主要存在全体认定说与个别认定说。全体认定说主张，在共同实行犯中，只要有一个实行犯开始实行行为的着手，则其他共同实行犯也为开始实行的着手。个别认定说认为，共同实行犯之着手，必须就各个行为人分别判断。我们认为，全体认定说是妥当的。共同实行犯既然是两个以上的行为人为完成一个犯罪而形成的互相联系、互相配合的统一体，那么整体地认定其着手时间就是当然的结论。第二是关于共同实行犯的犯罪未得逞。犯罪未得逞，是指没有完全实现或者满足犯罪的基本构成要件。共同实行犯的犯罪未得逞包括两种情况：一是全体的共同行为人均因意志以外的原因而使犯罪的基本构成要件没有实现；二是一部分行为人已经完全实现犯罪的基本构成要件，而另一部分行为人则并未完全实现，仅仅是实现了一部分。对于第一种情况，由于各行为人均未完成犯罪，因而均应认定为未遂，这一般没有疑问。但对于第二种情况，是应当认定各行为人均构成犯罪既遂，还是应当对各行为人个别地考察，认定完成犯罪者为既遂，未完成犯罪者为未遂，从而呈现既遂与未遂并存的格局？针对这一点，在刑法理论界存在以下两种截然不同的观点：一是整体既遂说。该说认为，共同正犯必须以因果关系的共同作为前提，因此，既然对各共同行为者可以认定共同正犯，就应当对各共同行为者共同造成的同一结果赋予客观归属的法律效果。二是区别对待说。该说认为，在共同犯罪中，当部分实行犯既遂，部分实行犯未遂时，能否适用部分实行全部责任的原则不能一概而论，认定所有的共同实行犯均构成既遂，而应视共同实行犯所实施的犯罪的具体类型来认定。我们认为，根据部分行为全体责任这一共犯基本责任认定原则，在共同实行犯的情况下，整体既遂说是可取的，不可能存在既遂和未遂两种状态同时并存的局面。就涉众型犯罪而言，如果有多个积极参加者，那么原则上只要其中一个积极参加者着手实施扰乱公共秩序的行为，就可以认为其他的积极参加者也进入着手阶段（以这些积极参加者主观上有意思联络为前提），而非预备阶段；如果其中一个积极参加者的行为已经造成扰乱公共秩序的严重后果，则同样也可以将这一结果归责于其他的积极参加者，认定其行为已经构成既遂状态。

在刑法理论中，有一种亲手犯理论，对于共同实行犯的未遂形态认定关系重大，值得特别注意。一般认为，所谓亲手犯，是指必须由行为人亲自实施，而不能以间接正犯的形式实施的犯罪形态。亲手犯这一概念是否必要，在刑法理论上是有争议的。肯定其必要性的学者一般是站在客观主义理论的立场上进行论证的。首先，从构成要件的外部考察，身份犯的主体是无法替代的，在法律上或事实上只要求有特别资格或关系之正犯，不能利用他人实施犯罪，否则该犯罪就失去了处罚的意义；其次，从构成要件内部考察，亲手犯指其行为对特定行为主体的命令或禁止规范的直接违反，对于此种主体以外之人的行为，则不存在规范的违反，因而亦无非难的价值。[①] 按照亲手犯的理论，在共同实行犯的情况下，既遂与未遂状态并存是可能的。因为亲手犯只有具有一定身份或特殊情况的人亲身实行犯罪行为，才能完成犯罪。对亲手犯的共同实行犯来说，如果有人未完成犯罪，有人完成了犯罪，就应分辨情况，对完成犯罪者论以犯罪既遂，对未完成犯罪者论以犯罪未遂，这才与亲手犯的原理相符合。例如，在押犯甲乙共谋将牢房墙壁挖穿脱逃，遂共同在山墙上挖了个洞，甲穿洞逃走后，乙正着手穿洞逃跑时因被发现而未得逞。甲构成脱逃罪既遂，乙构成脱逃罪未遂。[②] 我们认为，亲手犯这一概念原则上不应被承认。所谓亲手犯，其本质特征在于主体与行为的不可分割性。但刑法贯彻个人责任原则，任何人均应只对自己的行为负责，从这个意义上说，刑法中的行为，事实上均

---

① 参见陈朴生著：《刑法专题研究》，台湾三民书局股份有限公司 1988 年版，第 429 页。

② 参见马克昌主编：《犯罪通论》，武汉大学出版社 1999 年版，第 593～594 页。

是与其主体不可分割的。就单独犯罪而言，刑法中的某些行为只能由特定主体实施，他人不可能实施，这种情况确实是存在的；但就共同犯罪而言，行为人虽不能亲自实施某项只能由特定主体才能实施的犯罪，但可以利用后者实施犯罪。在共同犯罪形态下，客观上绝对不可能被利用实施的犯罪是不存在的。就涉众型犯罪而言，这些行为都是扰乱公共秩序的行为，其主体都是一般主体，并没有身份或其他条件的限制，因而事实上也没有亲手犯的存在余地。

四、涉众型犯罪的中止形态

（一）自动性的认定

关于中止犯的成立条件，虽然各国刑法规定不同，但一般均将有效性和自动性作为中止犯的成立条件。有效性，是指行为人的行为未能充足基本犯罪构成的全部要件，即未完成犯罪，其属于中止成立的客观条件，一般根据行为人实施的客观行为即能认定；自动性，是指行为人基于自己的本意而放弃犯罪行为的实施或者自动有效地防止犯罪结果的发生，又叫任意性，属于成立中止的主观条件，因而较难把握。关于自动性的认定，主要有以下几种观点：一是主观说。该说主张根据行为人的主观情况决定自动性的有无，认为当行为人的中止动机是基于对外部障碍的认识时，就是障碍未遂（未遂）；基于外部障碍以外的行为人自由的意思决定的场合，是中止未遂（中止）。二是客观说。该说主张应以客观的评价作为认定中止的标准，认为对于行为人放弃犯罪的原因，应根据社会的一般观念进行客观评价，该原因在一般经验上对行为人的意思没有产生强制性影响，而当行为人放弃犯罪时，就具有自动性。其判断标准是：如果当时的情况对一般人不会产生强制性影响，而行为人放弃犯行的，就是中止犯；如果当时的情况能给一般人产生强制性影响，行为人也放弃犯行的，属于障碍未遂。三是折中说。该说主张应当客观地判断基于主观认识的动机形成过程，认定是否基于任意性时，必须考察行为人对外部事实是如何认识的，再根据客观标准判断行为人的认识，探讨外部事实对行为人的意志是否产生了强制性影响。如果产生强制性影响，则是障碍未遂；如果没有产生强制性影响，则是中止犯。其判断标准是：虽然认识到了外部事实，但根据客观标准，想实施的话仍然可以实施时，成立中止犯；认识到了外部事实，根据客观标准，想实施也不能实施时，成立障碍未遂。

我们认为，在判断自动性的标准上应当采用主观说，这是基于设立犯罪中止的刑事政策考虑的必然结论。立法上为什么要设立中止犯，并对其减免刑罚？对此，一般预防论的大师李斯特进行了精辟的阐述，他指出："在跨越不可罚的预备行为与可罚的实行行为的界限的瞬间，为未遂所规定的刑罚就具体化了。这种事实已经不能变更，也不允许废弃与抹杀。但是，立法基于刑事政策的理由，可以为应当被科处刑罚的行为人架设返回的金桥（eine goldene Brucke zum Ruckzuge）。事实上，立法承认对任意中止免除处罚。"① 也就是说，刑法设立中止犯并免除处罚，是为了在行为人实施犯罪行为的最后瞬间，通过期待、奖励中止来保护法益，防止犯罪结果的最后发生，给踏上犯罪道路的人架起一座"返回的金桥"。行为人因己意而中止犯罪，即是以其防止结果危险发生之"正当性"（Legalitaet）再度平衡未遂犯之不法，从而将其否定法律意识之作用重新恢复，故法理上应对援救法律意识之致力者予以宽恕与奖赏，方符公平。② 中止减免的立法规定实际上是一种恩赦，其根据在于行为人的主观恶性的减少。而行为人主观恶性的减少，正是其基于自己的意志而放弃犯罪的实行。因此，考察任意性必须立足于行为人的主观认识，这是当然的结论。当然，中止犯本

---

① 转引自［日］香川达夫著：《中止未遂的法的性格》，有斐阁 1963 年版，第 40 ~41 页。

② 参见苏俊雄著：《刑法总论 II：犯罪总论》，台湾三民书局股份有限公司 1998 年版，第 378 页。

身也具有宽恕与奖赏的正当性与必要性。一方面，从主观上看，犯罪分子出于本人意愿放弃犯罪或者防止犯罪结果的发生，表明其主观恶性较小；另一方面，从客观上看，由于犯罪分子停止了犯罪行为，从而防止了犯罪结果的发生，表明犯罪行为的客观危害较小。二者的结合，正好表明中止行为的社会危害性较小，行为人的人身危险性较轻，进而导致行为人的责任减轻，因而应当对其减免处罚。总之，犯罪中止的自动性是以犯罪分子自认为有可能将犯罪进行到底为前提的。这里的“自认为”是犯罪分子的一种主观认识状态，而不以客观情况为转移。如果犯罪分子自认为有可能把犯罪进行到底，即使客观上其犯罪行为不可能进行到底的，仍应以犯罪中止论处；反之，如果犯罪分子自认为不可能把犯罪进行到底，即使客观上其有可能将犯罪进行到底的，仍应以犯罪未遂论处。在具备“自认为”这一前提下，犯罪中止的自动性还必须出于犯罪分子的本人意愿。换言之，犯罪的放弃是犯罪分子主观意志选择的结果，而不是出于外界的压力等违反其本人意愿后所致。例如，2013年9月18日14时许，翁源县坝仔镇良星村新屋组村民吴某甲、吴某乙、吴某丙自发到村“鬼子塘”清理灌溉农田涵筒内的垃圾。吴某乙爬进涵筒清理垃圾后，因缺氧未出，吴某甲见状爬进涵筒内想将吴某乙拉出。几分钟后，吴某丙见吴某甲、吴某乙爬进涵筒均未出来，即将情况告知吴某乙姐姐吴某丁，吴某丁打电话告知村支书及拨打110报警。派出所民警及消防官兵来到后将吴某甲、吴某乙从涵筒内救出，二人经抢救无效死亡。翁源县坝仔镇人民政府得知此事，派镇干部去现场处理。被告人吴某等人得知吴某甲、吴某乙死亡后，情绪激动，要求政府在当日17时30分前给出处理意见。18时许，为迫使坝仔镇人民政府马上对吴某甲、吴某乙死亡事件作出处理，吴某驾驶三轮摩托车拉着吴某甲、吴某乙的尸体前往坝仔镇人民政府，被告人吴某某与吴某戊、吴某己、吴某庚（均另案处理）等人跟随其后。吴某、吴某某等人带头与闻讯前来的三四十名村民一起将坝仔镇人民政府大门强行推开，并将两具尸体拉到镇政府大院内。坝仔镇党委书记刘某某及相关工作人员劝说村民，吴某恐吓刘某某说：“你再说话我就打死你。”随后吴某、吴某某与吴某己、吴某庚、吴某戊等人与村民一起，由吴某用砖头打砸镇政府大院内人力资源和社会保障服务所的不锈钢卷闸防盗门门锁，吴某某等人动手将门毁坏，随后吴某、吴某某等人将两具尸体抬进人力资源和社会保障服务所内停放。不久，吴某见镇政府工作人员没有提出具体处理意见，再次驾驶三轮摩托车将两具尸体拉往翁源县人民政府，吴某某等人继续跟随在后。20 时许，吴某等人拉着两具尸体来到翁源县人民政府门口时，被公安民警强制阻止，吴某等人便将两具尸体停放在翁源县人民政府大门口的斜坡处。其间，引起大量群众围观，造成恶劣影响。次日凌晨时分，经翁源县人民政府工作人员对吴某等人做思想工作后，吴某等人才同意将两具尸体拉到翁源县殡仪馆。经鉴定，坝仔镇政府内人力资源和社会保障服务所被毁坏的卷闸门和玻璃门把手价值共计人民币 3450 元。一审法院认定吴某构成聚众冲击国家机关罪。宣判后，吴某上诉称其并未冲击进入翁源县政府内，系自愿放弃犯罪，属犯罪中止。二审法院驳回上诉，维持原判。① 我们认为，法院的判决是正确的。吴某等人聚众冲击坝仔镇政府后，又再次聚众冲击翁源县政府，在县政府大门口的斜坡处被公安民警强制阻止，吴某等人并非主观上自动放弃犯罪意图，因而难以认定其为犯罪中止。

（二）涉众型犯罪的中止

涉众型犯罪的中止，是指涉众型犯罪的行为人在实施犯罪的过程中，自动放弃实施犯罪或者自动有效地防止犯罪结果发生的一种犯罪停止形态。涉众型犯罪的结构本身存在复杂性，关于涉众型犯罪的中止形态，理论界的认识更不一致。归纳起来，主要有以下不同主张：一是整体完成状态论。该观点认为，聚众犯罪行为具有整

① 参见广东省韶关市中级人民法院刑事裁定书（［2014］韶中法刑一终字第 86 号）。

体性特征，因而犯罪中止的有效性也只能以整个聚众犯罪是否最后达到完成状态来确定。[①] 根据这一观点，个别涉众型犯罪行为人若意图中止犯罪，必须在停止自己犯罪的同时，迫使其他行为人停止实施涉众型犯罪行为或者有效地防止犯罪结果的发生，如果某个涉众犯罪人虽然停止了自己的犯罪行为，但是犯罪结果发生了，就不能认定行为人是犯罪中止。二是个别中止论。该观点认为，聚众犯罪行为虽具有整体性特征，但实际上是由每个聚众犯罪行为人的独立行为组合而成的，其中个别聚众犯罪行为人自动停止积极的犯罪，就与聚众犯罪完全脱离了关系，同其他聚众犯罪人的行为就不再有任何关联，因此，其自动停止犯罪就应被视为犯罪中止。[②] 根据这一观点，只要个别涉众型犯罪行为人自动停止了犯罪，无论其他涉众型犯罪人是否继续实行犯罪行为，造成扰乱社会秩序的结果，该犯罪行为人的行为均构成犯罪中止。三是切断因果关系论。该观点认为，聚众犯罪中止的有效性，应以他是否有效地切断自己以前的行为同危害结果之间的因果关系来确定。如果个别聚众犯罪分子已经有效地切断自己以前的行为同危害结果之间的因果关系，则其犯罪中止成立；相反，则不成立。[③] 根据这一观点，涉众型犯罪行为人要成立犯罪中止，必须要切断其先前所实施的行为与破坏公共秩序后果之间的因果链，否则难以成立。四是行为解体消除危害论。该观点认为，判断聚众犯罪中止有效性的标准是中止者必须使自己的行为与整体的聚众犯罪行为解体，或者中止者的中止行为必须能有效地消除自己先前危害行为已对聚众犯罪行为所形成的原

---

① 参见马长生著：《刑法学》，中南大学出版社2000年版，第294页。

② 参见高铭暄主编：《刑法学》，北京大学出版社1998年版，第286页。

③ 参见周振想主编：《中国新刑法释论与罪案》，中国方正出版社2001年版，第187页。

因力。[①] 根据这一观点，涉众型犯罪行为人要成立犯罪中止，必须要消解其先前所实施的危害行为与危害结果之间的原因力。

上述观点虽然都有一定的道理，但也存在各自的缺陷。涉众型犯罪是必要共同犯罪，是以各共犯之间结成共犯关系为存在前提的。这种共犯关系决定了对犯罪中止的认定既要考虑整体性，又要考虑单独性。一方面，涉众型犯罪并不是各个涉众型犯罪人行为的简单相加，而是表现为各个涉众型犯罪行为人有机联系的整体，因此不能认为其中个别涉众型犯罪分子消极停止犯罪就可使自己脱离涉众型犯罪而成立犯罪中止；另一方面，尽管涉众型犯罪是一个有机联系的整体，各共同犯罪人均处于共犯结构关系中，是互相利用、互相依赖、相辅相成的关系，但如果个别涉众型犯罪分子出于中止的意图停止犯罪，并有效地阻止其他涉众型犯罪行为人利用其先前的行为继续实施犯罪，则无疑会使这种共犯关系被打破、中断或消除，有效阻断其先前行为继续对社会造成危害，因此，该犯罪行为人的行为应当成立犯罪中止。简言之，在涉众型犯罪中，行为人的行为要成立犯罪中止，不仅要停止实施犯罪，而且要阻断先前行为对危害结果的原因力，阻止其他积极参加者继续实施扰乱公共秩序的行为，进而造成破坏公共秩序的严重后果。这里的有效措施一般包括：毁灭犯罪工具、抵制实行行为、劝退积极参加者、及时报告政府。

另外，中止犯的法律效果具有严格的专属性和人身性，即只能对中止者个人减免刑罚。基于这一特点，在认定涉众型犯罪的中止形态时，应当注意把握以下几点：第一，在多数积极参加者实行犯罪的场合，各积极参加者基于自己的意志，全部放弃犯罪的继续实施或者自动有效地防止犯罪结果发生的，则全体积极参加者均成立犯罪中止；部分积极参加者基于自己的意志，放弃犯罪的继续实施

---

① 参见高西江主编：《刑法的修订与运用》，中国方正出版社 1999 年版，第 84 页。

并有效地阻止其他实行犯继续实施犯罪，或者自动有效地防止犯罪结果的发生，这些积极参加者成立犯罪中止，其他积极参加者成立犯罪未遂。第二，对于首要分子而言，其要成立犯罪中止，不能仅仅是停止组织、策划、指挥行为的实施，而且要努力消除这些行为对全部积极参加者的影响，阻止犯罪实行行为的继续实施，防止破坏公共秩序的结果的发生。第三，对于首要分子和积极参加者，在具体认定的尺度上可以采取宽严不同的标准。对于首要分子，应当采取较严的标准；对于积极参加者，可以采取较松的标准。特别值得注意的是，当个别积极参加者自动停止犯罪，并积极阻止其他积极参加者实施犯罪行为，但阻止无效，危害结果仍然发生的，虽然不能认定为犯罪中止，但可以认定为共犯脱离，可以从轻或者减轻处罚。

第二节　涉众型犯罪的转化犯

一、转化犯的一般原理

（一）转化犯的概念

转化犯是我国刑法理论界特有的一个概念，相当于大陆法系国家刑法理论界所说的“准犯”、“追并犯”。一般认为，转化犯概念的提出，主要是为了解决罪数问题。因此，明确转化犯的含义及其特征，对于正确理解转化犯，解决一罪与数罪问题，做到罪刑法定、罪责刑相适应有着十分重要的意义。

关于转化犯的概念，主要有以下几种不同的表述：第一种表述是，所谓转化犯是指行为人在实施某一较轻的犯罪时，由于连带的行为又触犯了另一较重的犯罪，因而法律规定应当以较重的犯罪论处的情形。① 第二种表述是，所谓转化犯是指行为人出于一个犯罪故意，在行为实施过程中发生了性质的转化而改变罪名的犯罪形态。② 第三种表述是，所谓转化犯是指行为人在实施基本罪的危害行为过程中，由于出现特定的犯罪情节，而使基本罪的性质发生改变，转化为某一重罪，并且按重罪定罪量刑的犯罪形态。③ 第四种表述是，所谓转化犯是指行为人实施一个故意犯罪的同时，或者在本罪造成的不法状态持续过程中，由于行为人实施了特定的行为，而这一特定行为与其本罪行为的结合足以填充另一个故意犯罪的构成，从而使特定的行为符合转化罪的犯罪构成，并根据刑法规定以转化罪定罪量刑的犯罪形态。④ 仔细分析上述各种表述不难发现，所谓转化犯有两种类型：一是狭义的转化犯，即仅指此罪向彼罪转化的情形；二是广义的转化犯，即既包括此罪向彼罪的转化，也包括非罪向犯罪的转化。我们认为，转化犯是刑法规范意义上的转化犯，转化的前提应该是前行为已经构成犯罪，转化的终极目的是符合罪刑相适应原则，所以不宜将非罪向犯罪的转化这一情形包括在内。综上，我们基本赞同狭义的转化犯观点，并将转化犯界定为：行为人在实施一个较轻的犯罪过程中，由于其主观罪过内容发生了改变，且发生了特定的结果或情节，触犯了另一个较重的犯罪，按法律规定以较重的犯罪论处的情形。

（二）转化犯的基本特征

关于转化犯的基本特征，刑法理论界也有不同的观点。第一种观点认为，转化犯具有三个基本特征：一是法律表现形式的特定

---

① 参见陈兴良：《转化犯与包容：两种立法例之比较》，载《中国法学》1993 年第 3 期。

② 参见储槐植：《一罪与数罪》，载《法学研究》1995 年第 3 期。

③ 参见金泽刚：《论转化犯的构成及立法例分析》，载《山东法学》1998 年第 4 期。

④ 参见肖中华：《论转化犯》，载《浙江社会科学》2000 年第 3 期。

性，即转化犯以特定的法律用语为识别标志；二是转化范围的特定性，即转化犯必须是由此罪向彼罪的转化，而且是轻罪向重罪的转化；三是转化条件的特定性，即转化犯的成立必须以犯罪构成的具体要件为基础。[①] 第二种观点认为，转化犯具有以下基本特征：一是转化性，认为转化犯的关键词是转化；二是递进性，认为转化犯是由本罪向他罪的转化，它们之间存在一种递进关系；三是法定性，即只有在法律明文规定的情况下，才能构成转化犯。[②] 第三种观点认为，转化犯有四个基本特征：一是转化犯是罪质的转化，而且一定是轻罪向重罪的转化；二是转化犯的转化前提是行为人主观故意和客观行为方式的变化，或者具有其他法定的转化条件，并且故意内容的转化是其转化的重要前提；三是转化犯必须是刑法明文规定的犯罪类型或形态，即具有法定性；四是转化犯是行为人基于两个犯罪故意并实施了两种不同犯罪行为，同时触犯了两个犯罪构成。[③]

上述观点基本从不同的角度揭示了转化犯的基本特征，对于理解转化犯具有启迪意义。不过，个别观点仍然值得商榷。根据我们对转化犯的界定，我们认为其具有以下基本特征：首先是原因的特定性。转化犯发生转化的一个重要原因在于，先前的犯罪行为的情节或其引起的犯罪结果已经发生了根本性的变化，超出了原有的犯罪构成要件的范畴而不能为原有犯罪所容纳。为了全面评价犯罪行为，就有必要借助其他犯罪构成要件。如果仍然是在基本犯罪构成要件内来评价，则必然存在评价不足的问题；如果对新增的情节或结果另行评价，又存在评价过剩的问题。通过转化犯的设立，则使

---

① 参见王仲兴：《论转化犯》，载《中山大学学报》1990 年第 2 期。

② 参见陈兴良著：《刑法适用总论》（上卷），法律出版社 1999 年版，第 665 页。

③ 参见赵丙贵：《转化犯与结果加重犯》，载《中国刑事法杂志》2001 年第 1 期。

整个犯罪行为获得了另一犯罪构成要件的认可，这是基本犯罪发生转化的主要原因。其次是罪责的趋重性。转化犯一般是由轻罪向重罪转化，而不是由重罪向轻罪转化。这是因为，转化犯一旦发生了另一严重的结果或者具有更加严重的情节时，就成为一个新罪。如果新罪的性质比基本犯罪的性质还轻，刑事责任比基本犯罪的还轻，则转化后反而更不能实现罪责刑相适应原则。所以，新罪的性质和刑事责任肯定要重于基本犯罪，只有这样，转化才具有现实意义和正当性。最后是犯罪的异质性。转化犯的实质，并不仅仅在于犯罪行为情节的简单增加或者犯罪结果的简单趋重，而是犯罪行为性质的变化。如果转化的新罪和基本罪具有同质性，则也没有必要需要转化。

二、涉众型犯罪转化犯的概念和成立条件

（一）涉众型犯罪存在转化犯

尽管刑法理论界对于转化犯尚没有统一的认识，但是大多数学者都认为法定性是转化犯的必要特征。所谓法定性，是指只有刑法明文规定以其他犯罪论处后，才能将基本罪予以转化。这就是所谓的转化犯的法律形式特征。现行刑法在关于转化犯的条文描述中，统一使用了“依照本法第……条规定定罪处罚”的法律标志，从而使转化犯的立法用语在形式上具有了鲜明的特征。按照这一观点，判断某一犯罪能否成为转化犯，只要看其条文中有无“依照本法第……条规定定罪处罚”的表述就可以了。以此为标准，则刑法条文中只有第 247 条规定的刑讯逼供罪、暴力取证罪，第 248 条规定的虐待被监管人罪，第 292 条规定的聚众斗殴罪等少数罪名才可能成立转化犯，聚众犯罪很少能够成立转化犯，涉众型犯罪更是没有成立转化犯的可能。

我们认为，法定性并非转化犯的必要特征，转化犯的成立也不必一律由立法明文规定。一方面，转化犯首先是一种犯罪现象。作为一种犯罪现象，某种犯罪行为是否存在转化现象，是一个客观行

为事实，并不以立法是否规定为存在前提。在司法实践中，不仅聚众斗殴罪可以发生犯罪的转化，其他涉众型暴力犯罪也极容易发展成为转化犯，如聚众扰乱公共秩序罪，聚众冲击国家机关罪，聚众扰乱公共场所秩序、交通秩序罪等。对于这种法定以外的事实转化犯，也应当纳入转化犯的视野。另一方面，作为立法例的转化犯，往往是立法者的特别提示。刑法中一些条文之所以明确规定转化犯，并不意味着只有这些条文规定的罪名才可能存在转化犯，而是强调这些条文规定的罪名，在具备特定犯罪情节或出现特定犯罪结果时，应当按照其他条文规定的罪名处理。这是立法者对司法者的一种特别提醒，但并不等于对于其他没有特别提醒的罪名，就绝对不能成立转化犯。换言之，“由于立法的滞后性、立法者能力的局限性、法律的简洁性以及社会发展的快速性等原因，立法者不可能也没必要一一罗列所有的转化犯情形，而是有选择地规定了法定转化犯的情况”。[①] 我国主流观点之所以认为转化犯必须要以法定性为必要条件，与其研究的视角不无关系。许多学者从一开始就是根据刑事立法规定来研究转化犯的，因此，转化犯的概念起源于对立法现象的概括，而非现实犯罪形态的理论抽象。在这样的学术背景下，许多学者在研究转化犯时自然无法摆脱立法的制约，始终坚持转化犯的法定性，认为法定性是转化犯的法律特征，所有的转化犯均起源于刑事立法，没有法律的明文规定就不可能成立转化犯。然而，正如前述，转化犯是一种客观事实现象，应当着眼于事实层面来研究，并给予司法实践有力的指导；同时，对于立法的规定也应当辩证地研读，而不能简单地僵化地解读。

（二）涉众型犯罪转化犯的概念及成立条件

1. 涉众型犯罪转化犯的概念

涉众型犯罪转化犯是刑法中转化犯的一种特殊类型。所谓涉众

---

① 任忠臣：《聚众扰乱社会秩序罪的转化犯研究》，载《广西政法管理干部学院学报》2010 年第 3 期，第 34 页。

型犯罪转化犯，是指涉众型犯罪行为人在实施基本构成要件行为的过程中，因主观罪过内容发生了变化，在后续的行为过程中出现了新的情节或者造成了新的危害结果，因而必须通过其他犯罪构成要件予以单独评价的犯罪形态。

2. 涉众型犯罪转化犯的成立条件

根据主客观相一致的原则，涉众型犯罪转化犯之所以转化，必然是因为行为人在基础行为之上，因主观犯意的显著变化，引起了行为性质在基础行为加重方向之上的延展，导致了行为社会危害性程度随之加深的变化，使得整个行为超出了基础行为犯罪构成要件所能够容纳的范围和程度，为基础行为的内涵所排斥，从而突破了转化前罪质所容许包容的限度，具备了另一种犯罪所必需的构成要件的要求，引起了基础罪质向转化罪质的转化。由此可见，涉众型犯罪转化犯的成立，需要具备主客观方面一系列条件。

首先，先前行为已经符合基本犯罪的构成要件该当性，这是前提条件。一般认为，转化犯是罪质的转化，即由于犯罪行为人在实施基本犯罪的过程中，出现了超出这一犯罪构成主客观方面的事实要素，且完全充足另一犯罪的构成要件，从而应当按照另一犯罪评价的情形。但是，这是否意味着基本犯罪必须在法律上足以被评价为犯罪，而不包括违法（不法行为）的情形呢？对此，刑法理论界有两种截然相反的观点：一种观点认为，转化犯成立的前提是其行为构成犯罪，不构成犯罪就无转化的可能。① 另一种观点认为转化犯是否必须以本罪构成犯罪为前提，不能一概而论。在特殊情况下，行为人的行为不足以构成本罪，符合转化条件的也可以按转化犯处理。② 我们认为，转化犯并不需要以基本罪构成犯罪为前提条件。转化犯是犯罪性质的转化，仅仅意味着先前行为和整体行为是

---

① 参见陈兴良：《转化犯与包容犯：两种立法例之比较》，载《中国法学》1993 年第 4 期。

② 参见姜伟著：《犯罪形态通论》，群众出版社 1993 年版，第 319 页。

两个性质不同的非法行为，但并非意味着基本行为事实上必须构成犯罪，而不能是违法行为。这是因为，一方面，违法行为和犯罪行为仅仅是量的差异，而非质的区别；另一方面，转化犯的理论重在对整个行为的法律评价，而非对先前行为的法律评价。因此，先前行为是构成犯罪还是违法，只是危害程度的差异，其实对整个行为的评价意义不大。当然，此观点的前提是先前行为必须违法。至于违法程度如何，即究竟是构成违法还是犯罪，则在非所问。我们这一观点也得到司法实践的肯认。例如，根据2005年《最高人民法院关于审理抢劫、抢夺刑事案件适用法律若干问题的意见》的规定，行为人实施盗窃、诈骗、抢夺行为，未达到数额较大，为窝藏赃物、抗拒抓捕或者毁灭罪证当场使用暴力或者以暴力相威胁，情节较轻、危害不大的，一般不以犯罪论处；但如果接近数额较大标准、入户作案、使用暴力致人轻微伤以上后果、使用凶器或以凶器相威胁的等，可以抢劫罪定罪处罚。

与转化犯前提条件相关的另一问题是，基本罪是否必须已经既遂才能转化。对于基本罪达到既遂可以转化，理论界没有异议，但对于未完成形态的基本罪是否可以转化，则存在争议。一种意见认为，预备犯罪、未遂犯罪均能成为转化犯的基本罪：转化犯的转化发生在行为人实施基本犯罪的过程中，行为人正在实施基本犯罪而未达到既遂和犯罪已经既遂但不法状态处于继续之中，都可以发生转化，强调转化犯必须以基本犯罪的既遂或未遂为必要，但预备犯罪不能转化。① 另一种意见认为，预备犯罪也可成为转化犯的基本犯罪，主张在行为人实施基本罪的预备行为以后，一旦加入法定的转化条件，则可以向重罪的预备犯转化，即不论是犯罪既遂、未遂还是犯罪预备，都是构成犯罪的行为，都可以转化。还有一种意见认为，基本罪转化的前提不是静态犯罪形态的转化，即转化犯的基本罪不是在停止形态情形下的转化，而是基本罪在其犯罪行为动态

---

① 参见赵嵬：《论转化犯》，载《法制与社会发展》1997年第6期。

进行过程中的罪质改变。如果基本罪在犯罪的预备行为或着手实行的过程中被迫停止，则成立了犯罪的预备或未遂形态，说明基本罪已经不再向下一个犯罪阶段发展，也就不可能再出现基本罪所无法容纳的严重后果，当然就不会向异质的重罪转化。因此，在基本罪的整个发展过程中都可以发生犯罪的转化，不要求必须达到既遂的状态。① 上述各种观点均有一定的道理，但似乎争点未保持一致。从犯罪发展的过程来看，在转化犯的情形下，基本罪当然没有仅仅停留在未完成阶段，而是继续发展到转化阶段；从犯罪的认定来看，则完全可以将整个犯罪行为切分成两个部分，即基本罪部分和转化罪部分。而需要研究的，正是如果基本罪部分尚未完全充足犯罪构成的全部要素，是否仍然可以将整个行为综合评价为另一独立的重罪？对此，我们认为，原则上是可能的，只要整体行为能够充足另一独立重罪的构成要件。不过，由于预备行为不具有实行行为的危险性的特征，如果行为人实施的基本犯罪行为仅仅处于预备阶段，则很难设想行为人又实施了另一更为严重的犯罪行为或造成更为严重的结果，因而如果基本行为处于预备阶段，基本可以排除转化的可能。

其次，犯罪行为在其发展过程中，具有更加严重的情节或者造成超出基本罪的危害结果，这是客观条件。从行为外观上看，转化行为的力度、激烈程度等方面都发生了显著的变化。与基本罪所要求的行为相比，转化行为既具有“重合性”，又具有“异质性”。转化犯的重合性，体现了基本罪与转化罪在构成要件内容上发生部分重合，在此重合部分，基本罪有之，转化犯亦有之。转化罪虽然具有自身内容的相对独立性，但亦包含了基本罪所不能包含的事实和因素。如果转化犯没有基本罪的危害行为作为前提，与基本罪没有任何联系，那么所谓的转化犯就失去其存在的根基了。转化犯的

---

① 刘德法：《论聚众犯罪的转化犯问题》，载《北方法学》2010 年第 1 期，第 79 页。

异质性，体现在基本罪与转化罪在构成要件要素上的内容的不同。转化犯是在基本罪的发展过程中，由于法定条件的出现，使罪质发生了变化，变化后的犯罪事实充足另一重罪的构成要件的情形。之所以需要按照另一重罪处理，是因为出现了基本罪所不能容纳的严重后果或情节，需要以重罪论处以实现罪责刑的相当性。这一特定后果或情节的出现，导致基本罪在主观和客观方面都发生了性质的变化，引起了犯罪行为整体性的转化。因此，转化犯不仅是罪质的转化，而且是轻罪向重罪的转化，即表现为趋重性。就涉众型犯罪而言，其之所以发生转化，通常是发生了致人重伤、死亡、财产重大损失等更加严重的结果。例如，聚众扰乱社会秩序罪，通常会造成社会秩序被破坏的严重后果，但不涉及人员的伤亡。如果行为人在聚众扰乱社会秩序的过程中，又造成他人重伤、死亡或者财产重大损失的，则行为的性质已非作为轻罪的聚众扰乱社会秩序罪的犯罪构成和法定刑所能容纳，因而应当转化适用故意杀人罪、故意伤害罪、抢劫罪等重罪的条文定罪处罚。值得注意的是，涉众型犯罪的转化犯，是法律拟制的结果。它不同于单纯意义上的故意杀人罪、故意伤害罪和抢劫罪等，而是在涉众型犯罪过程中因涉众的作用力而出现了特定的危害后果。

再次，特定的情节或严重后果必须发生在基本罪的危害行为自然发展的过程中，这是时空条件。犯罪的转化必须发生在基本罪的实施过程之中或基本罪造成的不法状态持续期间，这是转化犯的另一重要特征——当场性或延展性。当场性体现了基本罪与转化罪在客观方面的联系性，即行为人在实施了基本行为之后，有实施后续行为并与基本行为相结合而构成转化罪的可能性。如果前后两个行为或不同罪质的两罪在客观上毫无联系、无持续性，则自然没有转化的可能。从犯罪发生学来看，转化罪是基本罪在实施的同一场所或该场所合理持续时间的延伸发展的结果。就涉众型犯罪的转化犯而言，其当场性应当具有以下两个限度：一是时间限度。犯罪行为人所实施的超出基本罪性质所容纳的故意伤害、故意杀人或者抢劫财物等行为，以及由此所造成的致人重伤、死亡或者财产重大损失的危害结果，必须发生在聚众扰乱公共秩序行为持续的时间段以内或者是其自然延续过程之中。二是空间限度。犯罪行为人所实施的超出基本罪性质所容纳的故意伤害、故意杀人或者抢劫财物等行为，以及由此所造成的致人重伤、死亡或者财产重大损失的危害结果，必须发生在聚众扰乱公共秩序行为的实施场所或者是自然延展的场所。应当注意的是，这里的当场性的两个限度，不能作机械的、生硬的理解，而是允许其有一定的灵活性和延展性，如在没有（或者很短）时间间隔和短暂中断的延续现场也可以认为具有当场性。

最后，犯罪行为人的主观故意内容发生了转化，这是主观条件。转化犯的成立，不仅应当有客观行为要素的增加或变化，而且这些新增的行为要素，还应当是在行为人的主观故意支配下实施的。行为人的这一主观故意内容显然不同于先前的基本罪的主观故意内容，而是发生了转化。就涉众型犯罪而言，这种转化就是指犯罪行为人由先前的扰乱社会秩序的故意向造成他人重伤、死亡或者财产重大损失的故意转化，而不再限于扰乱社会秩序的犯意范畴内。当然，这里的实施故意伤害、故意杀人或者抢劫财产行为的主观故意，既可以表现为直接故意也可以表现为间接故意（在实践中大多表现为间接故意），但无论哪种情况，其故意的内容必须发生了质的变化。在司法实践中，行为人发生罪过内容转化的原因多种多样，如行为人在聚众犯罪实施过程中情绪失控，突起杀害被害人的故意；或者见财起意，顺手牵羊等。行为人的主观故意内容有无发生变化，以及转化的具体内容，可以根据案件的具体情节来研判。例如，2010 年 8 月 3 日 16 时许，威远县公安局连界镇派出所民警在该镇云钢街向围观群众做解释工作时，被告人宾某某、张某、赖某某等人故意推搡他人撞击民警制造混乱，宾某某、张某、幸某某、曾某某、许某某、赖某某等人趁乱对民警黎晓忠和廖毅拳打脚踢，致使黎晓忠、廖毅身体多处受伤，交通堵塞，现场秩序严重混乱。此时，威远县运输管理局连界运管所工作人员胡家豪、唐塑森驾驶执法车辆进行路面巡逻行至云钢街，雷某某、宾某某、张某、曾某平等人殴打二人致身体多处受伤。之后，雷某某等人又纠集被告人宾某某、张某、赖某某等人冲到连界镇派出所院内和办事大厅内起哄闹事，撕毁办公桌上的公文资料。雷某某、宾某某、幸某某、张某等人将两河派出所前来执行公务的车牌号为川 K46582 的面包车围住，威胁民警下车。在雷某某和宾某某等人的煽动下，雷某某、宾某某、幸某某、李某某、张某、张某某、李某某、宋某某、姚某某等人一起将该面包车掀翻，并来回掀、推多次，致使该车被严重毁坏。而后，雷某某、宾某某等人又煽动闹事人员掀、推停靠在连界镇派出所外公路上的车牌号为川 K0820 警的长安牌警车，宾某某、雷某某、张某、幸某某、张某某、李某某、史某某、宋某某、李某某、姚某某等人一起将该车掀翻后来回掀、推多次。宾某某、张某某还用铁手锤对警车的挡风玻璃进行打砸，伙同闹事人员拉扯警车轮胎装饰盖，用脚踢打警车，用手打砸前挡风玻璃，还将扯掉的警车车牌拿到警车上供围观群众拍照取乐，又用脚对警车警灯进行踩踏；杨某、曾某某、许某某伙同闹事人员用脚对该警车后排挡风玻璃和警灯进行踢、抖。经威远县价格认证中心鉴定，被毁坏的车牌号为川 K46582 的面包车受损价格为 15513 元，车牌号为川 K0820 警的警用长安面包车受损价格为 18539 元。当晚 20 时许，宾某某和张某等人继续停留在派出所内起哄闹事，被告人纪某用拳头对维护秩序的民警高源的头部进行殴打。一审法院认定雷某某等 6 人构成聚众冲击国家机关罪与妨害公务罪，李某某等 10 人构成寻衅滋事罪；经上诉，二审法院维持原判。[①] 本案在定罪上的争议点之一，是聚众冲击国家机关罪能否吸收故意毁坏财物罪。我们认为，法院的判决是合理的。行为人雷某某等人在连界镇派出所外毁损车辆的行为与冲击国家机关的行为在时间上具有很强的连

---

① 参见四川省内江市中级人民法院刑事裁定书（［2011］内刑终字第66号）。

续性，在空间上也没有间断，且行为人雷某某等人在主观上仍然是冲击国家机关、扰乱国家机关正常工作秩序的故意，并没有转化为故意毁坏财物的故意，故该行为应当视为冲击国家机关的延续，而不再单独定故意毁坏财物罪。

三、涉众型犯罪转化犯的类型

（一）从正面分析——成立涉众型犯罪转化犯的类型

1. 主体单一型

涉众型犯罪的主体必须是首要分子和其他积极参加者。前者是组织犯，后者是实行犯，前者的犯罪意图只有通过后者的实行行为才能得到实现。在涉众型犯罪中，基本罪和转化罪的实行行为，都只有其他积极参加者才能实施。因此，在原则上，只有其他积极参加者才存在成立转化犯的可能。如果其他积极参加者只有一人，则为主体单一型的转化犯；如果其他积极参加者是数人，则为主体复数型的转化犯。不过，由于涉众型犯罪是必要共犯，在实施犯罪的过程中，首要分子和其他积极参加者的犯罪故意均可能发生转化，由扰乱公共秩序的故意向故意杀人、故意伤害或抢劫财物等犯罪故意转化，并互相联络和互相沟通，从而形成新的共同犯罪故意。在这种情况下，首要分子和其他积极参加者均成立转化犯，属于主体复数型转化犯。应当注意的是，虽然立法规定只有首要分子（不包括其他积极参加者）才能成立涉众型犯罪主体，如聚众扰乱公共场所秩序、交通秩序罪，但这并不意味着只有首要分子才能成立转化犯，其他积极参加者不成立转化犯。如果符合转化罪的犯罪构成要件，无论是首要分子还是其他积极参加者，均可能成为转化犯。总之，主体单一型转化犯仅存在于以下情形中：一是其他积极参加者仅有一人，且在本人超出原来共同犯罪故意的范围的新的犯意支配下实施了新的犯罪行为；二是首要分子利用不知情的其他积极参加者，实施超出原来共同犯罪故意的范畴的新的犯罪行为。在后一种情况下，首要分子实际上相当于间接正犯。

2. 主体复合型

在实践中，涉众型犯罪转化犯更多地表现为主体复合型。具体有以下两种类型：一是首要分子和其他积极参加者均成立转化犯。首要分子、其他积极参加者在实施涉众扰乱公共秩序的犯罪过程中，产生了故意杀人、故意伤害和抢劫财物等有别于先前扰乱公共秩序的共同犯罪故意，并由其他积极参加者实施新的犯罪行为。对于这种新的犯罪组合的首要分子和其他积极参加者，全部都要按照转化后的犯罪定罪处罚。二是其他积极参加者为复数，且均成立转化犯。在涉众型犯罪过程中，积极参加者彼此之间经过意思联络和沟通，形成了超出原来共同犯罪故意内容的新的共犯故意，且实施了有别于基本罪的犯罪行为。在这种情况下，各个积极参加者均成立转化犯罪，应当按照转化之后的犯罪定罪处罚。

（二）从反面分析——不成立聚众犯罪转化犯的类型

1. 主体不适格型

在涉众型犯罪过程中，如果是一般参加者或者其他人，而非涉众型犯罪的首要分子和积极参加者实施了非基本罪的危害行为，则该行为不成立转化犯。构成犯罪的，直接适用刑法有关条文定罪处罚。

2. 罪过产生不适时型

根据“犯意与行为同在”原理，要成立涉众型犯罪的转化犯，行为主体的故意杀人、故意伤害、抢劫财物等犯罪故意，必须产生于实施涉众型犯罪的过程之中。如果这一故意产生于涉众型犯罪行为开始之前或涉众型犯罪行为完全结束之后，则应直接排除，不能按照转化犯原理定罪处罚。构成犯罪的，直接适用刑法的有关条文定罪处罚。

3. 罪过内容不适格型

转化犯的主观方面一般只能是故意，不包括过失。在涉众型犯罪的实施过程中，如果行为主体对超过基本罪的危害行为，主观内容表现为过失，而不是伤害、杀人、抢劫财物的故意，则也不成立转化犯。在行为主体因过失导致他人重伤、死亡或者重大公私财产损失时，该行为本身可能单独构成过失致人重伤罪、过失致人死亡罪或者不构成犯罪。在构成过失犯罪的情况下，其与先前的基本罪成立想象竞合关系，应当择一重罪从重处断。

四、涉众型犯罪转化犯的认定难题

（一）加害人证明困难的问题

在司法实践中，认定涉众型犯罪的转化犯，首要的难题就是确定加害人。一般来说，加害人就是直接实施杀人或伤害行为的积极参加者。如果有确实充分的证据证明某一积极参加者实施了超过基本罪的伤人或杀人行为，则对该积极参加者应当按照转化犯定罪处罚；如果还能证明其他积极参加者、首要分子与该积极参加者具有共犯关系的，则对其他积极参加者和首要分子，也应当按照转化犯定罪处罚。反之，如果经过全面侦查，不能确定加害行为的主体，则难以对其他积极参加者予以转化；如果有证据证明首要分子对加害结果具有放任态度的，可以对其按照转化犯处理，如果证明不了，同样也不能转化。在这种情况下，只能对全案被告人按照涉众型犯罪基本罪定罪处罚。

（二）行为主体主观罪过不明的问题

转化犯的前提是，行为主体主观上具有超出先前涉众扰乱公共秩序的故意内容的新的犯罪故意。但是，在任何犯罪中，查明行为主体的主观犯意都不是容易的事情，在涉众型犯罪中，由于案情复杂、主体众多，因而显得更加困难。就具体案件而言，涉众型犯罪行为主体在实施犯罪行为时，其主观罪过可能存在两种情况：一是行为主体主观罪过明确，包括明确有伤害或者杀人的故意与明确没有伤害或杀人的故意。在这种情况下，前者存在转化问题，后者不存在转化的可能。二是行为主体主观罪过不明确。这是应当根据案件的具体情况，考虑斗殴的起因、犯罪工具的取得、实施侵害行为有无节制、双方的关系、犯罪行为后表现等诸多方面的因素，综合判断行为主体有没有伤害或杀人的故意（一般为间接故意）。

第三节　涉众型犯罪的其他犯罪形态

一、涉众型犯罪的牵连犯

（一）牵连犯的一般原理

1. 牵连犯的概念

关于牵连犯的定义，刑法理论界主要有以下不同的表述：其一，牵连犯是指以实施某一犯罪为目的，而其犯罪的方法行为或者结果行为又触犯了其他罪名的情形。① 其二，牵连犯是指为了一个最终的犯罪目的，而其方法行为又触犯其他罪名的情况。② 其三，牵连犯是指行为人实施某种犯罪（即本罪），而方法行为或结果行为又触犯其他罪名（即他罪）的犯罪形态。③ 其四，牵连犯是指犯一罪而其手段或结果的行为又触犯了其他罪名的情况。④ 其五，牵连犯是指犯罪的手段行为或结果行为，与目的行为或原因行为和结果行为之间具有牵连关系。⑤ 其六，牵连犯是指犯罪的动机行为和方法行为或原因行为和结果行为之间具有牵连关系。⑥ 其七，牵连

---

① 参见吴振兴著：《罪数形态论》，中国检察出版社 1996 年版，第 274 页。

② 参见赵俊新、黄洪波：《论牵连犯》，载《江汉论坛》2003 年第 1 期，第 123 页。

③ 参见高铭暄主编：《刑法学原理》，中国人民大学出版社 1993 年版，第 600 页。

④ 参见顾肖荣著：《刑法中的一罪与数罪问题》，学林出版社 1986 年版，第 88 页。

⑤ 参见张明楷著：《刑法学》，法律出版社 2003 年版，第 373 页。

⑥ 参见李泽龙、朱丹：《牵连犯探微》，载《法律科学》1993 年第 4 期，第 86 页。

犯是指犯罪分子出于直接追求一个犯罪目的，而犯罪的方法或结果又触犯其他罪名的犯罪。①

上述表述均有一定的可取之处，但又存在过于扩大或者不当缩小牵连犯的范围的问题，主要原因是未能正确揭示牵连犯的本质特征。为此，要对牵连犯正确地下一个科学的定义，首先应明确牵连犯的本质特征。我们认为，牵连犯具有以下特征：一是犯罪行为的复数性，即行为人实施了两个以上的犯罪行为，且每个行为均能独立成罪。如果行为人只实施一个犯罪行为，则绝对不是牵连犯。判断行为个数应以犯罪构成要件为标准。行为人实施的犯罪行为事实，如果能够截分出不同的部分，且每个部分均符合各自对应的犯罪构成要件的，是数罪；如果不能截分出不同的部分，或者截分以后，只有其中一个部分符合刑法分则规定的某个犯罪的构成要件，其他部分难以充足某个犯罪的构成要件的，则只能认定为一罪。二是触犯罪名的异质性。牵连犯数个行为各自充足的构成要件必须是各不相同的，亦即牵连犯的方法行为、结果行为与目的行为必须各自成立不同的罪名。如果触犯的是同一罪名，则可能是连续犯，而不是牵连犯。三是数行为之间必须具有牵连关系。所谓牵连关系，是指行为人所实施的数个犯罪行为之间具有方法与目的或原因与结果的密切关系。按行为之间的关系来说，数个犯罪行为表现为目的行为、方法行为或结果行为，以目的行为为轴心，方法行为是为实现目的行为服务的，结果行为是由目的行为派生引起的。按时间顺序说，方法行为在前，目的行为在次，结果行为在后。② 四是数行为目的的终极性。牵连犯的数个犯罪行为一般均是直接故意犯罪，往往具有各自的犯罪目的。但是，这几个行为的犯罪目的在行为人

---

① 参见高铭暄著：《中华人民共和国刑法总则要义》，群众出版社 1981 年版，第 255 页。

② 参见高铭暄：《论牵连犯的几个问题》，载《现代法学》1993 年第 6 期，第 13 页。

心中的重要程度并不是同等的。一般来说，目的行为的犯罪目的是主目的、重心目的，手段行为或结果行为的目的是从目的、附属目的。主目的是核心，决定着从目的的产生；从目的派生于主目的，并服务于主目的。就所有行为事实来看，主目的居于支配所有犯罪行为的地位，是所有犯罪行为的终极目的。从目的居于被支配地位，仅就手段行为或结果行为而言具有激励、支配作用，但就整个犯罪行为事实来看，其不可能对目的行为具有支配作用，因而在对行为人整个犯罪行为的评价中并不具有独立的地位。从这个意义上说，牵连犯出于一个犯罪目的是成立的。但是，更准确地说，应该是牵连犯出于一个最终的犯罪目的，或者是一个同一的犯罪目的，即目的行为的目的。基于上述分析，我们对牵连犯作如下界定：所谓牵连犯，是指行为人出于一个最终的犯罪目的实施了数个犯罪行为（目的行为、方法行为或结果行为）而分别触犯不同罪名的犯罪形态。

2. 牵连关系的判断标准

在牵连犯的理论中，最复杂的是牵连关系的判定问题，即如何判断牵连犯的手段行为与目的行为之间或者目的行为与结果行为之间具有牵连关系。关于牵连关系的判定标准，综合起来，中外刑法学界主要有以下三种观点：一是主观说。该说认为，数行为之间有无牵连关系应以行为人的主观意思为标准。行为人在主观上有以手段或者结果之关系使其与本罪发生牵连的意思的，为有牵连关系；在主观上没有使数罪作为手段或结果而牵连的意思的，为无牵连关系。二是客观说。该说认为，数行为之间有无牵连关系应以客观事实为标准。行为人所实施的目的行为与手段行为或者结果行为在客观上存在牵连关系的，即认为有牵连关系，而无须考虑行为人在主观上有无使某一行为成为手段行为或者结果行为的意思。三是折中说。该说认为，认定数个行为之间是否具有牵连关系，必须从主客观两个方面进行考察。只有在客观性质上数行为通常处于手段或结果的关系，在主观认识上行为人具有犯意的继续，才能认为具有牵连关系。

在上述三种主张中，主观说主张必须以行为人主观上的牵连意图，即行为人在主观上认识到其所实施的数个行为之间具有手段行为与目的行为，或者目的行为与结果行为之间的牵连关系为条件，这是其合理之处。但其将该条件不当地拔高，推至充分必要条件的地位，导致将不具有牵连关系的数个犯罪行为也按牵连犯加以认定，不当地扩大了牵连关系的范围，有失偏颇。客观说主张认定数行为之间具有牵连关系，必须以数行为之间在性质上存在密切的因果联系为前提。这是其科学之处，但其完全不顾行为人的主观认识，会导致将同时发生但主观上并无联系的数个犯罪以牵连犯加以联系，亦会不当地扩大牵连犯的范围，这是其明显不足之处。折中说的主张兼顾行为这一客观因素和行为人的认识这一主观因素，符合主客观相统一原则，是较为可取的主张，只是在具体的构造上，我们认为还应当予以精确和细化。

从原则上说，对牵连关系的判断，必须坚持主客观相统一的原则。如果从客观上看，方法行为与目的行为或者目的行为与结果行为之间，具有事实上的密切联系；从主观上看，行为人对数行为有统一的犯意，就可以认为它们之间有牵连关系。从操作的层面看，则还应坚持以下具体标准。首先，从客观方面上看，数行为之间具有主从关系。如果数行为之间只是并列关系，则不具备牵连犯的客观基础。所谓数行为之间的主从关系，是指在数行为中，可以分出目的行为这一主要行为和方法行为或结果行为这一次要行为，手段行为或结果行为以目的行为为依托，附属于目的行为。但从构成要件来看，两种行为却是各自独立的，均能充足各自对应犯罪的构成要件，且不存在对同一行为事实重复评价的问题。其次，在主观方面，行为人追求的犯罪目的的同一性。牵连犯虽然有数个犯罪行为，每个行为均有其独自的犯罪目的，但归根结底，行为人追求的犯罪目的只有一个，即目的行为的目的。行为人的数个目的中，也不是彼此并列的关系，而是有主有次的。行为人正是为了追求一个终极的、同一的犯罪目的，才又实施了手段行为或结果行为，兼带为了其他目的。这种主观目的的同一性，行为人必须有所认识，否则难以成立牵连犯。

（二）涉众型犯罪的牵连犯

涉众型犯罪都是故意犯罪，具备成立牵连犯的前提和基础。不过，由于立法并未明文规定涉众型犯罪的牵连形态，因此，应当根据具体案情确定是否存在牵连犯。总体来看，涉众型犯罪的牵连犯主要有以下两种情形：

第一，涉众型犯罪与其他非涉众型犯罪之间存在牵连关系。行为人在实施涉众型犯罪的过程中，其手段行为或结果行为又触犯其他罪名的情形；或者行为人在实施其他犯罪的过程中，其手段行为或结果行为又触犯涉众型犯罪的情形。例如，甲为了报复、伤害对其进行行政处罚的民警乙，故意煽动不明真相的群众冲击派出所，毁坏派出所办公桌椅，打伤乙等民警数人，造成派出所秩序一片混乱，无法正常开展工作。在这个案例中，甲基于故意伤害乙这一终极目的，通过聚众冲击国家机关的手段，实施故意伤害乙等民警的行为，属于手段行为和目的行为的牵连，分别构成聚众冲击国家机关罪和故意伤害罪，但因在一个终极目的的统领之下，故成立牵连犯，应当择一重罪从重处罚。

第二，涉众型犯罪与其他涉众型犯罪之间存在牵连关系。基于涉众型犯罪的特定目的，这些犯罪之间也极容易形成牵连关系。聚众扰乱社会秩序罪，聚众冲击国家机关罪，聚众扰乱公共场所秩序、交通秩序罪三个犯罪的主观目的都是破坏公共秩序，彼此之间不可能形成牵连关系，非法集会、游行、示威罪和侮辱国旗、国徽罪的主观目的是损害国家机关的威信和国家尊严，彼此之间也难以形成牵连关系。但是，前三个罪名与后两个罪名之间，却有可能形成牵连关系。首先，聚众扰乱公共秩序的行为与非法集会、游行、示威行为和侮辱国旗、国徽行为在客观方面具有牵连性。这些行为都发生在公共场合，与公共秩序相关，具有时空场所的密接性。其次，在主观方面，这些行为能够归于一个终极犯罪目的之下。例如，被告人郭某某及赵某某（已判刑）等人认为辉县市某厂爆破后工人应得到的赔付款低，在未向主管机关申请许可的情况下，组织辉县市某厂工人800余人从某厂出发，排队沿辉县市市区道路、新辉公路前往新乡市人民政府反映问题，表达共同意愿。其间，被告人郭某某及赵某某等人对公安机关的解散命令拒不执行，造成公共交通秩序混乱。其中，被告人郭某某在某厂内用高音喇叭呼喊工人集合队伍，整顿队列，在路上指挥队伍秩序。队伍到新乡市人民政府后，某厂工人在广场上静坐、唱歌，以向政府表达辉县市某厂工人应得到的赔付款低的共同意愿。法院判决被告人郭某某构成非法集会、游行、示威罪，判处有期徒刑2年，缓刑3年。[①] 在本案中，郭某某等人为了向政府示威，煽动、鼓动多人到某市政府大门前示威，又拒不服从公安机关的解散命令，造成交通秩序混乱，社会影响恶劣，严重破坏了社会秩序。郭某某既实施了非法集会、游行、示威的行为，又实施了聚众扰乱交通秩序的行为，前者是原因行为，后者是结果行为，二者具有牵连关系，成立牵连犯，对郭某某应当择一重罪从重处断。

二、涉众型犯罪的竞合犯

（一）竞合犯的一般原理

1. 竞合犯的概念

竞合犯，又称法条竞合。关于法条竞合的定义，刑法理论界主要存在以下不同表述：第一种观点认为，所谓法条竞合，是指一种犯罪行为因刑事立法对法条的错综规定，导致数个法条所规定的构

① 参见河南省辉县市人民法院刑事判决书（［2009］辉刑初字第235号）。

成要件在其内容上发生重合或者交叉的情形。[①] 第二种观点认为，法条竞合是指一个行为同时符合了数个法条规定的犯罪构成，但从数个法条之间的逻辑关系来看，只能适用其中一个法条，当然排除适用其他法条的情况。[②] 第三种观点认为，法条竞合是指一个犯罪行为同时触犯数个犯罪构成，而这些构成要件具有从属或者交叉的关系。[③] 第四种观点认为，法条竞合是指一个犯罪行为，因法律错杂规定，致有数法规（或法条）同时可以适用，但只在数法条中适用一法条，而排斥其他，成立单纯一罪的情况。[④]

上述表述的不同，根本在于对法条竞合的本质的认识不同。关于法条竞合的本质，理论界也有几种不同的观点。一是法律条文竞合说，认为法条的重合关系是法条竞合的本质特征，没有法条的重合即没有法条竞合。[⑤] 二是罪名竞合说，认为法条竞合的本质是一个犯罪行为涉及数个相关罪名。[⑥] 三是社会关系竞合说，认为法条竞合的本质是刑法所保护的社会关系的竞合。[⑦] 四是犯罪构成竞合说，认为只有不同的刑罚法规属于同一构成要件类型时才可能发生

---

① 参见高铭暄主编：《刑法专论》（上），高等教育出版社 2002 年版，第 394 页。

② 参见张明楷著：《刑法学》，法律出版社 2003 年版，第 522 页。

③ 参见陈兴良主编：《刑法学》，复旦大学出版社 2003 年版，第 498 页。

④ 参见马克昌主编：《犯罪通论》，武汉大学出版社 2003 年版，第 628 页。

⑤ 参见马克昌主编：《犯罪通论》，武汉大学出版社 2003 年版，第 603 页。

⑥ 参见陈兴良：《刑法竞合论》，载《法商研究》2006 年第 2 期，第 103 ~ 107 页。

⑦ 参见吴振兴著：《罪数形态论》，中国检察出版社 2006 年版，第 172 页。

法条竞合，而并非只要具有某种形式逻辑的关系即可。[①] 法条竞合问题确实相当复杂，对其本质和定义的深入探讨，绝非寥寥数语可以阐述清晰，亦非本课题的主要任务。在此，我们从语词的本义以及适用目的来尝试对法条竞合的概念进行界定：所谓法条竞合，是指因法条错综复杂的规定，一个行为同时符合数个法条规定的犯罪构成，但从数个法条之间的逻辑关系看，仅能适用其中一个法条，而排斥其他法条适用之情形。

2. 法条之间的逻辑关系

法条之间的逻辑关系，既是法条形成竞合的原因，也是法条竞合类型的确定标准。一般认为，刑法中的法条具有以下四种不同的关系：一是特别关系——特别法与普通法的竞合。所谓特别关系，是指一个刑法规定具备了另一个刑法规定的所有要素，且只能通过具有将案件事实以特殊的观点来理解的其他要素而与该刑法规定相区别的情形。在特别关系的情况下，也就产生了从属的逻辑上的依赖关系，因为实现特有犯罪构成要件的每一个行为，还同时实现一般犯罪的构成要件，否则不构成特别关系。在此等情况下，一般性法律不被适用，而是遵循特别法优于一般法的适用原则。特别关系是法条之间最常见，也是最没有争议的一种逻辑关系。二是吸收关系——部分法与整体法的竞合。所谓吸收关系，是指一个构成要件该当行为的不法内容和罪责内容包容了另一行为或另一构成要件，以至于一个法律观点下的判决已经完全表明了整体行为的非价。特别关系又被称为包容关系，应当适用吸收法优于被吸收法的原则。三是择一关系——轻法与重法的竞合。所谓择一关系，是指两个犯罪构成要件对行为的描述彼此矛盾，因此必须彼此排除，只能适用其中之一的情形。对于择一关系，应当适用对行为人最不利的法条，即实行重法优于轻法的原则。四是补充关系——基本法与补充

① 参见吕英杰：《刑法法条竞合理论的比较研究》，载陈兴良主编：《刑事法评论》，北京大学出版社 2008 年版，第 471 页。

法的竞合。所谓补充关系，是指一个刑法规定只有在其他刑法规定不予适用时才适用的情形。如果数个法条以不同的侵害阶段和程度来保护同一法益，则数法条之间相互处于补充关系。对于补充关系，实行的是基本法优于补充法的原则，因为基本法的实现必然会贯穿于补充法之中，所以较低危险的侵害阶段被视为较不重要的部分，不被考虑在内。

（二）涉众型犯罪的竞合犯

涉众型犯罪都是聚众扰乱公共秩序的犯罪，这些犯罪彼此之间能否成立竞合犯呢？这是一个值得研讨的问题。有观点认为，“在实践中，如果行为人针对国家机关采用的是冲击之外的手段如静坐等手段扰乱国家机关工作秩序的，应以聚众扰乱社会秩序罪定罪处罚”。[①] 根据这一观点，论者似乎肯定聚众扰乱社会秩序罪和聚众冲击国家机关罪之间存在竞合关系。不过，论者又将冲击进行了严格的限定，将其排除在扰乱之外，如此一来，聚众扰乱社会秩序罪和聚众冲击国家罪两个罪的客观危害行为就根本不同，因而没有成立法条竞合的余地。论者本意究竟如何，殊难揣测。另有观点认为，“不具有聚众冲击国家机关所要求的聚众冲击的行为样态，但造成一定严重损失的聚众扰乱国家机关正常工作秩序的行为，其在客观构成要件方面的扰乱国家机关的行为并未达到聚众冲击所要求的严重程度，不宜认定为构成聚众冲击国家机关罪。但是该行为仍然具有社会危害性，需要刑法予以规制，可以以聚众扰乱公共秩序罪惩处”。[②] 其理由是，刑法第 290 条的两款条文对于犯罪客体所侵犯的社会秩序具有包容性，在客观方面具有构成要件的重合性，但聚众冲击国家机关罪的行为对象特定、行为内容限定，因此，这

---

① 刘志伟：《聚众犯罪若干实务问题研讨》，载《国家检察官学院学报》2003 年第 6 期，第 63 页。

② 陈浩、魏国勇：《法条竞合视野下〈刑法〉第 290 条的个案分析》，载《中国检察官》2011 年第 1 期，第 17 页。

两款条文之间属于特别关系，而非择一关系，成立法条竞合。

我们认为，法条竞合在原则上应当限于一个法条规定的构成要件为另一个法条所包容，但又不完全等同的情形。根据这一观点，涉众型犯罪彼此之间能否成立竞合犯，应当个别地判断。虽然聚众扰乱社会秩序罪，聚众冲击国家机关罪，聚众扰乱公共场所秩序、交通秩序罪三个罪名的客观行为方式都是“扰乱”公共秩序，[①] 但因为危害行为的实施场所明显不同（一为企事业、团体等办公场所，一为机关办公场所，一为公共场所、交通要道），因此，对于某一聚众扰乱公共秩序的行为而言，在机关办公场所实施，就不可能在企事业、团体等办公场所、公共场所、交通要道实施，反之亦然，所以基本没有成立法条竞合的可能。例如，被告人施某为泄愤，纠集亲友在镇政府办公室殴打计生办干部方某，在场的李某等多名干部对此进行劝说和阻止，施某等人又对李某等人进行殴打。当公安民警赶到现场进行制止时，施某等依然不听劝阻，扬言要打方某并阻拦公安民警将方某带离现场，造成文桥镇党委、政府工作近 4 个小时无法正常开展。一审法院判决认为施某构成聚众扰乱社会秩序罪，判处有期徒刑 3 年，缓刑 5 年。二审考虑到鉴于其有自首情节，以及本案的起因，具体犯罪事实、情节和危害后果，改判其有期徒刑 1 年，缓刑 2 年。[②] 我们认为，法院的判决值得商榷。本案发生在国家机关，如果被告人的行为不构成聚众冲击国家机关罪，则并不会另行成立聚众扰乱社会秩序罪，因为这两个罪并不存在竞合关系。实际上，本案是因民事纠纷引发的对执法人员的报复

---

① 我们认为，“冲击”也是一种扰乱，只不过是一种情节严重的“扰乱”，以此与一般扰乱行为相区别。正因为此，刑法在聚众冲击国家机关罪的条文表述中没有另行增加“情节严重”的要素，而在聚众扰乱社会秩序罪，聚众扰乱公共场所秩序、交通秩序罪中均在扰乱行为之后规定“情节严重”一词予以限定。

② 参见湖南省岳阳市中级人民法院刑事判决书（［2011］岳中刑一终字第 18 号）。

行为，但基本属于一般的殴打，情节显著轻微，不应以犯罪论处。

同样，非法集会、游行、示威罪和侮辱国旗、国徽罪，虽然都发生在公共场所，但因为二者的客观行为表现明显不同，所以也没有成立法条竞合犯的余地。但是，前三种犯罪和后两种犯罪之间，由于均含有“聚众扰乱公共秩序”的要素，因而有可能成立法条竞合犯。以聚众扰乱公共秩序、交通秩序罪和非法集会、游行、示威罪之间的关系为例，如果甲乙等人聚集不明真相的社会公众非法进行集会、游行、示威，则该行为不仅触犯了聚众扰乱公共场所秩序、交通秩序罪的法条，同时也触犯了非法集会、游行、示威罪的法条，因而用两个法条都可以评价，从而构成法条竞合。由于这两个法条属于特别法条和一般法条的关系，适用非法集会、游行、示威罪的法条对行为的评价更为充分和全面，因而原则上应当适用该法条定罪处罚。①

另外，涉众型犯罪与其他罪名之间也可能成立法条竞合，如行为人以暴力、威胁方式聚众扰乱公共场所秩序、交通秩序时，因该罪必须具备“抗拒、阻碍国家治安管理工作人员依法执行职务”的要素，因而也是一种妨害公务行为，可以同时为刑法第 277 条规定的妨害公务罪所评价。因此，这两个法条之间也存在竞合关系，应当按照特别法优于普通法的原则，以聚众扰乱公共秩序、交通秩序罪定罪处罚。又如，行为人“在公共场所或者交通要道聚众斗殴，造成社会秩序严重混乱的”，或者“在公共场所起哄闹事，造

---

① 1989 年 10 月 31 日第七届全国人民代表大会常务委员会第十次会议通过的《中华人民共和国集会游行示威法》第 29 条规定：“通过包围、冲击国家机关，致使国家机关的公务活动或者国事活动不能正常进行的，对集会、游行、示威的负责人和直接责任人员依照刑法第一百五十八条（指原刑法，下同——引者注）的规定追究刑事责任。占领公共场所、拦截车辆行人或者聚众堵塞交通，严重破坏公共场所秩序、交通秩序的，对集会、游行、示威的负责人和直接责任人员依照刑法第一百五十九条的规定追究刑事责任。”该规定与我们的观点不尽相同，但至少肯定了法条竞合关系的存在。

成公共场所秩序严重混乱的”，既触犯刑法第 292 条规定的聚众斗殴罪、第 293 条规定的寻衅滋事罪，同时也触犯了第 291 条规定的聚众扰乱公共场所秩序、交通秩序罪，成立法条竞合，对此可以按照重法优于轻法的原则，以聚众斗殴罪、寻衅滋事罪定罪处罚。

第六章　涉众型犯罪刑罚适用研究

犯罪的后果是刑事责任的产生和承担，而刑罚是实现刑事责任的最主要方式。在刑事审判活动中，定罪和量刑是两个最基本的环节。定罪是确定刑事责任有无的问题，量刑是确定刑事责任大小的问题。定罪不准，量刑不可能适当；定罪准确，量刑也不一定当然适当。而对犯罪人来说，刑罚是否加身及其严厉性，甚至比定罪更具有实在性。在涉众型犯罪中，由于犯罪主体众多，案情复杂，因此更有必要研究刑罚适用问题。

第一节　涉众型犯罪刑罚适用原则研究

对犯罪分子适用刑罚，以刑事责任的确定和分配为前提。要对涉众型犯罪行为人正确适用刑罚，必须明确各犯罪主体承担刑事责任的基础、承担刑事责任的原则以及刑罚适用的基本路径。

一、涉众型犯罪主体承担刑事责任的基础

涉众型犯罪是纠集特定或不特定的多数人实施的犯罪，这些犯罪参与者之间通过一种意思联络，形成一种有机联系的结合体，互相配合、互相促进、互相助力，从而导致扰乱公共秩序的结果发生。这种意思联络，使各个犯罪人的个人犯罪故意结合一体，形成

涉众型犯罪的故意。① 通过意思联络，涉众型犯罪行为人可以认识到自己的行为和其他行为人的行为的性质和结果。各涉众型犯罪行为人对于共同行为的性质和结果的认识不必十分具体，只要有概括性的认识即可；涉众型犯罪行为人一般也需要预见到共同犯罪行为人与共同犯罪结果的因果关系，不过这种预见也不要求其预见因果关系的一切细节，只要预见到由于共同的行为会产生某种或一定的结果就可以。具体而言，对于涉众型犯罪的首要分子，其认识因素包括对本人聚众行为的社会危害性和被聚众者实施具体危害行为的社会危害性的认识，即对本人和他人的行为的双重认识。首要分子在这种双重认识下，形成对本人聚众行为和他人直接实施的实行行为的希望或者放任的主观意志。正是因为首要分子的主观恶性大，其实施的聚众行为危害性也大，因此其要对整个涉众型犯罪行为负责，承担的刑事责任最重。对于积极参加者而言，则要求其认识到自己直接和他人直接实施的实行行为的性质和后果，并对这一后果持希望或者放任的态度。原则上，积极参加者要对本人以及所认识到的其他积极参与者的行为负责，承担相应的刑事责任。至于其他参加者，由于在一些情况下没有认识到自己行为的社会危害性，只是由于“盲从”的心理或者被蒙蔽而参与到聚众行为中来，其只对涉众型犯罪起到次要作用，不直接产生危害结果，只具有少量的主观恶性或者不具有主观恶性，因此刑法通常对这类主体不予处罚。对于这些“跟风者”或者“盲从者”，通常由公安机关对其进行治安处罚。

二、涉众型犯罪主体承担刑事责任的原则

（一）整体责任原则

所谓整体责任原则，是指在共同犯罪中，共同犯罪的刑事责任

---

① 参见邵维国：《论共同犯罪人的意思联络》，载《大连海事大学学报》2003 年第 3 期。

应由各共同犯罪人共同承担，各共同犯罪人不但应对自己的共同犯罪行为负责，也应对其他共同犯罪人所实施的犯罪行为负责。在共同犯罪中，各犯罪人所实施的具体行为并不是完全相同的，有实行行为、组织行为、教唆行为、帮助行为之分。其中，实行行为是使法益受到侵害的直接原因，组织行为、教唆行为或帮助行为是法益受到侵害的间接原因，因而，共同犯罪的刑事责任，主要就是解决对实行犯所实施的实行行为具体应由谁承担的问题。根据整体责任原则，不仅实行犯本人要对其所实施的实行行为负责，而且组织犯、教唆犯、帮助犯也要对这一行为负责；实行犯不仅要对其本人直接实施的实行行为负责，也要对其他实行犯所实施的实行行为负责。

涉众型犯罪是一种共同犯罪，因而对各犯罪主体刑事责任的确定，同样应当遵守整体责任原则。不过，由于涉众型犯罪主体身份、地位的不同，承担刑事责任的具体要求也有所不同。就首要分子而言，由于其是整个犯罪行为的组织者、策划者、指挥者，因而应当对所有犯罪参加者所实施的实行行为的危害后果负责，即实行部分行为全部责任原则。对于其他积极参加者而言，则要视积极参加者是单数还是多数而定。如果积极参加者为多数，则也应适用部分行为全部责任原则。在这种情形下，各积极参加者即使实施了实行行为的一部分，也必须对在共同实行犯罪的故意范围之内所发生的全部犯罪结果负责。易言之，各积极参加者不但要对自己直接实施的实行行为对法益所造成的侵害结果负责，同时，也要对其他积极参加者所实施的实行行为对法益所造成的侵害结果负责。如果积极参加者为单数，则应适用直接责任原则。在这种情形下，由于直接实施犯罪的实行行为的积极参加者只有一人，具有法益侵害现实危险性的实行行为只有一个，他人的行为并不具有法益侵害的现实危险性，不是归责的独立因素，因而行为人只需对自己的行为承担责任，无须对他人的行为承担责任。

（二）区别对待原则

在共同犯罪中，行为人往往对共同犯罪行为进行了分工，有的直接实施刑法分则规定的犯罪构成要件行为，有的从事犯罪的组织、策划、指挥活动，有的在他人实行犯罪的时候提供各种帮助，有的教唆他人犯罪。各共同犯罪人在共同犯罪中所处的地位可能不同，参加犯罪的程度也可能不一样，因而他们在共同犯罪中所起的作用会有主次之分，其中有的起了主要作用，有的则只起了次要作用。不同的作用反映了其行为的社会危害性和行为人的人身危险性程度的差异。因此，在共同犯罪中，虽然每个共同犯罪人都应对共同犯罪行为负刑事责任，但各人所应承担刑事责任的分量不应是完全相同的。在追究共同犯罪人的刑事责任时，必须区分每个共同犯罪人在共同犯罪中所起作用的大小，确定他们应承担刑事责任的轻重。在共同犯罪中起主要作用的，应当承担主要的刑事责任；起次要作用的，应当承担次要的刑事责任。如果是被胁迫参加犯罪的，被胁迫还可以作为一个减轻情节，使行为人承担更为次要的刑事责任。此即共同犯罪人刑事责任确定的区别对待原则。

对涉众型犯罪主体的刑事责任的确定，也应遵循区别对待原则。在涉众型犯罪中，不仅首要分子与积极参加者对最终扰乱公共秩序的严重后果各自所起的原因力有大小之分，就是在首要分子与首要分子之间、积极参加者与积极参加者之间，对危害结果的原因力也有轻重之别。因此，在对各涉众型犯罪行为人适用刑罚时，应当考虑到这种因危害结果作用力不同而在刑事责任的分量上的差别，进而适用相应的刑罚。我国刑法分则对于涉众型犯罪，一般均视犯罪主体是首要分子和积极参加者的不同而配置了不同的法定刑。对此，在对涉众型犯罪主体适用刑罚时应当严格遵循。对于有些涉众型犯罪，即使刑法分则对首要分子和积极参加者配置相同种类和幅度的法定刑，在具体适用刑罚时也要视犯罪主体是首要分子还是积极参加者予以一定的区别裁量。同理，同样是首要分子或者同样是积极参加者，在对其具体适用刑罚时，也要注意考虑各自实施的危害行为对于危害结果发生的原因力大小，从而在其适用刑罚时予以适当的区分。总之，在涉众型犯罪中，各犯罪行为人在犯罪中的地位和作用是各不相同的，对整个共同体所造成的社会危害的原因力有大小之分，而且各自行为的社会危害结果也是各不相同的。因此，不但应在首要分子和积极参加者刑事责任的承担上加以区别，而且即使是各首要分子之间、各积极参加者之间，在刑事责任的承担上也要有所区分。

（三）依法责众原则

众所周知，惩办与宽大相结合是我国的基本刑事政策之一，其核心内容就是：首恶必办，胁从不问；坦白从宽，抗拒从严；立功折罪，立大功受奖。① 鉴于该刑事政策中有些内容已经过时或不合法治精神，有学者将该政策进行了改造，称之为宽严相济的刑事政策。"宽"是指刑罚轻缓，"严"是指刑罚严格或严厉，"济"是指救济、协调与结合，即对于犯罪不但应当有宽有严，而且在宽与严之间还应当具有一定的平衡，使之互相衔接，形成良性互动，以避免宽严皆误的结果发生。② 笔者认为，二者虽然称谓不同，具体表述有别，但基本内容是相同的，即轻者该轻，重者该重，"轻轻重重"；基本精神也是一致的，即区别对待，宽严相济，分化瓦解，惩办少数，改造多数。

就涉众型犯罪而言，宽严相济的刑事政策落实到刑事司法层面时，主要体现为依法责众原则。依法责众原则的对立面，是法不责众。法不责众是民间俗语，很多人将其理解为对同一事件的违法行为进行否定性评价时，涉案人员越多就越难以处罚。法律工作者眼中的法不责众有两种含义：一是在适法与执法过程中，当某些群体

---

① 参见马克昌主编：《中国刑事政策学》，武汉大学出版社 1992 年版，第 98 页。

② 参见陈兴良：《宽严相济刑事政策研究》，载《法学杂志》2006 年第 1 期，第 20～22 页。

的行为违反法律规定时，由于人数众多难以惩戒，所以不适用或不执行既存有效的法律；二是在立法过程中，立法者所立之法的内容不能也不会与大多数人正常的行为发生冲突。可见，在社会实践当中，适法、执法与立法过程都存在法不责众的情况。① 我们认为，在立法层面，法不责众是可行的，有其一定的正当性；但在司法层面，却不能实行法不责众，否则将导致法律权威的丧失。在立法过程中，注意法不责众实际上是建立法治社会的一种必然选择。法治，实为良法之治。而所谓良法，则是指合乎事理之法，符合最广大人民利益之法。“法不察民之情而立之，则不成”，如果法律规定与绝大多数人最基本的利益相背离，失去内因的支撑，仅靠作为外因的国家强制力来保证实施，则最终将沦于被抛弃的命运。因此，在立法过程中，立法者应当充分考量绝大多数人的根本利益，尽量满足其获取正当利益的需求。同时，对于某些人类固有的习惯性行为、无意识的行为、恶性小的行为不以法律之名进行苛求，对于那些社会危害性不大的行为不管其实施者人数多少，都不动用最严厉的惩罚。在涉众型犯罪中，立法者将打击的对象集中于首要分子和其他积极参加者，对于一般参加者则不予追究刑事责任，实际上已经蕴含着法不责众的思想。对于司法者而言，关键则是正确理解法律，严格执行立法的规定，即坚持依法责众原则。这里的依法责众，具体来说有两个方面的含义：一是指法可以且应当责众，二是指法应当善于责众。如果司法者在执法过程中，又来一次“法不责众”，则法律的规则功能必然不复存在，立法目的也无从体现。可见，依法责众是构建法治社会的要求。法治，从动态来看，是一种以民主为前提和目标，以严格依法办事为核心，以制约权力为关键的社会管理机制、社会活动方式和社会秩序状态。法治是一种社会管理机制，是社会控制者通过法所进行的社会运作过程和社

---

① 参见盛舒弘：《“法不责众”的两面性探析》，载《广东广播电视大学学报》2011 年第 2 期，第 87 页。

会组织形式。在法治状态中，法是社会管理的根据和手段。因此，一切依法而断是法治的应有之义。在涉众型犯罪的处理过程中，由于涉案人员众多，不仅案件的参与者本人有一种“法不责众”的侥幸心理，就是执法者也容易产生一种“法不责众”的预断。面对这种棘手的案件，面对“法不责众”与“依法责众”的理念冲突，执法者更应秉持有法必依的信念，坚持严格按照刑法条文处理案件。当然，在涉众型案件的处理过程中，一定要注意妥善运用法律责众，坚持法律效果与社会效果的统一。换言之，执法者应当以一种发展的眼光、变化的态度来对待法律问题，在强调依法处理的同时，一定要关注其背后的社会冲突与矛盾并对问题作出回应，找到合理的解决方案。对于参加犯罪态度积极、扰乱公共秩序作用明显的首要分子、积极参加者，务必要根据刑法追究相应的刑事责任，绝不手软，绝不姑息养奸；对于主观恶性不大、跟风助势的一般参加者，也不能因其不配合调查或其他原因而将其升格认定为积极参加者，不当追究其刑事责任。

三、对涉众型犯罪主体适用刑罚的基本路径

（一）明确总则规定与分则规定的关系

我国刑法分则对涉众型犯罪进行了个别规定，因此，对于涉众型犯罪主体，直接适用刑法分则有关条文定罪量刑即可。不过，现行刑法对涉众型犯罪的规定比较复杂，因此需要根据具体情形来确定。从现行刑法规定来看，涉众型犯罪主要有以下三种情况：一是纯正涉众型犯罪。这属于必要共犯的一种。由于刑法分则对这种涉众型犯罪主体视首要分子还是积极参加者，分别配置了轻重不同的法定刑，因此，对首要分子和积极参加者分别适用相应的法定刑即可，不必再援引刑法总则关于共同犯罪的处罚规定，如对于刑法第290条规定的聚众扰乱社会秩序罪、聚众冲击国家机关罪中的首要分子和积极参加者，分别适用相应的法定刑即可。例如，范一某在汝城县人民医院做剖腹探查手术时，因肿瘤巨大，手术创面加大，

出现了大量渗血，经汝城县人民医院抢救无效死亡。被告人范某等人商量如何要求医院进行高额赔偿。商量好后，各被告人分头行动，有的用摩托车锁将汝城县人民医院门诊大楼及医院手术室的门锁上；有的在门诊大楼门前挂上白色横幅，摆了三个花圈，在门诊楼门前和手术室门口烧香、点蜡烛；有的买烟、水发给参与闹事的人，在门诊楼放鞭炮并在手术室的楼道和大门口撒纸钱；有的拿着录好“医生医死了人，出来见面”内容的话筒在医院大门口反复播放，并积极参与燃放鞭炮；有的阻止民警到手术室将范一某的尸体移至太平间。被告人范某等人的行为造成汝城县人民医院工作无法正常进行，数名病人转院。法院认定各被告人均构成聚众扰乱社会秩序罪，其中范某是首要分子，其他被告人是积极参加者，考虑到各被告人均有悔罪表现，因而均适用缓刑。① 我们认为，法院对各被告人在犯罪中的地位进行不同认定，并直接适用刑法分则相关规定，是正确的。二是不纯正涉众型犯罪。这属于任意共犯的一种。由于刑法分则对这种犯罪只规定首要分子要承担刑事责任，其他积极参加者不承担刑事责任。因此，当首要分子只有一人时，直接适用刑法分则规定的该罪名的法定刑即可。但是，如果首要分子是二人以上，则成立一种涉众型犯罪。对此，对各首要分子应当如何适用刑罚？对各首要分子除了适用刑法分则规定的相关罪名的刑罚外，是否还要适用刑法总则中关于共同犯罪的处罚规定？我们认为，在这种情况下，仍然适用刑法分则具体条文的规定而无须援引刑法总则关于共同犯罪的处罚规定，因为刑法只处罚首要分子但首要分子有数人的情况，刑法分则条文直接就将这几个主体的身份规定为首要分子，没必要再在这几个主体之间区分主从犯、胁从犯和教唆犯。因此，所有的聚众犯罪刑事责任的追究都适用刑法分则条文的规定。例如，刑法第 291 条规定的聚众扰乱公共场所秩序、交

---

① 参见湖南省汝城县人民法院刑事判决书（［2011］汝刑初字第 179 号）。

通秩序罪，适格的犯罪主体只有首要分子。如果首要分子只有一人，则直接适用刑法分则规定的法定刑即可；如果首要分子是数人，同样也直接适用刑法分则规定的法定刑。三是单独犯罪。这种犯罪从实际发案来看，多是涉众型犯罪，但从理论上看，也不排除单独犯罪的可能。因而，其实际上也属于任意共犯的一种。对于这种犯罪，如果犯罪主体只有一人，直接适用刑法分则规定的该罪名的法定刑；如果犯罪主体是数人，则首先要根据刑法分则规定的该罪名的法定刑确定裁量的“基本刑”，其次还要根据刑法总则关于共同犯罪的相关规定对基本刑进行二次量刑，调整各犯罪主体的刑罚种类和幅度。例如，刑法第 299 条规定的侮辱国旗、国徽罪，刑法未明确限定犯罪主体的数量。如果犯罪主体只有一人，则直接适用刑法分则规定的法定刑即可；如果犯罪主体是数人，则应当确定这数人是主犯还是从犯、胁从犯、教唆犯，然后在分则规定的法定刑幅度内，结合总则关于各共同犯罪人的处罚原则，确定各犯罪主体的刑罚分量。

（二）准确判定犯罪参加者的身份

在涉众型犯罪实施过程中，参与破坏扰乱公共秩序的主体人数众多，地位作用各不相同，而立法又规定只追究首要分子和其他积极参加者的刑事责任，因此，准确判断各个犯罪参与者在犯罪中的身份地位，即其是首要分子还是其他积极参加者还是一般参加者，对案件的处理极其重要。应当指出的是，这里的犯罪参加者的“身份”，不是通常所指的法律身份或自然身份，而是指根据各犯罪主体在实施犯罪过程中的行为表现和作用而认定的一种主体地位。因此，这种主体地位只能在犯罪过程中形成的，而不是在犯罪实施前就已经确定的。但是，对其的认定，则只能在犯罪实施完毕以后才能进行。

一般认为，涉众型犯罪的首要分子，是指在整个涉众型犯罪过程中起组织、策划和指挥作用的犯罪行为人，即组织犯；其他积极参加者，是指在实施犯罪过程中起主要作用的犯罪行为人，即主要的实行犯；一般参加者，是指在实施犯罪过程中起次要作用或辅助作用的犯罪行为人，即次要的实行犯和帮助犯。在司法认定时，要注意以下几点：

第一，各类犯罪主体的认定根据主要是其各自在犯罪过程中的分工和作用。通常首要分子是犯意的发起者、犯罪人的纠集者、犯罪计划的制定者、犯罪行为的指挥者；其他积极参加者则是直接实行破坏公共秩序的行为，且态度积极、作用明显的一类犯罪行为人；一般参加者则是基于从众、随大流心态参与犯罪实行行为的实施，且作用轻微的一类犯罪行为人。通常，在一个群体中总会有一个“头领式”的人物，这个群体的活动都受他的意志所影响，他是整个活动的核心人物，在群体性突发事件升级为突发性暴力涉众型犯罪后，则自然而然成为整个犯罪活动的领导者。这种“头领式”的人物就是涉众型犯罪的首要分子。除“头领式”人物外，其他犯罪者参与犯罪都是要将心中所积蓄的不安感和挫折感发泄出来，其目的主要是精神压力的发泄和物质需求的满足。在聚众的众人当中，包括对这种目的持不同态度热心和迫切的人，对于所持热心和迫切程度较低的人来说，他们在犯罪活动中的主观恶性一般不大，实行破坏行为不是特别卖力，对于整个犯罪后果所起的作用较小；而对于那些持热心和迫切程度较高的人来说，往往会对政府有关管理人员的阻拦、障碍持仇视态度，情绪失控，主观恶性较大，实行犯罪特别积极，对于整个犯罪后果所起的作用较大。通常，对于第一类人员，可以认定为一般参加者；对于第二类人员，可以认定为其他积极参加者。具体认定时，应当考虑行为人对犯罪目的的热心程度、犯罪手段是否特殊、犯罪态度是否坚决、犯罪行为是否重要、犯罪行为后果是否严重等，谨慎分析认定。

第二，要根据全案综合分析认定，而不能简单地以某一个要素为准。例如，不能简单地认为某一环节是实施犯罪所必需的，其实施主体就属于其他积极参加者。涉众型犯罪极具形态特色，案情相当复杂，即使是同样类型的行为，在不同的案件中所起的作用可能都不相同。又如，不能简单地认为多次参加者就是其他积极参加者。在涉众型犯罪实施过程中，一些犯罪参加者可能参与的次数多，但未必在每一次参与活动中起主要作用。因此，一定要把该犯罪参加者的作用放在具体每一次参与活动中来衡量，不能以次数多少作为认定其是否为其他积极参加者的依据。认为参与次数多就是其他积极参加者，这是司法实践中经常容易犯的错误。

第三，要实事求是地确定整个案件中首要分子和其他积极参加者的人数。有学者认为，“主犯是共同犯罪中的核心人物，没有主犯就不可能成立共同犯罪，只有主犯（须二人以上）没有从犯可以成立共同犯罪。但共同犯罪中不可能只有二个以上的从犯而无主犯，故不应任意扩大或缩小从犯的范围”。① 但是，也有观点认为，“主犯与从犯的划分目的是区分共同犯罪人在同一犯罪中的责任大小，以便对其处以适当的刑罚。主犯与从犯是相互依存的一对概念，必须同时出现，即有主犯必须有从犯，有从犯必须有主犯”。② 我们认为，在共同犯罪中是否一定要有主犯的存在，或者一定要有从犯的存在，不可一概而论。这是因为，主犯和从犯都是司法者根据各共同犯罪人在共同犯罪中所起的作用而作出的一种主观认定。如果司法者认为，根据现有证据只能证明正在被追诉的各共同犯罪人在共同犯罪中仅起次要作用，当然只能认定为从犯，而并非一定要找出一个主犯来。在共同犯罪中，有一类犯罪人是必不可少的，那就是实行犯。因为实行犯才是共同犯罪中的核心人物，如果没有实行犯的实行行为，则危害社会的结果就不会发生，组织犯、帮助犯、教唆犯等共犯行为对危害结果的发生均只有间接的助推作用。就涉众型犯罪而言，立法者明确只追究首要分子和其他积极参加者的责任。这里的首要分子一般是组织犯，其他积极参加者是主要的

---

① 张明楷著：《刑法学》（上），法律出版社 1997 年版，第 300 页。

② 董邦俊：《刑法中的主犯研究》，载《现代法学》2003 年第 5 期，第 50 页。

实行犯，因此，这两类人员都属于主犯的范畴。可见，从司法认定的角度来看，在涉众型犯罪中，是可能只有主犯而没有从犯的（一般不是事实上没有，而是司法不予追究、不予认定）。就首要分子和其他积极参加者而言，其数量也是不固定的，在具体案件认定中，完全可能存在以下情形：全案有一个以上首要分子、一个以上其他积极参加者；全案有两个以上首要分子，但没有其他积极参加者；全案没有首要分子，但有两个以上的积极参加者。不管哪种情况，均只需要根据刑法分则规定的相应的法定刑来处理，而无须考虑刑法总则关于主犯、从犯、胁从犯、教唆犯的划分及处罚规定。在许多情况下，在司法实践中区分主犯、从犯是相当困难的，特别是在涉众型犯罪中，这或许是立法者在刑法分则中专门规定必要共犯的原因。正如有学者指出的，“在有的案件中，二三个人参加实施共同犯罪，其情况不相上下，难分主从犯的，不必勉强划分，可以根据他们各自的具体罪行的事实、情节和社会危害程度，以及个人的具体情况，依法判处适当的刑罚”。①

第四，要以辩证发展观认定各共同犯罪人的身份。任何犯罪都是一个动态发展的过程，而聚众犯罪在行为发生过程中具有更大的变化性和复杂性，行为人随着聚众犯罪的进行而发生身份上的转变，在聚众犯罪的各主体中可能会存在因作用的不同而导致的身份上的相互转化或相互包容的情况，如本来是聚众犯罪的“首要分子”，在聚众犯罪的实施过程中，因为所起到的作用逐渐减少而变为“积极参加者”或者“其他参加者”，更甚至退出整个犯罪活动。在出现这种转变的时候，我们应当根据案件的具体情况，实事求是地分析行为人的刑事责任。对于聚众行为的首要分子由重度行为向直接实施行为等轻度行为转变的时候，应当以重度行为吸收轻度行为，但是对于主观恶性变小导致的行为由重度变为轻度的事实，应当纳入量刑的考虑之中。而对于“积极参加者”、“其他参

---

① 林准著：《中国刑法教程》，人民法院出版社 1989 年版，第 121 页。

加者”等在聚众犯罪实施过程中表现积极踊跃，实施了组织、策划、指挥聚众犯罪的重度行为，因为其主观恶性和客观危害性的增加，应当以后面实施的重度行为定罪量刑。① 在涉众型犯罪实施过程中，犯罪主体这种参与犯罪态度和地位作用的变化也是经常发生的。另外，在一些突发性暴力涉众型犯罪中，犯罪的参考者往往是在特定因素的瞬间诱发下因产生强烈的不安感和挫折感而参加犯罪实施的，往往没有明显的纠集者、领导者，或者说原先组织者的作用不是很明显，而且其本人也积极参与犯罪实行行为的实施，成为主要的实行犯。在这种情况下，可以将这类人员也认定为其他积极参加者。

（三）注意实行过限问题——群体转还是责任人转

在涉众型犯罪实施过程中，由于在绝大多数情形下会伴有暴力因素，因而不仅会造成破坏公共秩序的危害后果，而且还经常会造成人员伤亡或者公私财产重大损失的严重后果。对此，要按照转化犯的原理对案件作出正确的处理。但是，在按照转化犯处理时，有一个问题需要明确：对于涉众型犯罪的参与者，是群体转（全案转）还是责任人转（部分转），即是所有涉众型犯罪的行为主体都要按照转化后的犯罪处理，还是仅仅直接实施转化行为的犯罪主体按照转化后的犯罪处理？这实际上涉及刑法中的实行过限问题。

在聚众打砸抢过程中，毁坏或者抢走财物的直接行为人可能不是首要分子，但刑法规定只能由首要分子对此负担抢劫罪的刑事责任。既然对造成财产损失的首要分子已经按照转化的抢劫罪处理，那么其他参与者是否不再负刑事责任？我们认为，答案应当是肯定的，因为刑法明文规定只有“首要分子”可以转。根据罪刑法定原则，只能追究首要分子转化罪的刑事责任。对于聚众打砸抢致人伤残、死亡或者聚众斗殴致人重伤、死亡的，刑法规定转化为故意

---

① 参见李宇先：《聚众犯罪主体浅议》，载《人民法院报》2003 年 11 月 17 日第 9 版。

杀人、故意伤害罪，但没有明示由谁来承担刑事责任，是否该转化犯的主体只能是直接导致伤亡结果的行为人，而未实施致死、致伤行为的首要分子和其他积极参加者对此不负刑事责任呢？对此，刑法理论界有“全案转化”和“部分转化”两种不同的观点。全案转化说认为，所有参加聚众犯罪的人员均应对他人的伤亡后果负责，故应全案转化为故意杀人或故意伤害罪。持该观点的学者认为，如果仅将直接实施伤害、杀害行为的犯罪成员以转化犯对待，而对其他共同犯罪人仍以聚众斗殴罪处罚，无异于承认行为人具有不同的犯罪故意，进而否认了聚众斗殴的共同犯罪性质。因而，无论是根据立法意图还是根据法理，都应当将全体共同犯罪人以转化犯对待，以转化后的犯罪进行处罚。[①] 部分转化说认为，在聚众斗殴中，部分成员或其中某个成员实施了超出全体成员故意范围的犯罪行为，致人重伤、死亡的，应当坚持罪责自负的原则，由具体实施行为的人承担故意杀人罪或故意伤害罪的刑事责任，仅将直接实施加害行为人转化定罪。[②]

我们认为，对于涉众型犯罪中的转化犯问题，应当按照实行过限的理论予以解决。实行过限，又称实行犯过限，是指在共同犯罪过程中，实行犯故意或过失地实施了超出共同故意范围的犯罪的一种犯罪行为。[③] 共同犯罪贯彻的是“部分行为全体责任原则”。实行犯的行为只要在总的犯罪意图约定的范围内，为其他犯罪人所预见或认同，是实现整个共同犯罪所必需的，则是共同犯罪行为，全体犯罪人都要对该行为的性质和后果负责。但是，实行犯的过限行

---

① 参见周少华：《现行刑法中的转化犯之立法探讨》，载《法律科学》2000 年第 5 期。

② 参见黄曙：《聚众斗殴罪的认定》，载《中国刑事法杂志》1998 年第 6 期。

③ 参见梁剑、叶良芳：《实行犯过限行为研究》，载《中共中央党校学报》2004 年第 1 期。

为若超出了共同犯罪人约定的范围，则属于其个人行为，理应由其个人承担责任。换言之，在共同犯罪中，行为人原则上只有在对某一危害结果具有罪过的情况下才可以要其承担刑事责任，而实行过限行为超出了共同故意的范畴，因而应当由实施该行为的实行犯对其承担刑事责任，其他共同犯罪人对此不负刑事责任。在涉众型犯罪过程中，对于其他积极者所实施的致人伤亡、公私财产重大损失等超出共同犯意的危害结果，应当由该积极实施者承担相应的刑事责任，首要分子和未参与实施致人伤亡、财产损失结果的其他积极参加者对此不负刑事责任。

涉众型犯罪的积极参加者所实施的行为，如果在共同约定的意志范围之内，则是共同犯罪行为；超出约定范围的，则属于过限行为。因此，明确共同犯罪故意的内涵对判断行为是过限行为还是共同犯罪行为非常关键。共同犯意必须形成于实行行为实施之前或实行中，不可能形成于实行行为实施完毕之后。因此，事后同意不能形成共同犯意。但是，实践中发生的共同犯罪是非常复杂的，在许多情况下故意的内涵并非十分确定的，需要根据不同情形个别认定：第一种是确定故意。共同犯罪人对犯罪的种类、犯罪的对象、犯罪的手段、犯罪的时机等有明确的意思表示，内容明确具体，含义十分严密，意思表示完全一致。在这种情况下，实行犯实施的行为如果完全在约定的范围内，则属于共同犯罪行为，全体成员均应对其承担责任。如果实行犯的行为超出了上述范围，与共同意思的表示不一致，则超出的部分应属于过限行为，由实行犯个人独自承担责任；未超出部分，则由全体成员负责。在这种情况下，首要分子和其他积极参加者的故意内容相当明确、具体，因而可以比较容易划定共同谋划的涉众型犯罪的范围，进而准确判断其他积极参加者所实施的行为是否属于共同谋划的犯罪范围之内。

第二种是概括故意。共同犯罪人只对实施犯罪行为有约定，但具体的侵害对象、结果等内容不明确。常见的用语有“收拾一顿”、“教训一下”、“给点颜色看看”、“整整”、“帮忙摆平”等。

这些言语内涵和外延非常模糊，在不同的情境下，在不同个体素质的人听来，可能会产生严重的歧义。但根据具体的情境和约定、共同犯罪人的品行及彼此之间的关系、共同犯罪人与被害人的关系、纠纷的成因和性质等，一个大致的故意内容的范围还是可能确定的。只要实行犯的行为属于约定的犯罪，只要犯罪结果在约定的故意范围的最低限（如轻伤）与最高限（如死亡）之间，则仍然属于共同犯罪行为。至于对象的多寡、结果的轻重，均不影响共同犯罪行为的认定。在这种情形下，涉众型犯罪的首要分子和其他积极参加者的共同犯罪故意，需要认真甄别。通常首要分子在涉众型犯罪中所实施的组织、策划、指挥行为，不但直接影响着其他积极参加者的主观意志和行为，也与整个犯罪行为的危害后果存在因果关系，其应对组织、策划、指挥的全部犯罪行为的后果负责。但是，如果首要分子明确禁止携带致命工具，反对参加者在犯罪中有过激行为，排斥人员伤亡后果的发生，则某个积极参加者所实施的致人伤亡后果的行为，便超出共同犯罪的故意，属于实行过限行为，应由该行为的实施者本人负责。

第三种是转移故意。共同犯罪人事先对其犯罪行为有个约定，后来因种种情况，故意的内容发生了新的变化，而对新的内容各共同犯罪人均予以同意。在此情况下，实行犯的行为虽然超出了原先约定的共同约定的犯罪的范围，但为全体犯罪人所认同，故仍应由全体成员负责。在涉众型犯罪实施过程中，这种犯罪转化是比较常见的，有的是具体实施危害行为的其他积极参加者发生变化，有的是首要分子和其他积极参加者都发生了变化，都具有致人伤亡的故意内容。在这种情形下，应对特定的积极参加者或全案犯罪人按照转化后的犯罪定罪处罚。

第四种是突发故意。共同犯罪人事先对其犯罪行为有个约定，但在实行犯罪的过程中，实行犯又临时产生了新的故意。对新的故意的内容，如果全体成员予以认可的，则在此故意支配下实施的行为应由全体成员负责；反之，如果这种故意内容并未被其他共同犯罪人认可，而只是实行犯个人所产生，则在此故意支配上实施的行为应是过限行为，由其负个人责任。在涉众型犯罪过程中，这种突发故意也比较常见。如果某个积极参加者受现场情绪感染和激发，突然改变犯罪意图，实施了致人伤亡的危害行为，造成他人伤亡的结果，如果其他积极参加者对此认同，也积极实施相应的危害行为，或者在犯罪现场指挥的首要分子也认同助威指示的，则首要分子和其他积极参加者都要按照转化后的犯罪处理；反之，如果首要分子和其他积极参加者对此不知情、不认同，甚至予以抵制的，则仅对实施具体危害行为的特定积极参加者按照转化后的犯罪处理。

四、网络涉众型犯罪的特殊问题

当今世界，是一个网络的世界。由于推特、脸书、微博等网络信息交流平台的出现，使信息的传播以前所未有的速度进行。涉众型犯罪根源于群体性事件，而“群体性事件影响的大小取决于参与其中的成员数量的多少”。[①] 网络是虚拟的社会，参与者来源于不同地区、不同背景，但是他们能在某一事件中，以最快的速度凝聚在一起，形成一股强有力的势力。除了意见领袖的号召外，还因为网络使群体的盲目从众心理、法不责众心理和追求刺激新奇心理得到极大的放大，从而会在短时间内聚集到无数多的人。

网络涉众型犯罪给司法实践带来的一大难题是，责任主体明确之困境。在网络信息传播导致涉众暴力事件发展不断升级的过程中，网民可能是一次性参与，也可能是阶段性参与，亦可能是全程性参与。许多网民是根据浏览其他网民的评论继而发表自己的见解，在庞大的网民群体互动中，几乎每个人都受他人的影响并影响着他人，可能一个人稍具情绪或批判性的发言，便能很快得到其他网民的认同和响应，并不断将评论意见夸张化，逐渐走向“群体

① 祝秦：《浅析群体心理——读勒庞〈乌合之众〉》，载《企业导报》2010 年第 1 期。

极化”。[1] 可以说，每一个参与评论的网民都在网络涉众暴力形成的过程中发挥了一定的“组织、策划、纠集”作用，每一个人都是群体极化的作用要素，是网络涉众暴力的责任主体，因此，在网络涉众暴力事件中，责任主体很难明确。以 2011 年的伦敦骚乱为例，事件的导火索是那些煽动性的、歪曲事实的推特微博的传播。据英国通信监管机构统计显示，不满 20 岁的英国青少年中，拥有黑莓手机者竟占 37%。在此次伦敦骚乱中，“黑莓通讯网”（BBM）充分发挥了廉价快速“串联”工具的作用，在极短时间里将诸如“警察不公”、“警察施暴”、“街上出事了快来”，甚至“××处有不花钱就能拿的新潮球鞋，放心，没警察”之类极富刺激和煽动性的信息到处传播，让不少懵懂莽撞、事发前或许根本不知道马克·杜根（伦敦托特纳姆区居民，他于 2011 年 8 月 6 日被警方在跟踪追捕中射杀，是事件的导火索）为何许人的青少年，在从众心理、宣泄不满的快意和法不责众的“打酱油”心态下，阴差阳错地成为骚乱的一分子，并为骚乱的蔓延火中添柴。[2] 在这种情形下，要分清谁是聚众“打砸抢烧”的首要分子、谁是积极参加者、谁是一般参加者，是相当困难的。网络涉众型犯罪的特点是，由一人或者几人倡议或者创造条件，其余人自愿加入并在犯罪过程中自由协作进行集体形式的犯罪。网络涉众型犯罪不同于一般的共同犯罪，后者各共同犯罪人通常有明确的意思交流，并以犯罪意思内容作为实施犯罪的范围。“而在社会意识、文化多元化和互联网应用极普遍的社会环境中，相同社会亚文化群体能够通过互联

---

① “群体极化”是美国当代法哲学家凯斯·桑斯坦教授提出的，他认为群体极化就是团体成员一开始即有某些偏向，在商议之后人们朝偏向的方向继续移动，最终形成极端的观点。参见［美］凯斯·桑斯坦著：《网络共和国——网络社会中的民主问题》，黄维明译，上海出版集团 2003 年版，第 98 页。

② 参见李海：《新武器点燃伦敦骚乱》，载《时事报告》2011 年第 9 期，第 56 页。

网进行互不相识、对象不特定的意思沟通，形成基本一致的共同看法并倾向于采取一致的行动。”① 总之，在网络环境下，即使各犯罪人之间没有一定程度的组织结构，没有确定的意思沟通，但只要具有相同的意识和能力状况，便也可以实施具有共同犯罪特征的集体犯罪活动。对于这种网络涉众型犯罪，在认定时应当特别注意：第一，共同犯罪的意思联络不仅有双向的，而且也有单向的。对于一方的提议，不确定的另一方接受的，也应认定存在共同犯罪的意思联络。第二，共同犯罪的犯意内容可以是确定的，也可以是概括的。对于一方的提议内容，即使不是特别明确，但只要大致能够确定其内容，在其涵盖范围内的行为，都可以认定为属于共犯行为。第三，涉众型犯罪的主体并非一定存在首要分子。对于难以确定明确的领导者，或者虽能确定首倡者，但其犯意不明显、不坚定的，则并非一定要找出一个首要分子。在这种情况下，可以将其他参加犯罪特别卖力的主体认定为积极参加者，并根据刑法有关规定定罪处罚。

第二节　涉众型犯罪量刑情节研究

刑法第 61 条规定：“对于犯罪分子决定刑罚的时候，应当根据犯罪的事实、犯罪的性质、情节和对于社会的危害程度，依照本法的有关规定判处。”根据这一规定，在对涉众型犯罪裁量刑罚时，既要考虑累犯、自首、立功等法定量刑情节，也要考虑事件的起因、犯罪行为中的表现等酌定量刑情节。

① 皮勇：《论网络“聚众”性犯罪及其刑事立法》，载《人民检察》2004 年第 2 期，第 22 页。

一、涉众型罪犯的累犯

（一）累犯的类型和成立条件

根据刑法第65条、第66条的规定，累犯分为普通累犯和特别累犯两种。所谓普通累犯，是指因故意犯罪被判处有期徒刑以上刑罚并在刑罚执行完毕或者赦免以后，在5年内再犯应当判处有期徒刑以上刑罚之故意犯罪的犯罪人。普通累犯的构成条件是：一是罪质条件，即前罪与后者都必须是故意犯罪；二是刑度条件，即前罪被判处有期徒刑以上刑罚，后罪应当被判处有期徒刑以上刑罚；三是时间条件，即后罪发生在前罪的刑罚执行完毕或者赦免以后5年之内；四是主体条件，即犯罪主体在实施犯罪的时候应当已满18周岁。所谓特别累犯，是指犯危害国家安全罪、恐怖活动犯罪、黑社会性质的组织犯罪受过刑罚处罚，在刑罚执行完毕或者赦免以后，在任何时候再犯危害国家安全罪、恐怖活动犯罪或者黑社会性质的组织犯罪的犯罪分子。与普通累犯相比，除犯罪主体年龄条件外，特别累犯在构成条件上都有一些重大变化，具体为：一是罪质条件，即前罪和后罪都必须是危害国家安全罪、恐怖活动犯罪或者黑社会性质的组织犯罪；二是刑度条件，即前罪和后罪都应当判处刑罚，至于前罪被判处的刑罚和后罪应当判处的刑罚的种类及其轻重则不受限制；三是时间条件，即后罪必须发生在前罪的刑罚执行完毕或者赦免以后，至于前后两罪的时间间隔长短则不受限制。

涉众型犯罪不属于危害国家安全犯罪、恐怖活动犯罪以及黑社会性质的组织犯罪，但都属于故意犯罪，且配置的刑罚种类中均有有期徒刑刑罚。因此，犯涉众型犯罪的犯罪分子，虽然不可能构成特别累犯，却完全有可能构成普通累犯。一旦认定涉众型犯罪分子构成普通累犯，按照刑法的规定，对其应当从重处罚，且不得适用缓刑、假释，特殊情况下人民法院对被判处死刑缓期执行的累犯还可以限制减刑。

（二）涉众型犯罪累犯的认定

在认定涉众型犯罪的累犯时，应当注意以下几种特别情况：

1. 关于涉众型犯罪累犯主体的年龄问题

在实践中，涉众型犯罪的参加主体有许多是未成年人，他们由于身心正处于发展时期，情绪容易激动，自我控制能力比较弱，因而往往是涉众型犯罪的积极参加者。那么，在这些人存在前科的情况下，是否可以构成累犯呢？确切地说，这个问题可以细分为两个问题：第一，涉众型犯罪累犯的主体是否必须一律已满 18 周岁；第二，行为人在实施前罪的时候是否也应当已满 18 周岁。对此，有观点认为，从实质层面分析，主观恶性、人身危险性都不是累犯的本质特征，累犯的本质在于行为人的自由刑钝感。因此，累犯前提条件的重心是受刑的经历，累犯并不关心前罪的罪责类型与主体年龄。作为过失犯罪或未成年人犯罪结果的刑罚执行，也可以作为累犯的前提。① 按照这一观点，涉众型犯罪的行为人在实施前罪时不满 18 周岁或者在实施后罪时不满 18 周岁，均不影响累犯的成立。我们认为，这一观点与立法完全背离，是极其错误的。累犯的本质，在于其人格体中恶性的存续，这种恶性集中体现在犯罪故意之中，因而累犯原则上应排除过失犯罪分子。而对累犯的从重处罚，根本在于行为人具有一种对刑罚的抗体，因而应当增加比一般人更多的刑罚分量。未成年人基于其可塑性强的特点，出于感化和挽救的目的，根据教育为主、惩罚为辅的原则，亦不应成为刑罚规制的重点对象，因而也被排除在累犯的范畴之外。如果涉众型犯罪的行为人在实施前罪时不满 18 周岁，或者在实施后罪时不满 18 周岁，都不能认定为累犯。

具体在认定“不满 18 周岁的人犯罪”时，有以下三种情形需要特别注意：一是同一犯罪行为的实施时间跨越 18 周岁届满日期

---

① 参见陈金林：《累犯的前提条件：犯罪还是刑罚?》，载《法律科学》2011 年第 4 期，第 109 页。

的，能否认定为犯罪时不满 18 周岁？这主要是在一些继续犯、接续犯、连续犯的场合。我们认为，在这种情形下，原则上应当认定行为人在实施犯罪行为时已满 18 周岁。因为行为人实施这些犯罪行为时，其心智处于由未成熟向成熟的转化过程，而连续犯、继续犯等犯罪行为的持续，需要行为人一直以其实施犯罪行为的决意为必要。如果没有行为人实施犯罪行为决意的持续，犯罪行为也不可能持续。在行为人心智成熟后，依然决意保持犯罪行为的持续，则其可宽恕性已经消失，当然不能按照不满 18 周岁对待。不过，在特殊情形下，如造成危害结果发生的行为主要是在不满 18 周岁前实施的，或者行为人在已满 18 周岁以后实施的不法行为持续的时间十分短暂的，仍然可以按照不满 18 周岁对待。二是行为人在 18 周岁前后多次实施触犯同一罪名的数个行为，应否认定为犯罪时不满 18 周岁？这个问题实际上牵涉刑法中的多次犯问题，如根据刑法规定，多次盗窃的，成立盗窃罪。参照有关的司法解释，这里的多次盗窃是指一年之内入室盗窃或者在公共场所扒窃三次以上的。如果行为人每一次盗窃行为都构成盗窃罪，则其已满 18 周岁后实施的盗窃行为当然可以作为累犯的前提条件，即可以认定为行为人实施盗窃罪时已满 18 周岁；如果行为人每一次行为并不单独构成盗窃罪，需要综合评价整体行为，才可以认定为盗窃罪，则不得将行为人在已满 18 周岁后实施的盗窃行为作为累犯的前提条件，即应当认为行为人实施犯罪时未满 18 周岁。三是“不满 18 周岁的人犯罪”是以犯罪行为实施时行为人的年龄为依据，还是以犯罪结果发生时行为人的年龄为依据？除即成犯外，刑法中许多犯罪的危害行为实施时间和危害结果发生时间往往不具有同步性，存在一定的时间间隔。那么，是以危害行为实施时间还是危害结果发生时间作为认定行为人实施犯罪时的年龄标准呢？对此，有观点认为，应当理解为犯罪行为实施之时，而不能将犯罪结果发生的时间作为认定依据。因为犯罪行为实施完毕之后，如果犯罪结果何时发生并不取决于行为人的行为，则不能将该结果的发生作为判断行为人行为法律价值的依据。[①] 我们认为，这一观点是合理的，值得借鉴。

2. 关于涉众型再犯的问题

再犯，是指故意犯某一类型的犯罪，在刑罚执行完毕或者赦免以后，又故意实施特定类型犯罪的情形。我国刑法仅规定了毒品再犯制度。刑法第 356 条规定："因走私、贩卖、运输、制造、非法持有毒品罪被判过刑，又犯本节规定之罪的，从重处罚。"再犯制度有点类似于特别累犯制度，但在前罪的成立范围上略为狭窄。毒品再犯设立的主要立法理由是，毒品犯罪不仅易发、多发，而且毒品罪犯具有较强的犯罪恶习，屡罚屡犯，因而有必要予以从重处罚。与毒品犯罪相比，涉众型犯罪也有多发的态势，特别是在社会转型时期，基于各种社会矛盾聚集而酿成的群体性事件更是层出不穷。对此，是否有必要也设立涉众型犯罪的再犯制度呢？对此，我们持否定态度。首先，再犯制度与特别累犯制度存在一定的交叉和竞合之处，增加规定再犯制度，会给法条适用带来更多的困难。其次，更重要的是，群体性事件的发生，原因是相当多的，惩治涉众型犯罪关键在于合理地疏导社会不满情绪，防患于未然，而不能一味采取高压政策。否则，非但不能起到应有的防治效果，反而会导致事态的进一步恶化。

二、涉众型犯罪的自首

（一）自首的类型和成立条件

根据刑法第 67 条的规定，自首分为普通自首和特别自首两种。所谓普通自首，是指犯罪分子犯罪以后自动投案，如实供述自己罪行的行为。成立普通自首，应当具备以下条件：一是自动投案，这是前提条件。所谓自动投案，是指犯罪分子在犯罪后，在未受到讯问、未被施以强制措施之前，出于本人的意愿而向有关机关或个人

① 参见王飞跃：《累犯成立条件中的若干问题研究》，载《政治与法律》2011 年第 6 期，第 90 页。

承认自己实施了犯罪，并自愿置于有关机关或个人的控制之下，等待进一步交代犯罪事实的行为。二是如实供述自己的罪行，这是核心条件。所谓如实供述自己的罪行，是指犯罪嫌疑人自动投案后，如实交代自己的主要犯罪事实。所谓特别自首，是指被采取强制措施的犯罪嫌疑人、被告人和正在服刑的罪犯，如实供述司法机关还未掌握的本人其他罪行。要成立特别自首，应当具备以下条件：一是主体条件，即必须是被采取强制措施的犯罪嫌疑人、被告人和正在服刑的罪犯；二是实质条件，即必须如实供述司法机关还未掌握的本人其他罪行。根据刑法第 67 条的规定，对于自首的犯罪分子，可以从轻或者减轻处罚。其中，犯罪较轻的，可以免除处罚。

涉众型犯罪的犯罪分子在实施犯罪以后，既可能自动投案，如实供述自己的罪行，也可能在被司法机关合法控制以后，如实供述司法机关尚未掌握的本人其他罪行，因而既可能成立普通自首，也可能成立特别自首。

(二) 涉众型犯罪自首的认定

涉众型犯罪自首的认定较为复杂，在司法实践中应当注意以下情形：

1. 关于自动投案的认定

涉众型犯罪的行为主体，在实施犯罪以后，本人不是非常积极主动地投案的，能否认定为自动投案？在实践中，主要表现为以下两种：一是犯罪后知道他人报警而在现场等候抓捕的行为能否认定为自首？对此，有肯定论和否认论两种不同的意见。肯定论认为，行为人明知他人报警而未离开现场，警察到来后即主动承认犯罪事实，可以视为自动投案，应认定为自首。否认论认为，行为人既没有主动、直接向公安机关投案，也没有委托他人代为投案，故不构成自首。我们认为，对于这种情形，应当认定为自首。首先，行为人在实施犯罪之后可以逃跑的前提下，却选择停留在犯罪现场，坐等警方抓捕，说明其主观上有自动投案的意愿；其次，行为人在警方到来之后没有抗拒抓捕，而且主动交代犯罪事实，说明其有自动投案的行为。行为人在作案之后虽然没有亲自报警，但在明知他人报案、留在犯罪现场肯定会被抓获的情形下，仍然等候警方处理，表明其有主动、自愿将自己交付法律制裁的意图，具有归案的自动性。在此前提下，又能在警方到来后如实供述犯罪事实，具备了自首的实质条件，应当认定为自首。当然，如果犯罪嫌疑人系因受伤、醉酒、被群众包围等客观因素而未能逃跑，或者滞留现场是寻找作案机会、继续作案而非等待抓捕，则自然不能认定为自动投案。2010 年 12 月 27 日最高人民法院印发的《关于处理自首和立功若干具体问题的意见》（以下简称《意见》）第 1 条增加了“明知他人报案而在现场等待，抓捕时无拒捕行为，供认犯罪事实的”作为自动投案的一种情形，这是值得肯定的。

二是犯罪后行为人不是非常情愿投案，但在亲友陪同下甚至捆绑下归案的，能否认定为自首？对此，不少人认为，行为人既然主观上没有自动投案的意愿，客观上也没有明显的自动投案的行为，当然不能认定为自动投案，不能认定为自首。根据《意见》的规定，“犯罪嫌疑人被亲友采用捆绑等手段送到司法机关，或者在亲友带领侦查人员前来抓捕时无拒捕行为，并如实供认犯罪事实的，虽然不能认定为自动投案，但可以参照法律对自首的有关规定酌情从轻处罚。”对此，《意见》的制作者解释认为，犯罪嫌疑人被亲友采用捆绑等手段送到司法机关，或者在不明知的情况下被亲友带领侦查人员前来抓获的，由于嫌疑人并无投案的主动性和自愿性，完全是被动归案，将此认定为自动投案，既不符合自首的本质特征，也违背了主客观相统一的刑法原则，而且破坏了人们对于自首的一般理念。因此，上述情形不宜认定为自动投案。① 我们认为，这种观点值得商榷。自首的实质条件应当是如实供述犯罪事实，自动归案仅是其形式条件。只要犯罪嫌疑人能够如实供述犯罪事实

① 参见周峰、薛淑兰、孟伟：《〈关于处理自首和立功若干问题的意见〉的理解与适用》，载《人民司法·应用》2011 年第 3 期，第 24 页。

的，一般表明其具有悔罪态度，又节约了司法资源，所以作为前提条件的自动投案可以在认定上适当放宽标准，而将重点放在实质条件上，只要犯罪嫌疑人归案之后能够如实供述的，且其供述并非是因为司法机关的强制行为所致，都可以认定为自首。“犯罪之后罪犯多有告知亲友或者被亲友知晓，亲友是规劝投案，还是听之任之，甚至资助逃避对案件的结局影响很大。罪犯对亲友的选择，可能是积极响应，可能是默认，也可能是反对却无可奈何。法律要引导亲友的行为，满足亲友的诉求，必须在主动性上做‘适度的’让步。”① 在认定涉众型犯罪自首时，对于亲友介入型非典型性自首，更有必要放宽自动投案的要求，在一定程度上降低自首的认定标准，以敦促犯罪嫌疑人作案后作出积极的选择，及时到案并主动交代罪行，以及分化瓦解共同犯罪人，及时破案结案，减少司法机关的资源投入，尽早恢复社会秩序。例如，由于吉首地区非法集资企业资金链断裂，无法兑付本息，引发集资户恐慌。自 2008 年 9 月 3 日，众多集资户开始围堵湘西州政府，次日将吉首火车站的铁路堵塞。被告人石某、石某某等人跟随游行人群亦行至聚集点。被告人李某某得知有人在铁路上聚集，遂从州农资公司仓库赶至现场参与其中。在焦枝线吉首至湘泉区间 K1089 + 500m 铁路路段聚集后，被告人唐某某敲锣，李某某带头起哄、喊口号，形成聚集人员与站成防暴队列的执勤武警的对峙。被告人黄某某及被告人石某某、张某、罗某、石某、龙某等一二十余人向执勤武警投掷石头（铁路枕木基石），后因执勤武警施用催泪瓦斯，才将石某某等人及聚集人员驱散。此次聚众事件，造成执勤武警 10 余人受伤、10 块盾牌被打烂、焦枝铁路交通中断 1 小时 13 分的危害后果。另查明，2008 年 9 月 28 日 21 时许，吉首市公安局红旗门派出所民警前

① 徐安住：《自首制度疑难问题的司法认定——基于〈刑事审判参考〉28 个示范案例的实证分析》，载《湖南大学学报》（社会科学版）2012 年第 1 期，第 151 页。

往乾州苗圃宿舍抓捕犯罪嫌疑人龙某。当行至苗圃宿舍附近时，正遇龙某在其父陪同下欲去吉首市公安局投案。龙某看到民警后，主动说明情况并同公安民警到红旗门派出所归案。2008年9月26日22时许，吉首市公安局峒河派出所民警在吉首“大地飞歌”娱乐城下面的“布拉宫”网吧进行清查时，发现石某某、张某与“9·25”案件有嫌疑，遂将其带回派出所询问，二人分别交代了自己参与9月25日在吉首火车站货场闹事、向武警打石头的事实。2008年9月29日11时许，被告人罗某主动到吉首市公安局红旗门派出所投案。被告人唐某某患有中度精神发育迟滞，系限定刑事责任能力人。在审判过程中，法院认定父亲陪同下归案的龙某、从网吧带回的石某某与张某以及主动到公安局投案的罗某均系自首，依法可以从轻或减轻处罚。一审法院判决被告人石某犯聚众扰乱社会秩序罪，判处有期徒刑2年；被告人黄某某犯聚众扰乱社会秩序罪，判处有期徒刑2年；被告人李某某犯聚众扰乱社会秩序罪，判处有期徒刑2年；被告人罗某犯聚众扰乱社会秩序罪，判处有期徒刑8个月；被告人龙某犯聚众扰乱社会秩序罪，判处有期徒刑8个月；被告人唐某某犯非法集会、游行、示威罪，判处管制2年；被告人石某某犯聚众扰乱社会秩序罪，判处管制1年6个月；被告人张某犯聚众扰乱社会秩序罪，判处管制1年6个月。二审法院维持原判。[①] 我们认为，法院认定在父亲陪同下主动投案的龙某系自首是正确的。龙某虽有亲友陪同，但本身也有投案的主动性与自愿性，并且能在见到民警后主动说明情况，从实质上讲满足了自首的条件，应当认定其为自首。

2. 关于主要犯罪事实的认定

无论是普通自首还是特别自首，成立的关键条件是如实供述犯罪事实。根据1998年最高人民法院发布的《关于处理自首和立功

---

① 参见湖南省湘西土家族苗族自治州中级人民法院刑事裁定书（［2009］州刑一终字第41号）。

具体应用法律若干问题的解释》（以下简称《解释》）的相关规定，所谓“如实供述自己的罪行”，是指犯罪嫌疑人自动投案后，如实交代自己的主要犯罪事实。主要犯罪事实首先包括定罪事实，而对于量刑事实，则应区分已如实供述与未如实供述部分的严重程度，决定是否认定为如实供述自己的主要犯罪事实。例如，被告人周某某因其司机王某某与2331省道收费站工作人员夏某发生纠纷一事，纠集20余人围堵收费站，并纠集多辆拉沙货车堵塞了收费站，致使道路无法通行长达数小时，部分肇事人员损坏了收费站部分设施，造成经济损失3000余元，案发后被告人周某某于2004年5月31日到公安机关投案。在审判中，检察机关指控周某某虽然在事发后于2004年5月31日上午向公安机关报案，但仅供述王某给其打电话让其去处理此事，未供述纠集他人堵塞收费站长达4小时的犯罪事实，因而不认定其为自首。法院综合本案证据及关于自首的司法解释，认定周某某构成自首，对于周某某自动投案没有异议，关键是其是否属于如实供述。周某某在公安机关的供述中已经供认：接王某打来的电话后就带人赶到了夏某的收费站，并说过“把路堵了”的话，供述了其参与堵塞交通的基本事实；在庭审过程中，其又如实供述了公诉机关指控其纠集并指挥他人堵塞收费站的事实。根据《解释》的规定，犯罪嫌疑人自动投案并如实供述自己的罪行后又翻供的，不能认定为自首，但在一审判决前又能如实供述的，应当认定为自首。因此，法院最终认定周某某成立自首，判决认定周某某构成聚众扰乱交通秩序罪，判处有期徒刑2年，宣告缓刑2年。[①] 根据《意见》第2条第2款的规定，犯罪嫌疑人多次实施同种罪行的，应当综合考虑已交代的犯罪事实与未交代的犯罪事实的危害程度，决定是否认定为如实供述主要犯罪事实。虽然投案后没有交代全部犯罪事实，但如实交代的犯罪情节重

① 参见山东省泰安市岱岳区人民法院刑事判决书（［2004］刑初字第78号）。

于未交代的犯罪情节，或者如实交代的犯罪数额多于未交代的犯罪数额，一般应认定为如实供述自己的主要犯罪事实。无法区分已交代的与未交代的犯罪情节的严重程度，或者已交代的犯罪数额与未交代的犯罪数额相当，一般不认定为如实供述自己的主要犯罪事实。在这里，犯罪数额的多少一般都有比较明确的界限，而犯罪情节的轻重，则要根据情节的危害程度、对量刑的影响加以判断。

涉众型犯罪属于共同犯罪，因而应当遵循共同犯罪自首认定的一般原则。根据《解释》的规定，共同犯罪案件中的犯罪嫌疑人，除如实供述自己的罪行外，还应当供述所知的同案犯，主犯则应当供述所知其他同案犯的共同犯罪事实，才能认定为自首。就涉众型犯罪而言，其首要分子要如实供述本人组织、策划、指挥或受其支配、亲自参与的全部犯罪行为；其他积极参加者必须供述受首要分子的组织、策划、指挥而单独实施的破坏公共秩序的行为，以及与其他参加者共同实施的破坏公共秩序的扰乱行为。应当指出的是，由于涉众型犯罪涉案人员众多，因此，即使是首要分子或者积极参加者，也未必对其他犯罪参加者和整个犯罪行为的过程了如指掌。因此，无论是首要分子还是其他积极参加者，并不要求其把犯罪全过程和细枝末节一点不漏的全部供述出来，而只需要供述主要犯罪事实，即足以证明其行为构成犯罪的基本事实，并不苛求要交代犯罪的全部事实。由于涉众型犯罪的参加者作案的时间、地点，环境的特殊或生理、心理的原因，往往难以当即作出全面的供述或准确的供述。如果由于主客观原因的影响，首要分子或者其他积极参加者只能交代主要或基本犯罪事实即能据以确定犯罪性质，就应认定为如实供述。当然，在认定涉众型犯罪自首时，不能仅要求首要分子和其他积极参加者只交代自己实施的那一部分犯罪活动，而且还要求其交代自己确实了解的、与自己的罪行密切相关的其他共同犯罪人的罪行。此外，在涉众型犯罪中，犯罪主体往往存在对行为性质的辩解。对此，如果纯粹是法律认识错误，应当不影响自首的成立。因为“如实供述自己的罪行”，实际上就是如实供述自己有待司法审查的行为事实，行为是否构成犯罪，是司法机关判断的内容，而非犯罪嫌疑人承认的内容。①

3. 关于坦白的处理

所谓坦白，是指犯罪嫌疑人在被动归案之后，如实供述自己的犯罪事实的行为。“坦白从宽、抗拒从严”是我国一项基本刑事司法政策，但由于立法没有明文将“坦白”作为一种法定量刑情节，因而在实践中往往难以执行到位。《刑法修正案（八）》对此作了明确的规定。根据这一规定，对于犯罪嫌疑人的行为虽然不能成立普通自首或特别自首，但如实供述自己罪行的，可以从轻处罚；因其如实供述自己罪行，避免特别严重后果发生的，可以减轻处罚。坦白是否是自首的一种形式，对此理论界还存在不同的认识。但这种争议对司法适用并无多大障碍。在涉众型犯罪中，坦白是比较常见的一种现象。为此，无论被司法机关采取强制措施的犯罪嫌疑人所供述的犯罪事实是否属于司法机关所掌握的同种罪行或其他罪行，都可以对其从宽处罚。例如，郑某（已死亡）因不满福建省磊鑫矿业有限公司在福安市范坑乡上坪村开采银矿，遂纠集被告人郑某甲、郑某乙、郑某丙等人多次预谋，意图通过煽动群众、进京上访等形式，迫使矿山停产并向矿山经营者索取更多赔偿款。其间，郑某伙同被告人郑某甲、郑某乙、郑某丙等人召集百余名上坪村群众在该村祠堂开会，在会上承诺为参与围堵停矿人员支付工资等，煽动群众去阻挠采矿生产。经郑某及被告人郑某甲、郑某乙等人的煽动，上坪村杨某某、郑某己、郑某艮等近百余名村民用土和石块堆成小包堵住矿山通往上坪村的道路，并采取在矿洞口静坐、挂横幅等方式阻挠矿山生产施工。在此期间，郑某多次前往矿山为静坐群众分烟，安排专人为静坐群众登记工时等；被告人郑某乙积极出资为在矿山静坐的群众提供资金保障；被告人郑某甲在停矿

① 参见赵秉志、肖中华：《自首制度中的疑难问题》，载《检察日报》2001年11月27日。

后，多次向村民宣读从网络上下载的有关矿山危害的文章煽动群众；被告人郑某丙驾驶摩托车将村中的老人运到矿山静坐、在矿山现场指挥老人停矿、帮助郑某丁等人在矿山悬挂横幅。上述一系列行为造成该公司运送矿土等的车辆无法通行、矿洞停产，严重影响生产经营。经宁德市价格认证中心估价，上述围堵行为造成福建省磊鑫矿业有限公司经济损失达人民币 347480 元。法院判决认定各被告人构成聚众扰乱社会秩序罪，判处郑某甲有期徒刑 1 年 6 个月，郑某乙与郑某丙有期徒刑 1 年，并均适用缓刑。① 我们认为，鉴于三名被告人归案后能如实供述自己的罪行，具有坦白情节，且已取得受损企业的谅解，法院对三名被告人判处缓刑是可取的。

三、涉众型犯罪的立功

（一）立功的类型和成立条件

根据刑法第 68 条的规定，所谓立功，是指犯罪分子揭发他人犯罪行为，查证属实，或者提供重要线索，从而得以侦破其他案件等情况的行为。立功分为一般立功和重大立功。二者的区别在于检举、揭发他人的罪行，提供的线索以及协助侦破的案件等是否重大、重要。根据《解释》第 7 条的规定："犯罪分子有检举、揭发他人重大犯罪行为，经查证属实；提供侦破其他重大案件的重要线索，经查证属实；阻止他人重大犯罪活动；协助司法机关抓捕其他重大犯罪嫌疑人（包括同案犯）；对国家和社会有其他重大贡献等表现的，应当认定为有重大立功表现。"而所谓的"重大犯罪"、"重大案件"、"重大犯罪嫌疑人"的标准，一般是指犯罪嫌疑人、被告人可能被判处无期徒刑以上刑罚或者案件在本省、自治区、直辖市或者全国范围内有较大影响等情况。根据刑法第 68 条的规定，对于立功，可以从轻或者减轻处罚；有重大立功表现的，可以减轻

① 参见福建省福安市人民法院刑事判决书（［2013］安刑初字第 267 号）。

或者免除处罚。

刑法设置立功制度，对于提高司法机关办理刑事案件的效率、瓦解犯罪势力、激励犯罪分子悔过自新，具有重要的作用。对于涉众型犯罪的行为人，更有必要通过立功制度促使其主动归案、改恶从善，减少因犯罪而造成的社会不安定因素。

（二）涉众型犯罪立功的认定

在涉众型犯罪立功的认定过程中，以下情形值得特别关注：

1. 关于买功行为的定性

所谓买功行为，是指行为人以支付一定数额的财物为对价，换得他人掌握的其他人的犯罪事实的信息，并将其提供给司法机关的行为。对于买功行为能否认定为自首，刑法理论界意见不一。有的认为，立功行为的实质条件在于行为的社会有益性，只要行为人实施的行为对国家和社会是有益的，即构成立功。行为人向司法机关提供的他人犯罪事实的信息是真实可靠的，能够查证属实，或者提供重要线索，从而得以侦破其他案件的，使司法机关及时有效地惩治了犯罪，虽然揭发、提供的内容是以金钱交换的方式获取的，但揭发、提供行为在实质上对国家和社会是有益的，因而应当认定为立功。有的认为，立功的本质不仅要考虑其行为的有效性和悔罪性，而且应对立功的信息、线索来源均予以考虑。行为人的买功行为虽然对侦破案件可能有用，但行为人的人身危险性并未减少，且可能给监管秩序造成破坏。因此，不宜认定为立功。[①] 还有人认为，这些线索不是犯罪嫌疑人所见所闻，而是经过几个环节之后所得，若按立功处理会使犯罪嫌疑人钻空子、得便宜，因而不能认定为立功。[②]

---

① 参见田立文、夏汉清：《立功制度实务问题探讨》，载《人民司法》2004 年第 10 期，第 47 页。

② 参见杨聚章：《试论自首与立功制度的司法适用》，载《法学家》1999 年第 1 ~ 2 期，第 246 页。

笔者认为，上述观点均有失偏颇。买功行为能否认定为立功，不能一概而论，而应具体情况具体分析。特别要从以下两个方面来把握。首先，要看行为人提供给司法机关的他人犯罪事实的信息或破案线索是否真实有效。只要其所提供的信息或线索是真实的，则其行为就具备了立功的实质条件，一般情况下可以认定为立功。至于该信息或线索是直接来源于本人还是其亲属、朋友、辩护人，是他人无偿提供的还是有偿提供的，均不应影响立功的认定。其次，要看买功行为有无违反法律规定。如果行为人教唆、引诱、威胁他人实施犯罪行为，然后将其所掌握的犯罪事实向司法机关告发的，或者行为人向国家公职人员收买后者所掌握的他人犯罪事实的信息或线索的，由于这些行为本身已经是违法犯罪行为，而“不应让任何人从其违法犯罪行为中获益”是一个基本的法理，因而，对这种行为当然不能认定为立功。相反，如果行为人是向一般的社会公民或者其他罪犯收买他人所掌握的犯罪事实的信息或线索，也未采取不正当手段，则这种行为并未违法，甚至在道德评价上也是中性的，我们就没有理由不将这种向司法机关主动提供所获信息或线索的行为认定为立功。但是根据《意见》第 4 条的规定，犯罪分子通过贿买、暴力、胁迫等非法手段，或者被羁押后在与律师、亲友会见过程中违反监管规定，获取他人犯罪线索并“检举揭发”的，不能认定为有立功表现。犯罪分子将本人在以往查办犯罪职务活动中掌握的，或者从负有查办犯罪、监管职责的国家工作人员处获取的他人犯罪线索予以检举揭发的，不能认定为有立功表现。犯罪分子亲友为使犯罪分子立功，向司法机关提供他人犯罪线索、协助抓捕犯罪嫌疑人的，不能认定为犯罪分子有立功表现。《意见》似乎在原则上对买功行为持否定态度。我们认为，实践中的情形远比《意见》规定的复杂多样，因此，宜具体分析认定。

2. 关于规劝同案犯归案的认定

对于规劝同案犯归案行为能否认定为立功，法律、司法解释也没有明确规定，在实践中有认定立功与不认定立功两种意见。我们认为，规劝同案犯的行为应认定为立功。其一，从设置立功制度的目的分析，这种行为应得到刑法的肯定性评价。刑法设置立功制度的目的是鼓励犯罪分子揭发他人的犯罪行为或帮助司法机关使其他犯罪嫌疑人及时归案，以体现打击犯罪的及时性、有效性，最终有利于国家、社会和人民群众的利益。规劝同案犯自首的行为，直接效果就是使同案犯罪嫌疑人及时到案，因此，刑法应对此作出肯定性评价，并在量刑上得以体现。[①] 其二，将规劝他人自首的行为视为立功，符合刑法规定的罪责刑相适应原则。在分析罪重罪轻和刑事责任大小时，既要考虑犯罪的客观社会危害性，也要考虑行为人的主观恶性和人身危险性。对同案犯进行有效的规劝，说明其在犯罪后能确实悔过，主观恶性不大，人身危险性较小，认定为立功，适用相对较轻刑罚，完全符合罪责刑相适应原则。同时，也符合国际上刑罚个别化发展的趋势。其三，规劝他人自首的行为符合立功的精神。根据《意见》第5条的规定，按照司法机关的安排，以打电话、发信息等方式将其他犯罪嫌疑人（包括同案犯）约至指定地点的；按照司法机关的安排，当场指认、辨认其他犯罪嫌疑人（包括同案犯）的；带领侦查人员抓获其他犯罪嫌疑人（包括同案犯）的；提供司法机关尚未掌握的其他案件犯罪嫌疑人的联络方式、藏匿地址的等，属于“协助抓捕其他犯罪嫌疑人”的表现，应当认定为立功。规劝同案犯自首与上述情形相比，不但具有同样的效果，而且因无须司法机关投入人力物力，节约了司法资源。因此，将“规范同案犯自首”的行为认定为自首，符合效益原则。

四、涉众型犯罪的酌定情节

对犯罪裁量刑罚时，不仅要考虑法定量刑情节，还要考虑酌定量刑情节。其中，就涉众型犯罪而言，特别要注意以下酌定量刑

---

① 参见黄曙、陈艳：《立功司法认定的若干疑难问题》，载《人民检察》2009年第20期，第17页。

情节：

（一）关于犯罪的起因

犯罪是源于犯罪分子人身危险性的现实化，还是由于偶发原因引起的，反映着犯罪分子的主观恶性程度，因而在裁量刑罚时应当予以考虑。涉众型犯罪的起因，一般是由民间纠纷、政府不当行政行为引发，也有的是因当事人无理取闹、肆意对抗行政管理机关的执法活动所致。不同的情况反映了行为人主观恶性的不同，因而在量刑时需要分别考虑。如果是由被害人存在重大过错或者政府管理行为存在重大程序违法或实体违法等原因引发的，则对行为人裁量刑罚时可以考虑适当从轻；如果是行为人没有任何正当理由而挑动不明真相的群众聚集，破坏公共秩序的，则应当作为酌定从重情节，考虑适当从重。例如，被告人方某某、焦某某、李某某、李某、张某某因修建高速公路占用泥河村泥东组土地的赔偿款没有完全发放到位，因此组织、煽动本组群众于2012年5月、6月多次到洛栾高速七标段泥河大桥段工地采取用车辆堵路和人员轮流看守的方式，阻止高速公路施工。从2012年5月19日开始，饭坡乡泥河村二三十个人在5名被告人的组织下，以赔偿款没有拨付到位为由，分两次用车辆、拖拉机等将工地唯一的路堵住，24小时轮流看守，不让施工设备和人员出入，致使工地无法施工时间长达46天，给施工方造成设备损失89940元。一审法院判决认为，5名被告人构成聚众扰乱社会秩序罪，判处5名被告人有期徒刑3年，除方某某外，其余均判处缓刑。方某某提起上诉，二审法院采纳其上诉意见，对其改判缓刑5年。① 我们认为，法院对5名被告人判处缓刑的判决是可取的。一方面，本案被告人认为应该给其发放的土地赔偿款等没有完全发放到位，因此组织、参与阻止、围堵施工的出发点是为了维护自己及其他群众的利益，事出有因，但不论被告

① 参见河南省洛阳市中级人民法院刑事判决书（［2013］洛刑二终字第56号）。

人的诉求是否合理，其采取的措施确属违法犯罪行为，因此不能因为“事出有因”就不追究被告人的刑事责任，否则就会助长人们用非法手段处理民间纠纷的侥幸心理，破坏社会主义法治。另一方面，法院对被告人适用缓刑的判决也是考虑到事件的起因，没有将责任追究扩大化。

（二）关于犯罪人的一贯表现

犯罪人的一贯表现主要是以前是否曾经违法犯罪的情况。它反映了犯罪人的主观恶性、人身危险性的程度以及改造的难易程度。若表现不好，如再犯，则人身危险性大，处刑应重一些。在处理涉众型犯罪时，也应考虑犯罪人的一贯表现。如果犯罪人平时一贯表现良好，遵纪守法，没有任何前科，则可以作为酌定从宽情节，考虑适当从轻处罚；如果犯罪人平时一贯藐视法纪，多次受过行政处罚，甚至有前科，则可以作为酌定从重情节，考虑适当从重处罚。例如，被告人尹某胞弟尹某某请正在该村修水渠的杨某（另案处理）用他的挖机帮自己挖地基。杨某答应后，两人开挖机去尹某某家里。在行驶过程中，挖机不慎倒翻在路边的坎下，尹某某当场被压死，茶陵县交警大队三中队民警赶到现场后，将杨某带至三中队。随后，又带到县交警大队调查处理。交警部门调查后认为不是交通事故，于是将杨某移交给茶陵县公安局高垅派出所处理。2011年3月29日凌晨1时许，交警队事故股民警将杨某带至高陇派出所移交。在此过程中，被告人尹某一直跟随着民警，情绪比较激动，到高陇派出所后，杨某由事故股民警控制在办公室内。尹某及家属冲进办公室要将杨某带至麻芙村处理。民警劝阻尹某等人后，尹某仍扬言要打杨某，为保护杨某人身安全，防止事故恶化，民警强行将杨某带到茶陵县公安局处理。尹某及其家属不听民警的劝告，当场扬言要去堵路。3月29日凌晨3时许，尹某回到火田镇麻芙村后将2辆民用车横拦在S320道路中间，并纠集谭某、孔某等人堵路，办案民警及政府工作人员多次对尹某及其家属劝导无效，且遭到无理谩骂。S320火田路段因此被阻断交通近9个小时，数百辆过往车辆无法正常通行，致交通秩序完全被扰乱，造成了极为负面的社会影响。法院判决认定尹某构成聚众扰乱交通秩序罪，判处有期徒刑1年6个月，缓刑2年。[①] 我们认为，法院的量刑是适当的。一方面，本案的发生毕竟事出有因，被告人尹某因痛失胞弟情绪激动，采取过激行为可以理解；另一方面，被告人平时表现都不错，没有前科，且当庭认罪，有明显的悔罪表现。

---

① 参见湖南省茶陵县人民法院刑事判决书（［2011］茶刑初字第124号）。

第七章　涉众型犯罪立法完善研究

涉众型犯罪，在世界绝大多数国家和地区都有相应的立法例，如加拿大刑法规定有非法集会罪、暴乱罪，英国刑法规定有暴动罪、暴力骚乱罪、滋事罪，日本刑法规定有内乱罪、骚乱罪、多众不解散罪，法国刑法规定有违法聚众滋事罪，我国香港地区“刑法”规定有公众聚会、游行、集会罪，我国台湾地区“刑法”规定有聚众妨害秩序罪、内乱罪、骚乱罪、聚众妨害公务罪。可见，惩治聚众扰乱公共秩序的行为，是各国刑事立法的通例，关键是如何结合社会政治经济形势的最新发展，科学合理地设定罪名、分配责任、配置刑罚等。从这一点来说，涉众型犯罪的立法完善是一个恒久的课题。

第一节　涉众型犯罪的立法检讨

罪责刑相适应原则是刑法明文规定的基本原则之一，对刑事立法和刑事司法活动均具有统领和规范作用，对于保障人权和公正司法均具有重要意义。刑法对各种犯罪的罪、责、刑的规定，只有贯彻这一原则，才能保证司法活动也实现这一原则的价值追求。如果没有立法上的罪责刑相适应，就不会有司法上的罪责刑相适应。目前，我国刑法在涉众型犯罪的立法规定方面，虽然总体上贯彻了罪责刑相适应原则，但也存在一些缺陷和不足之处。

一、罪与非罪界分标准欠缺统一

涉众型犯罪的本质特征，是以聚众的方式扰乱公共秩序。因此，这些犯罪的罪与非罪的标准应当是相同的，如刑法第290条第1款规定的聚众扰乱社会秩序罪和聚众扰乱公共场所秩序、交通秩序罪，两罪在行为方式上基本相同，行为内容都是非暴力行为，因而定罪标准应当是一致的。但是，在立法规定上，对于聚众扰乱社会秩序罪，不仅要求聚众扰乱行为“情节严重”，而且还要求必须“造成严重损失”，才能构成犯罪；而对于聚众扰乱公共场所秩序、交通秩序罪，仅仅要求聚众扰乱行为“情节严重”，即可构成犯罪。另外，对于聚众扰乱社会秩序罪，首要分子和其他积极参加者均是适格的犯罪主体，应当承担相应的刑事责任；而对于聚众扰乱公共场所秩序、交通秩序罪，仅仅规定首要分子是适格的犯罪主体，其他积极参加者并不需要承担刑事责任。对于这种犯罪行为性质基本相同的犯罪，仅仅因为犯罪地点不同，就分别设定了不同的定罪标准和不同的犯罪主体类型，明显违反“同样情形同样对待”的立法基本原则。

二、罪状表述尚不一致

涉众型犯罪通常有两种行为：一是组织、策划和指挥行为，即组织行为；二是扰乱公共秩序的实行行为。组织行为由首要分子实施，实行行为由各个参加者实施。前者表现为“聚众”，后者表现为“扰乱”等具体危害行为。因此，对于涉众型犯罪的客观行为，应当在罪状中统一表述为“聚众行为和具体危害行为”，其他要素在此表述前后再予以附加规定。例如，刑法第268条将聚众哄抢罪的罪状表述为，“聚众哄抢公私财物，数额较大或者有其他严重情节的”行为，同时将该罪的主体、对象、情节等规定在其整体的实行行为之后，从而使聚众哄抢罪客观方面的构成特征呈现得集中和详细。但是，在涉众型犯罪中，这一立法模式并未得到统一遵循，从而在罪状表述方面显得散乱，如刑法第296条规定的非法集会、游行、示威罪在罪状“举行集会、游行、示威”前面并未规定“聚众”这一核心要素。虽然从非法集会、游行、示威的行为中不难推测出“聚众”这一要素，但如果明确写明这一要素，则显得更加规范和统一。又如，刑法第299条规定的侮辱国旗、国徽罪在罪状“在公众场合故意以焚烧、毁损、涂划、玷污、践踏等方式侮辱”中也缺乏“聚众”的要素规定，从而给该罪是否是涉众型犯罪带来争议。其实，涉众型犯罪是指参与犯罪的行为人涉及多数人，至于实际应当被追究刑事责任以及事实被追究刑事责任的，则并不要求一定是多数人。从实践来看，侮辱国旗、国徽的行为通常是多数人在公众场合实施的，因而宜增加“聚众”这一要素。立法在涉众型犯罪罪状方面的表述不一致，不仅体现在具体危害行为变化较大的犯罪之间，即使在具体危害行为基本相同的犯罪之间，也存在这一问题，如刑法第290条第2款规定的聚众冲击国家机关罪。一般认为，刑法第290条第1款中聚众扰乱社会秩序罪的犯罪客体“社会秩序”应从狭义角度去理解，又因该条第2款对聚众冲击国家机关予以单独定罪，故该条第1款中的社会秩序不再包括党政机关的工作秩序。① 按照以上理解，则该两款条文之间为择一关系。但是，也有观点认为，党政机关的正常工作秩序与企事业单位、人民团体的正常工作秩序并无明显内涵外延上的区别。对于社会秩序的理解，并不能因为刑法对国家机关的正常工作秩序有了单独的规定而否认其具有社会秩序的属性，其也属社会秩序范畴。② 表面上看，上述不同观点仅仅是犯罪客体的范围之争，但实际上涉及对客观危害行为的范围的不同理解。按照第一种观点，聚

---

① 参见高铭暄、马克昌主编：《刑法学》，北京大学出版社、高等教育出版社2007年版，第604页。

② 参见陈浩、魏国勇：《法条竞合视野下〈刑法〉第290条的个案分析》，载《中国检察官》2011年第1期，第18页。

众扰乱社会秩序罪和聚众冲击国家机关罪，在客观行为表现上是相同的，都是聚众扰乱单位秩序的行为，区别仅仅在于危害行为的实施场所不同。按照第二种观点，聚众扰乱社会秩序罪和聚众冲击国家机关罪不仅存在犯罪地点、犯罪对象的不同，而且在危害行为方面也有本质的差异：一个是“扰乱”，另一个是“冲击”。上述不同理解，直接涉及对“非暴力方式（如静坐）扰乱国家机关秩序行为”的处理。按照第一种观点，如果静坐行为确实扰乱国家机关秩序的，可以按照聚众冲击国家机关罪定罪处罚；按照第二种观点，这一行为并不构成聚众冲击国家机关罪，但可以构成聚众扰乱社会秩序罪。客观地说，从刑法解释学的角度来看，两种观点都有一定的道理，很难说哪一种观点是明显错误的。这种对同一法律理解的巨大差异，显然与立法用语不统一有着很大的关系。

三、主体规定不尽一致

涉众型犯罪的特征之一，是参加犯罪的主体众多，既有首要分子，也有积极参加者，还有一般参加者。基于刑罚谦抑性原则，立法仅追究首要分子和积极参加者的刑事责任。一般参加者通常是受首要分子挑唆、诱惑、蒙骗等而卷入犯罪行为过程中去的，因而可以不追究其刑事责任。可见，犯罪主体的法定性是立法规定涉众型犯罪的一个重要原则。不过，刑法在这方面规定很不一致，从而导致司法实践的众多困惑和适用疑难。这些问题主要有：一是有的涉众型犯罪明确规定犯罪主体必须是首要分子和其他积极参加者，有的仅规定首要分子，如刑法第 290 条规定的聚众扰乱社会秩序罪、聚众冲击国家机关罪，其犯罪主体都是首要分子和其他积极参加者，但刑法第 291 条规定的聚众扰乱公共场所秩序、交通秩序罪的犯罪主体却只有首要分子，不包括其他积极参加者。而这三个罪是最典型的涉众型犯罪，在危害行为表现、危害结果等方面并不存在实质性的差异，因而在责任主体上不应当在类型、范围上予以区别。二是有的涉众型犯罪规定的犯罪主体是首要分子和其他积极参加者，有的规定的主体是负责人和直接责任人员，如刑法第 290 条第 1 款规定的聚众扰乱社会秩序罪的主体是首要分子和其他积极参加者，而刑法第 297 条规定的非法集会、游行、示威罪的主体却是负责人和直接责任人员。首要分子和负责人、其他积极参加者和直接责任人员分别是什么关系？是否在指涉范围上等同？如果可以，则立法根本没有必要使用不同的术语。三是有的涉众型犯罪的主体规定为首要分子和其他积极参加者，有的规定为首要分子和积极参加者，如刑法第 290 条第 2 款规定的聚众冲击国家机关罪的犯罪主体是首要分子和其他积极参加者，但刑法第 268 条规定的聚众哄抢罪的犯罪主体却是首要分子和积极参加者。积极参加者和其他积极参加者有何不同？有无“其他”二字的限定，对积极参加者的范围有没有影响？这些显然都是因立法用语不严谨而人为制造的理解上的混乱。四是有的涉众型犯罪未明确规定犯罪主体的范围，如刑法第 289 条规定的聚众打砸抢犯罪，并没有明确规定犯罪的主体，这是否意味着只能追究首要分子的刑事责任，还是同时也可以追究直接责任人员的刑事责任呢？对此，立法并不明确，理论界的认识也不一致。

四、法定刑配置缺乏均衡

法定刑是表征罪刑关系的范畴，法定刑配置的合理和协调是罪责刑相适应原则的基本要求。法定刑配置既要与犯罪行为的客观危害性相匹配，又要与犯罪人的主观恶性和人身危险性相对称。法定刑不只表现出单个罪刑关系的范畴，而且也表现出刑法分则整个罪刑关系和各罪行之间相互衔接对照关系的范畴。因此，法定刑的配置，不仅要注意罪刑关系和刑罚关系的整体协调和合理，也要保证刑法分则同类型的个罪之间的法定刑配置的平衡和相当。在涉众型犯罪中，虽然首要分子和其他积极参加者都被追究刑事责任，但二者的法定刑配置不应当完全相同，没有任何区别。这是因为，首要分子和其他积极参加者在同一涉众型犯罪中，无论在客观危害性、主观恶性还是人身危险性程度方面都是不同的。首要分子是涉众型犯罪的发起者、组织者和指挥者，其客观危害性、主观恶性和人身危险性程度在同一涉众型犯罪主体当中是最大的。而首要分子之外的其他积极参加者对涉众型犯罪虽然表现出积极的态度和行为，但其客观危害性、主观恶性和人身危险性程度不可能等同于首要分子，而是要小于首要分子。因此，在涉众型犯罪中，应当对首要分子和其他积极参加者配置刑种或幅度不同的法定刑，对首要分子配置比其他积极参加者更重的法定刑，实现法定刑一定的梯度。只有这样，涉众型犯罪的法定刑配置才是合理的，才是符合罪责刑相适用原则的。现行刑法对聚众扰乱社会秩序罪、聚众冲击国家机关罪等涉众型犯罪的首要分子和其他积极参加者配置了轻重不同的法定刑，其中对首要分子配置较重的刑罚，对其他积极参加者配置了比首要分子轻的刑罚，从而实现责任上的区别对待。但是，对于聚众哄抢罪，非法集会、游行、示威罪，聚众持械劫狱罪等聚众犯罪的首要分子和其他积极参加者，配置的法定刑却完全相同，没有做到轻重不同的区别对待。这不仅在个罪来看，首要分子和其他积极参加者的责任分配没有做到罪责刑相适用，而且从类罪来看，也没有做到横向平衡和协调。

五、转化犯的规定阙如

对于聚众犯罪，刑法仅明确规定了聚众斗殴罪的转化犯，对其他聚众犯罪（包括所有的涉众型犯罪）均未明确规定转化犯，从而带来这些犯罪是否存在转化犯的争议。对此，有学者指出，这是立法不到位的表现，因为“聚众犯罪中绝大多数是暴力犯罪，在暴力行为过程中极易发生犯罪故意内容变化而产生严重的危害后果，这是聚众犯罪基本罪的构成和法定刑所难以容纳的……而暴力聚众犯罪的参加者一般都缺乏基本的理性和行为克制能力，容易在情绪激昂的氛围中情绪冲动，个别情况下在别有用心的人的煽动下，某些犯罪人仅存的一点理性丧失、无责任感增强，其行为由最初的和平请愿或正当诉求行动逐渐演化为突发性聚众暴力犯罪行为，这种行为的暴力危害性和破坏性极大”。[①] 事实上，实践中发生的涉众型犯罪，往往表现为暴力方式，且造成人员伤亡的严重后果。诸如聚众扰乱社会秩序、聚众冲击国家机关或非法集会、游行、示威等群体性事件，在严重扰乱公共秩序的同时，还经常伴随严重的人员伤亡和重大的公私财产损失等危害后果，这是因为其行为手段往往表现为打砸抢烧等暴力方式。可见，造成人员伤亡或者公私财产重大损失的聚众犯罪，并不限于聚众斗殴罪，也不限于聚众打砸抢犯罪，并非是这两类犯罪的专有属性，其他聚众犯罪（包括所有的涉众型犯罪）都极有可能出现。因此，立法者在规定转化犯时，就不能仅仅将目光限定在聚众斗殴罪等个别聚众犯罪上，而应当根据聚众犯罪的暴力性特点，扩大至所有的聚众犯罪。

六、涉众型犯罪和犯罪集团界限不甚明晰

涉众型犯罪是聚众犯罪的一种类型，关于聚众犯罪，刑法总则第97条在给“首要分子”下定义时有所涉及。该条规定：“本法所称首要分子，是指在犯罪集团或者聚众犯罪中起组织、策划、指挥作用的犯罪分子。”根据这一规定，聚众犯罪的标志性要素是首要分子。而犯罪集团中也有首要分子，且均是指在犯罪活动起组织、策划和指挥作用的犯罪分子。但这样一来，聚众犯罪的首要分子和犯罪集团的首要分子就无法区分。然而，这两类首要分子应当是有所不同的。犯罪集团中的首要分子通常是组织犯，即组织、策划、领导、指挥犯罪集团实施犯罪活动的犯罪分子，其是整个犯罪集团的核心、关键人物。由于组织犯的地位、作用非一般共犯所能相比，也远远重于实行犯，所以，对其处罚并不从属于实行犯，不以实行犯的成立为必要。组织犯是共犯的一种类型，存在于共同犯

---

① 刘德法、孔德琴：《我国关于聚众犯罪的立法缺陷及其完善》，载《中州学刊》2010年第1期，第84页。

罪，尤其是犯罪集团之中。而聚众犯罪（包括所有的涉众型犯罪）虽然是一种必要共犯，却是一种临时纠合在一起的缺乏组织性、层级性的群体犯罪。临时性、松散性，是其区别于犯罪集团的重要特征。在这些犯罪中，虽然也有首要分子，首要分子也组织、策划、指挥其他参加者实施犯罪行为，但其所实施的组织、策划和指挥作用，无论是作用的内容和目的，还是作用的场合和效果，都无法与犯罪集团中的首要分子相提并论。而立法却将这两类首要分子一同规定，很容易使人们将二者的作用相混淆。聚众犯罪的首要分子和犯罪集团的首要分子不仅在“组织”作用的能量上存在重大区别，而且在介入实行行为的实施上也表现得极为不同。聚众犯罪的首要分子通常不仅纠集、挑拨其他人参加实施犯罪实行行为，而且还现场指挥犯罪行为的实施，甚至亲自参与犯罪实行行为的实施；而犯罪集团的首要分子通常居于幕后，很少冲到前台亲自参与犯罪实行行为的实施。

七、聚众打砸抢犯罪的规定存有缺陷

根据刑法第289条的规定，聚众“打砸抢”，致人伤残、死亡的，依照刑法第234条、第232条的规定定罪处罚。毁坏或者抢走公私财物的，除判令退赔外，对首要分子依照刑法第263条的规定定罪处罚。该条规定基本保持原刑法相关条文的规定，只是更加明确本条不是一个独立的罪名，从而使其成为一个典型的提示性规定。该条规定主要存在以下缺陷：一是聚众打砸抢致人伤残、死亡的情形，不应一律以故意杀人罪、故意伤害罪定罪处罚。众所周知，在聚众打砸抢的情形下，行为人的主观罪过相当复杂，绝大多数情况下是间接故意或者过于自信的过失，少数情况下也可能是直接故意。在过失致人死亡、伤残的情形下，如果仍然认定构成故意伤害罪、故意杀人罪，这就违反了主客观相统一这一刑法基本原则，有客观归罪之嫌。二是在聚众打砸抢过程中毁坏公私财物的，依照抢劫罪定罪处罚，明显不当。根据刑法第275条的规定，故意毁坏财物，数额较大或者情节严重的，构成独立的故意毁坏财物罪。该罪在构成要件方面与抢劫罪有很大的不同，二者并不存在交叉或重合之处；而且，该罪的社会危害性明显小于抢劫罪，因而配置的法定刑相应也低。在聚众打砸抢过程中，行为人抢走公私财物的，以抢劫罪论处，尚有一定的道理，但对于故意毁坏公私财物的行为，也以抢劫罪论处，则不仅无视两罪在客观方面的差别，也无视两罪在主观上的差异（抢劫罪的行为人主观上具有非法占有财物的目的，故意毁坏财物罪的行为人则只有毁坏财物的目的），违反了构成要件的定型性，也违反了罪刑法定原则。三是在聚众打砸抢过程中，毁坏或者抢走公私财物的，只处罚首要分子，不处罚其他积极参加者，未能做到合理分配责任。在聚众打砸抢过程中，首要分子是组织者、策划者和指挥者，当然要对毁坏或抢走公私财物的行为承担刑事责任。但是，首要分子也可能未直接实施毁坏或者抢走公私财物的行为，而是其他积极参加者所为。在这种情况下，如果对其他积极参加者不追究刑事责任，不仅不符合共同犯罪的一般原理，也不能体现处罚范围的合理性，有违公平原则。而且，根据刑法第 268 条的规定，犯聚众哄抢罪的，对于“首要分子和积极参加的”，都要追究刑事责任。在聚众打砸抢过程中，毁坏或者抢走公私财物的，有的可能构成抢劫罪，有的可能构成故意毁坏财物罪，有的可能构成聚众哄抢罪。无论哪种情况，这种行为的社会危害性均大于或者等于聚众哄抢罪。罪质轻的，要追究积极参加者的刑事责任；罪质重的，却不追究积极参加者的刑事责任，这显然没有做到个罪之间刑罚配置的横向平衡。四是在聚众打砸抢过程中，对于故意致人伤残、死亡的情况，仅仅是依照故意伤害罪、故意杀人罪定罪处罚；对于故意毁坏或者抢走公私财物的，仅仅按照抢劫罪定罪处罚，没有体现“聚众”的社会危害性。聚众犯罪是由聚众行为和具体危害行为有机组合而成的。聚众行为，就是组织、策划、指挥行为，本身就具有一定的社会危害性。通过首要分子的聚众行为，特定或不特定的多数人在同一时间、同一地点聚集，共同参与犯罪活动。而且，在首要分子的操纵之下，参与犯罪的人数有随时增加的可能，从最初的数十人到数百人、数千人，甚至上万人，从而使犯罪的规模越来越大，犯罪影响的负面效应相当严重。此外，“聚众”意味着犯罪的实行行为是公开进行的，是公然挑战社会秩序、法律秩序，对政府威信损害极大。因此，聚众行为本身就具有严重的社会危害性。正因如此，刑法将打击的锋芒对准聚众犯罪的首要分子。但是，刑法第 289 条的规定，却没有体现出“聚众”的社会危害性。因为根据该条规定，即使没有聚众行为，对于在打砸抢过程中故意致人伤残或者死亡的，也要按照故意伤害罪、故意杀人罪定罪处罚；对于在打砸抢过程中抢走公私财物的，也要按照抢劫罪定罪处罚。也就是说，对于聚众打砸抢故意致人伤残、死亡或者抢走公私财物的行为与没有聚众的打砸抢故意致人伤残、死亡或者抢走公私财物的行为，在定罪处罚上并没有任何区别，这在一定程度上没有彻底贯彻罪责刑相适应原则。

第二节　涉众型犯罪的立法完善

针对涉众型犯罪立法中存在的问题，有必要从以下几个方面进行改进，以厘清涉众型犯罪与聚众犯罪、犯罪集团、共同犯罪之间的关系，合理设定相关罪名的罪状表述和刑罚配置，从而为司法实践提供明确的可操作标准，有力惩治相关犯罪行为。

一、增设涉众型犯罪、聚众犯罪的概念

现行刑法第 97 条虽然有“聚众犯罪”的立法规定，但未界定其具体含义。刑法理论界对聚众犯罪的定义观点纷呈，莫衷一是。概括起来，主要有以下几种观点：第一种观点认为，聚众犯罪是指聚集纠合多人进行犯罪，也可以说是一种以聚众作为犯罪构成必要

要件的共同犯罪。[①] 第二种观点认为，聚众犯罪是指聚集特定或不特定的多人实施犯罪，这些众多人之所以能够聚集在一起，是由于其中的首要分子进行组织、策划或指挥的结果。[②] 第三种观点认为，聚众犯罪是指法律明文规定以聚众作为犯罪构成要件的犯罪形态。[③] 第四种观点认为，聚众犯罪是指刑法分则明文规定的以聚众的行为方式实施的犯罪。[④] 第五种观点认为，聚众犯罪是一种共同犯罪。[⑤] 综观上述观点，一个根本性的问题不容回避：聚众犯罪是否是共同犯罪的一种形式，确切地说，是否是一种必要共犯？从刑法的规定来看，聚众犯罪有两种情形：一种是聚众的单独犯罪，另一种是聚众的共同犯罪。刑法理论一般认为，聚众犯罪大都以聚众共同犯罪的形式出现，但在少数情况下，如聚众扰乱公共场所秩序、交通秩序罪，刑法分则规定只处罚首要分子。而当首要分子只有一人时，则是聚众的单独犯罪。类似的规定还有聚众赌博构成的赌博罪，聚众哄闹、冲击法庭构成的扰乱法庭秩序罪等。我们认为，从刑法分则的规定来看，聚众犯罪与共同犯罪确实不能简单地等同。刑法分则规定的以聚众行为方式实施的犯罪包括以下三种情形：一是以聚众行为方式为必要要件的犯罪，如聚众阻碍解救被拐卖的妇女、儿童罪，聚众哄抢罪等；二是以聚众行为方式为选择要件的犯罪，如赌博罪、破坏监管秩序罪等；三是以聚众行为方式为加重法定刑条件的犯罪，如强制猥亵、侮辱妇女罪，猥亵儿童罪

---

① 参见高格著：《刑法问题专论》，吉林大学出版社 1996 年版，第 138 页。

② 参见高铭暄主编：《中国刑法学》，中国人民大学出版社 1989 年版，第 136 页。

③ 参见姜伟著：《犯罪形态通论》，法律出版社 1994 年版，第 240 页。

④ 参见张正新、金泽刚：《论我国刑法中的聚众犯罪》，载《法商研究》1997 年第 5 期，第 76 页。

⑤ 参见何秉松著：《刑法教科书》，中国法制出版社 1995 年版，第 302 页。

等。从实际发生的案例来看，这三种情形，有的属于必要共犯，有的属于任意共犯，有的属于单独犯罪。但这是立法基于刑事政策的考虑，有意地缩小打击面的结果。如果从危害行为的实施主体来看，聚众犯罪必然以“复数主体”实施为前提，这些复数主体主观上存在意思联络，客观上互相配合，完全符合共同犯罪的成立条件。因此，从应然的角度来看，聚众犯罪都是一种必要共犯；从实然的角度来看，绝大多数聚众犯罪都是按照必要共犯处理的。因此，现行立法将一些聚众犯罪作为任意共犯、单独犯罪处理，有过于缩小刑事责任承担主体的范围之嫌，而且也带来了概念理解上不必要的混乱。

作为聚众犯罪特殊形式的涉众型犯罪，关于其概念及其定义在刑法中更是付之阙如，这相当不利于理论研究的深入以及对相关犯罪的惩治。为此，我们建议在刑法总则中明确聚众犯罪和涉众型犯罪的概念，以便统一认识，避免不必要的理论纷争和司法分歧。具体内容如下：聚众犯罪，是指首要分子聚集特定或不特定的多数人，结成相对松散的群体，实施危害社会行为的一种共同犯罪。聚众犯罪的首要分子，是指在聚众犯罪中起纠集、挑拨、指挥作用的犯罪分子。涉众型犯罪，是指公然对抗或者对峙政府管理机关的管理，严重破坏社会公共秩序的一种聚众犯罪。

二、明确涉众型犯罪中首要分子的地位

刑法理论界对于首要分子和主犯的关系，争议颇大，其症结在于有关条文表述不一致。现行刑法第 26 条第 1 款规定：“组织、领导犯罪集团进行犯罪活动的或者在共同犯罪中起主要作用的，是主犯。”第 97 条规定：“本法所称首要分子，是指在犯罪集团或者聚众犯罪中起组织、策划、指挥作用的犯罪分子。”由于首要分子和主犯实施的行为中都含有“组织、领导”的内容，因此，如何理解二者的关系就成了一个重要的问题。犯罪集团中的首要分子应当认定为主犯，对此理论界的认识是一致的，但是，对于涉众型犯罪

中的首要分子与主犯的关系如何认定，理论界认识并不一致，存在主犯说、单独罪犯说等不同主张。我们认为，如果将聚众犯罪界定为共同犯罪，则对其中的首要分子，也应当像犯罪集团中的首要分子一样认定为主犯。同理，对于涉众型犯罪中的首要分子，亦应当认定为主犯。聚众犯罪，就是聚众共同犯罪，二者的含义应当是相同的。涉众型犯罪的上位概念是聚众犯罪，聚众犯罪的上位概念是共同犯罪。三个概念之间层级分明，界线清楚，其中的首要分子都是主犯。为此，有必要对刑法第 26 条第 1 款进行相应修改，以杜绝因立法条文内涵不清所引起的不必要的纷争。具体内容如下："组织、领导犯罪集团进行犯罪活动的，或者纠集、挑拨、指挥聚众（共同）犯罪的，或者在共同犯罪中起主要作用的，是主犯。"

三、明确涉众型犯罪的行为方式和行为主体

作为聚众犯罪的一种特殊形式，涉众型犯罪既有聚众犯罪的共同特点，也有其自身的特性。为此，有必要进行专门规定。但我国现行刑法并未明确聚众犯罪的行为方式，因而首先应当统一聚众犯罪的行为方式。笔者建议现行刑法将聚众犯罪的客观行为统一规定为"聚众行为和具体危害行为"，其他相关要素在此规定前后再予以叙明。对于不纯正聚众犯罪，应在相关条文中单列专款予以规定。在此基础上，对于涉众型犯罪，则应在聚众犯罪的客观行为方式上再加上"公然对抗或对峙国家管理机关的正常管理"，以此与一般的聚众犯罪行为相区别。例如，对于刑法第 296 条规定的非法集会、游行、示威罪的罪状描述中的"举行集会、游行、示威"，可修改为"聚众举行集会、游行、示威，公然对抗或对峙国家管理机关的正常管理"；而对于刑法第 299 条规定的侮辱国旗、国徽罪这一不纯正聚众犯罪，则可以增设一款："聚众犯前款罪，公然对抗或对峙国家管理机关的正常管理的，对于首要分子和积极参加者，按照共同犯罪的原理予以定罪处罚。"

另外，对于聚众犯罪（包括所有的涉众型犯罪）的犯罪主体，

也应当统一规定，如将“多次参加者”统一改为“积极参加者”，将有些犯罪中的“其他积极参加者”统一改为“积极参加者”，将需要追究刑事责任的一般参加者统一改为“一般参加者”。这样，既可以统一法律用语，又可以显示出聚众犯罪责任主体的层次性。例如，对于刑法第296条规定的非法集会、游行、示威罪的犯罪主体“负责人”和“直接责任人员”，应当分别修改为“首要分子”和“积极参加者”。此外，对有些涉众型犯罪，应当增设或明确犯罪主体，如对于刑法第291条规定的聚众扰乱公共场所秩序、交通秩序罪，应当增加“积极参加者”这一犯罪主体；对于刑法第299条规定的侮辱国旗、国徽罪，应当增设涉众型犯罪的规定，并明确首要分子和积极参加者是适格的刑事责任主体。

四、平衡协调有关犯罪的法定刑

聚众犯罪的社会危害程度应当远远高于不以聚众方式实施的同类犯罪。然而，现行刑法在法定刑的设置上，对于暴力性聚众犯罪与非暴力聚众犯罪、普通犯罪却未能合理地区分。根据现行刑法规定，对于聚众扰乱公共场所秩序、交通秩序的犯罪，其法定最高刑只有5年有期徒刑；对于持械聚众斗殴的，其法定最高刑只有10年有期徒刑；对于持械冲击国家机关的，其法定最高刑只有5年有期徒刑。这与这些犯罪的实施方式（持械和聚众）所造成的高危险明显不相适应。为此，有学者建议，应当将所有情节严重的聚众犯罪的首要分子或积极参加者的法定刑统一规定为“3年以上10年以下有期徒刑”，使聚众犯罪的法定刑能够适应不同的犯罪情节，也使法官拥有较大的自由裁量权，实现刑罚的个别化。① 我们认为，这一建议有一定的道理，值得立法机关进一步考虑。刑法规定的一些聚众犯罪，如聚众斗殴罪、聚众哄抢罪、聚众持械劫狱

① 参见刘德法、孔德琴：《我国关于聚众犯罪的立法缺陷及其完善》，载《中州学刊》2010年第1期，第87页。

罪，对首要分子和积极参加者均配置相同的法定刑，这不够妥当。首要分子和积极参加者在整个犯罪活动中的客观危害性、主观恶性和人身危险性程度都是不同的，因此应当为其分别配置轻重不同的法定刑，以体现罪责刑相适应的刑法基本原则。一些涉众型犯罪也存在类似的问题，如刑法第 296 条规定的非法集会、游行、示威罪，对负责人和直接责任人员均配置了“五年以下有期徒刑、拘役、管制或者剥夺政治权利”。我们认为，对二者配置的法定刑应当适当拉开档次。对于负责人可以维持现有的法定刑幅度不变；对于直接责任人员，可以调整为“三年以下有期徒刑、拘役、管制或者剥夺政治权利”。

五、统一规定涉众型犯罪的转化犯

暴力聚众犯罪中极易出现人员伤亡和公私财产重大损失的后果，因此，刑法应当将转化犯作为聚众犯罪（至少包括所有的涉众型犯罪）的普遍情形予以规定，以避免对聚众犯罪定罪处罚的不统一、不平衡。就一般聚众犯罪而言，需要增设转化犯规定的有：刑法第 242 条规定的聚众阻碍解救被拐卖的妇女、儿童罪，第 268 条规定的聚众哄抢罪，第 309 条规定的聚众哄闹、冲击法庭罪，第 371 条规定的聚众冲击军事禁区罪和聚众扰乱军事管理区罪。就涉众型犯罪而言，刑法第 290 条规定的聚众扰乱社会秩序罪、聚众冲击国家机关罪，第 291 条规定的聚众扰乱公共场所秩序、交通秩序罪，第 296 条规定的非法集会、游行、示威罪，第 299 条规定的侮辱国旗、国徽罪都应当增设转化犯的规定。

六、重新设计聚众打砸抢犯罪条款

针对刑法第 289 条对聚众打砸抢的定罪处罚的规定所存在的缺陷，我们认为，应当在明确聚众打砸抢犯罪刑事责任主体（从首要分子扩大到积极参加者）的基础上，从四个方面加以改进：一是将聚众打砸抢致人伤残、死亡的行为明确区分为故意和过失两种情形，并分别按照故意伤害罪、故意杀人罪和过失重伤罪、过失致人死亡罪定罪处罚。二是将聚众打砸抢过程中毁坏公私财物的行为从抢劫罪中分离出来，另行按照故意毁坏财物罪定罪处罚，以体现罪责刑相适应原则。三是明确规定对聚众打砸抢的首要分子从重处罚，以体现刑法对“聚众”行为的严厉否定评价和惩治，实现首要分子和积极参加者之间的区别对待和罪刑均衡。四是增加对聚众打砸抢过程中实施毁坏或抢走公私财物行为的积极参加者的刑事责任的规定，扩大该罪的刑事责任承担主体的范围。有学者对刑法第289条进行了如下改造：“聚众‘打砸抢’，故意致人伤残、死亡的，对首要分子和积极参加的，依照刑法第234条、第232条规定定罪处罚；过失致人伤残、死亡的，对首要分子和积极参加的，依照刑法第235条、第233条规定定罪处罚；抢走公私财物的，除判令退赔外，对首要分子和积极参加的，依照刑法第263条的规定定罪处罚；毁坏公私财物的，除判令退赔外，对首要分子和积极参加的，依照刑法第275条的规定定罪处罚。对首要分子从重处罚。”① 该条建议针对聚众打砸抢的不同情形，分别予以罪名、刑罚、责任主体上的区别对待，有利于贯彻罪责刑相适应原则。例如，2007年1月9日，维登乡人民政府与维西鑫明矿业有限公司签订了维登乡北甸村新保厂矿山开发协议书，并于2007年1月26日向维西鑫明矿业有限公司下达了开工通知。维西鑫明矿业有限公司开工后，时任北甸村民委员会副主任的被告人和某带领李某等村民到县信访办等部门，以在鸡冠山开挖公路破坏其水源林植被为由上访，联系报社记者到实地采访。2007年6月27日晚，被告人和某组织村民到村民委员会开会。2007年6月29日中午12时许，维登乡北甸村民委员会北甸4个组村民近百人，在被告人和某、和某1、李某等的组织带领下，被告人和某2、和某3、董某、和某4、李某1、和

---

① 彭辅顺：《聚众犯罪的立法检讨与改进》，载《山东警察学院学报》2010年第3期，第24页。

某5、和某6、和某7、李云武（在逃）、和吉兄、和银忠、和建军（另案处理）等的积极参与下，以鑫明矿业有限公司在鸡冠山开挖的公路破坏其水源林植被为由，聚集到喜角组鸡冠山顶，分别用木棒、石块、斧头等工具砸烂鑫明矿业有限公司工人窝棚，毁坏正在作业的挖掘机及空压机，打伤民工杨志忠、田江、林月生、和松云、和天生、小清红6人，其中被害人杨志忠的伤情经法医鉴定属轻伤。还强令挖掘机师傅将挖掘机开下悬崖，师傅有幸逃脱。返回中觉得未达目的，又将挖掘机拦回，被告人和某3、董某、李某1、和某4、和某6、和某7等用斧子对挖掘机轮流砍砸。其他人也积极参与，用木棒、石头打砸挖掘机。经委托维西县价格认证中心估价，砸烂的挖掘机、空压机价值达叁拾贰万壹仟伍佰玖拾元（321590.00元）。在诉讼过程中，被害方维西鑫明矿业有限公司到维西县公证处公证，并向本院提出放弃对11名被告人附带民事诉讼的控诉，请求对11名被告人从轻处理。法院判决认定各被告人均构成破坏生产经营罪，判处1至3年不等的有期徒刑，并均适用缓刑。[①] 我们认为，从现行刑法的规定来看，法院的判决是存在一定疑问的。本案是典型的聚众打砸抢行为，而非直接追求破坏被害单位生产经营的目的，因而宜认定为故意毁坏财物罪，且仅处罚首要分子和某。法院的判决打击面也过宽，只要动手的，都被追究刑事责任。如果根据我们所设计的改造方案，则对于本案应当作为一起聚众打砸抢事件来处理。因其行为表现是聚众毁坏财物，因而应当追究首要分子和其他积极参加者的故意毁坏财物罪的刑事责任。对于和某，无疑应当作为首要分子承担较重的刑事责任；对于其他参加者，则应当追究主要实行犯的刑事责任，而不能一并追究次要实行犯的刑事责任。

---

① 参见云南省维西傈僳族自治县人民法院刑事判决书（［2008］维刑初字第01号）。

下篇

涉众型犯罪治理论

第八章　涉众型犯罪之治理理论分析

第一节　治理理论概述

英语中的“治理”（governance）最初源于拉丁文和古希腊语，原意为控制、引导和操纵。长期以来，它与统治（government）一词交叉使用，并且主要用于与国家的公共事务相关的管理活动和政治活动中。[①] 由于以权力为基础、以辖制为核心，因此，长期以来，治理的概念都是作为政治学中单向度的、自上而下型统治的代名词使用的。但自 20 世纪 90 年代以降，随着全球化浪潮的兴起，并伴随着各国民主进程的加快，西方学者开始从新的视角解读治理的概念，并赋予其全新的含义。

治理理论主要创始人之一的罗西瑙（J. N. Rosenau）在其代表作《没有政府的治理》一书中，将治理定义为一种由共同的目标支持的活动，这些管理活动的主体未必是政府，也无须依靠国家的强制力量来实现。[②]

---

① 参见俞可平：《引论：治理与善治》，载俞可平主编：《治理与善治》，社会科学文献出版社 2000 年版，第 1 页。

② 参见［美］罗西瑙著：《没有政府的治理》，剑桥大学出版社 1995 年版，第 5 页。转引自俞可平：《引论：治理与善治》，载俞可平主编：《治理与善治》，社会科学文献出版社 2000 年版，第 2 页。

治理理论的另一位代表人物罗茨（R. Rhodes）则提出了关于治理的若干种定义，其中最具有代表性的观点是将治理界定为建立在信任与互利基础上的社会协调网络。①

治理理论的另一位权威格里·斯托克（Greey. Stoker）经过梳理认为："目前各国流行的治理理论的观点主要有五种，而其中具典型意义的则是：（1）治理意味着，在现代社会，国家正在把原先由它独自承担的责任转移给公民社会，即各种私人部门和公民自愿性团体，后者正在承担越来越多的原先由国家承担的责任；（2）治理意味着参与者最终将形成一个自主的网络，这一自主的网络在某个特定的领域中拥有发号施令的权威，它与政府在特定的领域中进行合作，分担政府的行政管理责任；（3）治理意味着办好事情的能力并不仅限于政府的权力，不限于政府的发号施令或运用权威。在公共事务的管理中，还存在着其他的管理方法和技术，政府有责任使用这些新的方法和技术来更好地对公共事务进行控制和引导。"②

从这一意义上讲，治理与统治的区别已经泾渭分明。治理与代表单向度、威权型辖制的统治不再是同等程度的概念。因为，"治理是政治国家与公民社会的合作、政府与非政府的合作、公共机构与私人机构的合作、强制与自愿的合作"。③ 同时，"治理是一个上下互动的管理过程，它主要通过合作、协商、伙伴关系、确立认同

① ［英］罗茨著：《新的治理》，载《政治研究》1996 年第 154 期。转引自俞可平：《引论：治理与善治》，载俞可平主编：《治理与善治》，社会科学文献出版社 2000 年版，第 3 页。

② ［英］格里·斯托克著：《作为理论的治理：五个论点》，载《国际社会科学》（中文版）1999 年第 2 期。转引自俞可平：《引论：治理与善治》，载俞可平主编：《治理与善治》，社会科学文献出版社 2000 年版，第 4 页。

③ 俞可平：《引论：治理与善治》，载俞可平主编：《治理与善治》，社会科学文献出版社 2000 年版，第 6 页。

和共同的目标等方式实施对公共事务的管理”。[①] 在治理理论的发展中，西方学者们还进一步提出了善治理念，深化了国家与社会的合作关系。善治（good governance），按照英语直译则为良好的治理之意，概括地说就是使公共利益最大化的社会管理过程，其本质特征在于，它是政府与公民对公共生活的合作管理，是政治国家与公民社会的一种新颖关系，是两者的最佳状态，“是国家的权力向社会的回归，善治的过程就是一个还政于民的过程”，善治的实现“有赖于公民自愿的合作和对权威的自觉认同，没有公民的积极参与和合作，至多只是善政，而不会有善治。所以，善治的基础与其说是在政府或国家，还不如说是在公民或民间社会”。[②]

至此，我们完全可以说，治理理论代表了一种全新样态的国家社会关系架构和公共事务管理模式。在这一架构和模式中，呈现出了三大特征，即开放性、多元性、合作性。就开放性而言，在治理理论体系之中，公共事务的管理系统不再是封闭的，而是向社会开启的，凡是有助于公共事务管理的力量都可以进入这一管理系统之中，系统也由此成为了管理资源输入和管理产品输出的开放型机制。就多元性而言，“公共事务的管理主体由政府扩展到社会”，包括“出自政府但又不限于政府的一套社会公共机构和行为者”。[③] 正如治理理论中诸多学者指出的，“治理的主体既可以是公共机构，也可以是私人机构，还可以是公共机构和私人机构的合作”。[④] 而国家已不再是唯一的主体，代之以非国家的社会力量（如协会、

---

① 俞可平：《引论：治理与善治》，载俞可平主编：《治理与善治》，社会科学文献出版社 2000 年版，第 6 页。

② 俞可平：《引论：治理与善治》，载俞可平主编：《治理与善治》，社会科学文献出版社 2000 年版，第 11 页。

③ 徐勇：《治理转型与竞争——合作主义》，载《开放时代》2001 年第 7 期。

④ 俞可平：《引论：治理与善治》，载俞可平主编：《治理与善治》，社会科学文献出版社 2000 年版，第 6 页。

行会、社区组织、自愿者组织等）大量涌现于治理主体之列。就合作性而言，国家不再是自上而下的地辖制社会力量，而是与社会力量在同一平台上进行充分协商、平等沟通、协同行为，二者形成伙伴关系，共同致力于公共事务的管理。

第二节　治理理论与涉众型犯罪抗制之契合

治理理论不仅仅是当下对国家与社会二者关系进行分析的有效工具和新型模型，在认识涉众型犯罪抗制的领域，也为我们提供了两大方面的启示。

首先，治理理论所倡导的建立"在信任与互利基础上的社会协调网络"的理念，强调充分运用各种社会管理机制以形成有机整体来实现公共管理的目的。而若借用这一主张来观察犯罪的惩治与预防，我们也可以发现，这种强调一体化、集成化管理社会的观点，恰恰与当前我国在抗制犯罪过程中所一直强调的"社会治安综合治理"的策略不谋而合，也印证了近代著名刑法学家李斯特所指出的，"在现代刑事政策研究方面的一个重大成就是，最终达成了这样一个共识：在与犯罪作斗争中，刑罚既非唯一的，也非最安全的措施"。[①] 具体到涉众型犯罪的预防领域，治理理论的这一观点实际上也提示我们，在当前部分民众利益受损成为引发涉众型犯罪的主要成因的情形下，将反腐败、征地拆迁、社会福利、环境保护、劳工权益保障等方面的机制予以充分利用、有效整合，是消减和预防涉众型犯罪发生的有效举措。

其次，治理理论所预示的"治理是一个上下互动的管理过程，它主要通过合作、协商、伙伴关系、确立认同和共同的目标等方式实施对公共事务的管理"的见解，也为减少涉众型犯罪的发生提

---

① ［德］弗兰茨·冯·李斯特著：《德国刑法教科书》，徐久生译，法律出版社2000年版，第20页。

供了借鉴。正如本书所述，在处于社会急剧转型时期的当下，相当一部分民众的意愿与诉求还难以通过机制化的渠道为国家所倾听和采纳，这也成为社会怨恨情绪在一定程度上积累，并借助于琐事纠纷迅速扩大化，进而升级为涉众型犯罪的另一个重要原因。因此，借用治理理论的视角，倡导政治国家与公民社会的合作，在很大程度上就是要为民意的表达提供更为顺畅的管道，由此使“舆论界的政治影响（即民意——笔者注）——就像社会权力一样——只有通过建制化程序才能转变成政治权力”。[①] 具体而言，在关涉民众切身利益的立法中，更多地考虑民意的因素。在这一过程中，让国民更多地参与到立法过程中，集思广益，使法律的制定充分体现全体国民的意志和要求，从而“把分享决策作为一种认识来源，一种沟通的媒介，以及一种同意的基础”。[②]

正是治理理论在认识观和方法论上的价值，为抗制涉众型犯罪的对策制定与路径找寻提供了积极借鉴，也使得该理论同样成为研究涉众型犯罪预防的有效分析工具之一。

---

① ［德］哈贝马斯著：《在事实与规范之间：关于法律和民主法治国的商谈理论》，童世骏译，生活·读书·新知三联书店 2003 年版，第 449 页。

② ［美］P. 诺内特、P. 塞尔兹尼克著：《转变中的法律与社会：迈向回应型法》，张志铭译，中国政法大学出版社 2004 年版，第 112 页。

第九章　治理涉众型犯罪之宏观对策研究

第一节　涉众型犯罪产生根源之消弭

正如本书所反复提及的，在转型时期的中国，既有机制重大更迭、利益格局深刻调整、新旧矛盾叠加出现等现象是这一时期显著的特性。这一宏观背景也为群体性事件及由此引发的涉众型犯罪的产生与频发提供了客观基础。因此，消除涉众型犯罪产生的根源，是治理此类型犯罪的根本之道。为此，又需要处理好以下几方面的问题。

一、消除社会矛盾

反观近年来我国群体性事件及其引发的涉众型犯罪现象，可以看出绝大多数的群体性事件的背后，都直接或间接地存在当前社会转型期亟待破解的深层次难题。例如，贵州“瓮安事件”反映出了西部欠发达地区资源匮乏、人口众多、支撑产业欠缺的发展困境；吉林通钢事件则暴露出了老工业基地的大型国企在改制过程中，就如何协调原企业职工基本生存权利与企业摆脱旧机制、甩掉沉重包袱之间的突出矛盾；而河北“定州事件”、甘肃“陇南事件”则尖锐地提出了如何有效解决在拓展城市空间过程中妥善处理相关民众基本权益的问题等。以上的诸多难题，实际上仅仅是改革发展过程中众多社会矛盾的缩影。

因此，只有正视到群体性事件的根源在于转型期内社会矛盾的现实存在，我们才能对群体性事件及其引发的涉众型犯罪现象的长期性、复杂性有一个深刻的认识，也才能自觉地借用“治理理论”中的宏观视角、广阔视野和深刻思维去寻求破解这一社会难题的根本之道，进而努力地在振兴经济、改善民生、保持资源与环境可持续发展等方面着眼，并从完善社会保障制度建设、加强对失地农民权益维护、创造更多就业机会、加大分配制度改革等机制上着手，为根本上治理群体性事件及所引发的涉众型犯罪提供充裕的社会资源支持。从这一意义上讲，李斯特所言“最好的社会政策就是最好的刑事政策”[①] 可以作为最好的注脚。

二、保障民生权益

近年来，因损害民众利益所促发的涉众型犯罪在此类型犯罪中占了相当比例，成为引发该类型犯罪一个不容忽视的原因。[②] 在民众利益受到侵害的现象中，既有地方政府为盲目追求政绩，置广大民众基本利益于不顾，强行征地、暴力拆迁等行政行为的不当行使现象；[③] 也有地方政府唯 GDP 马首是瞻，建立起当地并不适合的高度耗能、重度污染的企业或不惜以破坏当地环境、资源为代价来招商引资等行为；[④] 一些地方政府纵容外来企业严重损害劳动者权益

---

① ［德］弗兰茨·冯·李斯特著：《德国刑法教科书》，徐久生译，法律出版社 2000 年版，第 13 页。

② 无论是贵州“瓮安事件”，还是云南“孟连事件”，或者吉林通钢事件，相关民众合法权益受到侵害的事实都较为突出，也是最终引发涉众型犯罪的根本因素。

③ 在过去的土地征用中，一些地方政府占有土地利益分配的 20% ~ 30%，开发商占有 40% ~ 50%，而农民作为土地使用权的主体仅占有 5% ~ 10%。参见 2005 年中国《社会蓝皮书》。

④ 近年来，尤其是在 2012 年，东北某市、东部某地、西南某市都陆续出现了因民众反对当地政府引进高污染项目而引发的严重群体性事件和涉众型犯罪。

的行为长期存在；等等[①]。因此，要消除涉众型犯罪产生的根源，各级政府亦须在尊重民众利益、保障民生方面更有所作为。对群众利益的安排，是改革最为重要的内容。我们不仅要告诉群众，我们的改革措施在代表着群众利益，还要告诉群众是如何来代表着他们的利益，是通过什么样的路径来代表着群众的利益。[②] 在这方面，胡锦涛同志也曾指出："一定要把对群众利益的安排给群众讲明白"。对群众利益的安排，是改革最为重要的内容。我们不仅要告诉群众，我们的改革措施在代表着群众利益，还要告诉群众是如何来代表他们的利益，是通过什么样的路径来代表群众的利益。[③]

三、构建腐败遏制机制

在近年来所发生的、在国内外造成重大恶劣影响的群体性事件及由此引发的涉众型犯罪背后，都不同程度地存在少数官员腐败的事实。例如，孟连"7·19"事件发生后，随着相关部门的查处，该县原两任县委书记胡文彬、刀立富巨额受贿的犯罪事实浮出水面；又如，在四川"大竹事件"平息之后，经查明，引发事件的莱仕德酒店的实际经营者为当地派出所所长；再如，安徽"池州事件"发生时的市委书记何闽旭，也在事后被查明有受贿841万余元的犯罪行为。根据2009年中纪委通报的纪检监察机关办案情况显示，2009年1～11月，中国各级纪检监察机关严肃查办多起群体性事件和重大责任事故背后的腐败案件。其中，监察部直接参加16起重大群体性事件和特别重大责任事故的调查处理工作，已

① 2012年10月，北方某市一代工生产IT产品的知名台资企业，因长期以来在工资待遇、劳动者休息时间等方面的矛盾突出，使得劳资关系紧张，最终引发大量员工与企业方之间爆发严重冲突。

② 《中央党校教授：防范强势群体操纵改革方向》，载《中国青年报》2012年4月23日。

③ 《中央党校教授：防范强势群体操纵改革方向》，载《中国青年报》2012年4月23日。

查结11起，给予党纪政纪处分298人，移送司法机关处理251人。① 少数地方官员的贪腐行为直接成为导致群体性事件产生的诱因与根源，主要反映在两个方面。一方面，在一些地方，开发商或企业为违规开发、建设，想方设法与当地官员建立不正当的关系，甚至采用行贿方式将二者绑定在一起，形成利益共同体，进而获得后者在征地、拆迁等方面的支持，或者对其在环保、用工方面的违法行为予以袒护，从而导致当地官民矛盾加深，最终使民众将当地政府作为攻击的对象；② 另一方面，官员的长期腐败行为也是一个在民众观念中逐渐“脸谱化”、定格化的过程。在一些地方，由于官员们的贪贿腐败行为长期存在甚至半公开化，势必导致民众对官员形成“鱼肉百姓”、“作威作福”的不良印象，并会产生对政府的不信任感，甚至滋生敌意化情绪，最终弥漫为带有一定普遍性的“仇官情结”，从而为群体事件和升级后的涉众型犯罪提供了民众怨恨基础。

因此，正因为意识到了反腐与治理群体性事件及其引发的涉众型犯罪之间的必然因果关系，在执政党的最高报告中才写下了“不反腐败可能亡党亡国”，将其从全局高度来认识。③ 也正是基于当前群体性事件与官员腐败之间存在几乎必然的对应关系，最高人民检察院亦有针对性地提出在办案重点和主攻方向上，要求加大查

---

① 《群体性事件有可能成反腐重要突破口》，载《半月谈》2009年11月刊。

② 例如，在贵州“瓮安事件”的发生之前，当地干部经商办企业现象公开化，当地官员插手矿产资源开发、建筑拆迁等事宜的现象普遍化，直接导致当地社党群、干群、政民、警民关系的紧张；而在云南“孟连事件”中，当地基层官员与橡胶企业存在利益输送关系，导致当地政府长期袒护橡胶企业，漠视广大胶农的合法权益，直接导致民众与政府的敌视情绪的高涨，为最终事件的发生积累了广泛的社会愤懑情绪。

③ 胡锦涛在中国共产党第十八次全国代表大会上的讲话。

办群体性事件背后的贪污腐败案件的力度。①

在构建遏制腐败的机制上，既要加大国家专业力量的惩治力度，也要尽量提升对腐败现象的查处概率。有学者对腐败者在面对严刑峻法和非法利益进行权衡时的心理过程进行分析后深刻地指出，腐败人员“是否参与腐败主要取决于腐败利益的诱惑和他对集体腐败不被查处概率的判断。决策者在足够大的诱惑前提下，即使被惩罚的力度很大，只要他判断出被查出的概率比较低，他就会参与、主导腐败”。② 就此而论，当前治理腐败，除了依法对腐败犯罪人处以严厉的刑罚制裁外，更需要对犯罪人予以“零容忍”地打击，做到“有腐必肃”，也是从这一意义上讲，“刑罚的威慑力不在于刑罚的严酷性，而在于其不可避免性”。③ 同时，在资讯科技高度发达，公开性、即时性传播手段已为普通公众所广泛掌握的当下，构建遏制腐败的机制，也需要充分发动社会资源，为专业反腐力量收集、提供腐败现象的线索。④ 这一过程，也是实现“治理是一个上下互动的管理过程，它主要通过合作、协商、伙伴关系、确立认同和共同的目标等方式实施对公共事务的管理”目标的必要路径。⑤

---

① 《反贪办案调整主攻方向：要查群体事件背后的腐败》，载《京华时报》2010 年 7 月 16 日。

② 傅江景：《集体腐败的博弈分析》，载《经济研究》2000 年第 12 期。

③ ［意］贝卡利亚著：《论犯罪与刑罚》，黄风译，中国大百科全书出版社 1993 年版，第 59 页。

④ 在互联网时代，网络反腐无疑成为治理腐败的一个新亮点。无论是“天价烟局长”，还是拥有众多世界名表的“表叔”，或是拥有数十套商品房的“房叔”、“房姐”等，都是被网友们揭露并由此受到司法机关惩处的。

⑤ 俞可平：《引论：治理与善治》，载俞可平主编：《治理与善治》，社会科学文献出版社 2000 年版，第 6 页。

四、实现社会公平

正如本书反复提及的，在当前中国社会处于变革转型时期的特定背景之下，公众对“公平”、“正义”的诉求更为迫切和强烈。就社会民众而言，完善收入分配制度、缩小收入差距是实现社会公平的物质基础和重要标志。随着改革开放30多年以来的发展，中国已经跃升为世界第二大经济体，国家综合国力也得到了显著提升。但毋庸讳言，我们也应该清醒地看到，与国家迅速崛起的步伐相比，社会普通民众的经济收入发展水平却远远落后。其中，城乡收入差距、行业收入差距、最高收入群体与最低收入群体两极分化的差距不断被拉大。① 目前，国际上公认的衡量一个社会收入分配差异程度的基尼基数，在我国已经冲过了“警戒线”，② 收入差距

---

① 根据全国总工会的调查，2008年，全国20个行业门类之间的收入差距为4.77倍，有的差距高达10倍以上。而据上市公司年报分析，208家上市国企高管与一线职工的收入差距，从2006年的6.72倍扩至2008年的17.95倍。同时，收入分配差距大的一个重要原因是广大普通职工的收入水平增长缓慢，工资增长明显低于经济增长。1997年至2007年，在GDP比重中政府财政收入从10.95%升至20.57%，企业盈余从21.23%升至31.29%，劳动者报酬却从53.4%降至39.74%。2002年至2009年，我国GDP年递增幅度的10.13%，职工工资扣除物价因素年均增长却只有8.18%，23.4%的职工5年间未增加工资。“特别是近年物价房价上涨，造成部分职工实际生活水平已经下降。”参见《当前问题，部分职工生活水平下降》，载《东方早报》2010年3月10日。

② 从2000年开始，我国的基尼基数就已越过了0.4的警戒线，到2006年已升至0.496，到2007年为0.48，到了2009年该指标可能达到了0.5；而按照联合国有关组织的规定：基尼系数若低于0.2表示收入绝对平均，0.2～0.3表示比较平均，0.3～0.4表示相对合理，0.4～0.5表示收入差距较大，0.5以上表示收入差距悬殊，达到0.6则属于危险状态。世界银行报告同时显示，最高收入的20%人口的平均收入和最低收入的20%人口的平均收入，这两个数字的比在中国是10.7倍，而同时期美国是8.4倍，俄罗斯是4.5倍，印度是4.9倍，最低的日本只有3.4倍。参见《中国收入差距不断扩大是不争的事实》，载中国广播网，http://aod.cnr.cn/,2010年9月23日。

的扩大成为了产生社会不公，进而导致社会仇怨情绪滋生和“仇富情结”弥漫的根源，并直接影响到了社会的稳定。因此，在当前，改革现有分配制度中的结构性缺陷、坚决杜绝灰色收入、从严打击非法收入就显得势在必行。正因如此，十八大报告明确指出：“调整国民收入分配格局，着力解决收入分配差距较大问题，使发展成果更多更公平惠及全体人民，朝着共同富裕方向稳步前进。”这一表述的提出，直面了当前一定程度上存在的社会分配不公现象，也表达了未来发展理念从追求“国富”转向同时追求“民富”的并举式协调发展。

第二节　新型社会治理模式之构建

一、培育民间意见团体

由群体性事件及其所引发的涉众型犯罪的产生背景可以看出，在诸多事件的初期，由于缺乏可以依托的、常态化的民众代言团体代表民众与政府进行沟通和协商，由此导致两个悖论的出现：一方面，面对众多的集体行动者，政府却找不到协商的对象；另一方面，即使在民众中临时产生出代言人，由于双方立场殊异、矛盾对立，又没有互信的基础，沟通的效果也难以理想。与此同时，在欠缺民间意见团体的情形下，民众与政府的对立更容易导致猜忌加深、矛盾加剧、对抗升级。在此种环境下，民众在看似言辞统一、步调一致的集体行动过程中，却无法掩盖内部存在的利益诉求不一、行动方向各异、核心条件模糊、前后态度反复的非一致性和不稳定性。因此，缺乏公认意见代表的民众难以有效地与政府进行沟通，或在沟通之中因自身意见的摇摆和不统一，导致协商无果的情形发生，此其一。其二，在没有代言人的情形下，在民众中情绪激昂、言行出位，尤其带有明显的对政府藐视性和攻击性行为的个体就容易被民众视为“胆大”、“敢干”、“能带头”，从而使其在事实上成为群体行为的领导人；而同时，取得该身份的人，为了维持自己在群体中的意见领袖地位，往往又只能以更激烈的言辞、更过激的行为来向众人塑造和强化自己“为了大家利益，舍得出头”、“敢打敢冲”的“硬派”形象。这样一来，“带头人”在很大程度上也被自己的身份所裹挟，只能在与官方的沟通或对峙中不断表现出强硬的姿态和强势的举动，而这种行为势必导致官民双方对立情绪的加剧、沟通进程的受阻，最终导致严重冲突发生。为此，“在现代的利益多元化的社会之中，利益的冲突已经变成一种常规化的现象”[①] 的背景下，在治理群体性事件及其引发的涉众型犯罪过程中，培育民间意见团体的重要性就显得十分突出。当前，于社会公众中培育出沟通团体的一个显著功能在于，沟通团体会在充分消化内部意见后对外发出一个统一的声音，并且为了保证与政府沟通管道的顺畅和交流的顺利，沟通团体自身也会尽力制止自身内部违反规则。从这一意义上讲，沟通团体其实也在无形中担负起了平复异议公众情绪、防止其产生非理智举动的消解作用。

当前，培育民间意见团体可以考虑做以下几方面的工作。

第一，在特定行业协会中有意识地培养具有一定沟通能力的团体。例如，尝试在出租车业、建筑业等容易发生群体性纠纷的劳动密集型行业中，由其成员自主产生意见代表，[②] 在群体内部达成共

---

① 孙立平著：《断裂——20 世纪 90 年代以来的中国社会》，中国社会科学出版社 2003 年版，第 187 页。

② 近年来，出租车司机与所属管理公司之间因费用承担争议引发的出租车司机集体“罢运”事件在若干城市相继出现，一些事件甚至升级为涉众型犯罪。而在事件的发生初期，由于出租车司机群体缺乏意见代言团体，没有形成有效的“议价”能力，导致其只能采取过激行动。而在建筑行业，由于拖欠农民工工资现象的客观存在，加之没有与施工单位或建设方进行沟通的人员或团队，使得建筑工人（主要是农民工）通常不得已采取围堵工地、堵塞交通等行动表达诉求。因此，在这些特定行业中建立意见团体的必要性更为突出。

识、统一诉求后，有助于在与相对方或政府进行的协商中，更有效地明确争议、找到契合、寻求办法。

第二，借助特定职业群体产生出带有跨行业、跨群体的公共意见团体。除了在前述特定行业中培育的民间代言团体外，也可在在新闻工作者、专业社会工作者等特定职业群体中建立起跨行业、跨群体的民间意见团体。由于新闻工作者的职业特征，其具有较高的社会公信度和较强的沟通能力，加之诸多群体性争议发生之初，集体行动者往往也会主动求助于新闻媒体，因此，在新闻工作者中发展公共意见团体，为不同行业、不同群体的集体行动者代言，既可以有效地与相对方或政府进行沟通，又可以较为客观、公正地评判集体行动者的利益边界，促成双方协商结果的实现。相应地，专业社会工作者的从业经历、工作环境也容易获得异议民众的认同和信任，其也具有较为娴熟的沟通能力并能选择最为顺畅的沟通渠道，也能较好地胜任公共民间意见团体的角色。

第三，依托半官方的群众性组织建立针对特定事项的民意团体。在我国，经过新中国成立六十余年的建设，基层群众性自治组织建设已经普遍化、机制化和体系化，其中，农村的村民委员会和城镇的居民委员会已经成为最典型的群众性自治组织。这些半官方化的基层组织，既是政府实现社会辖制的末端机构，也是“国家动员下的群众参与国家治理的一种基本形式”。① 因此，在带有官方色彩和民间特质的复合型群众性组织中建立起代表民众意愿、反映民众诉求的民意团体，也是这种自治组织的应有之义。尤其是在与社区民众利益休戚相关的征地、拆迁、环保、治安等特定议题上，村委会、居委会本身既是一个民众与政府的交流管道，同时又是社区民众表达诉求、进行博弈的重要平台。故而，在村委会、居委会中培育民间意见表达团体，当面临特定公共事项发生时，由该团体代表社区民众进行沟通也能收到较好的沟通效能。

---

① 杨敏：《公民参与、群众参与与社区参与》，载《社会》2005年第5期。

二、尊重民众意愿，构建参与性的政策制定机制

按照西方公共政策学学者戴维·伊斯顿的观点，“在现代民主国家的政府过程中，民意即群众性利益输入与表达，是政治系统正常运作和作出合理输出行为的基本前提条件，也是民主政府政策输出的基本‘原料’来源”。① 同时，“现代决策特征之一在于政府决策是一种群众参与程度较高的决策，它既是社会的一种价值要求，也是决策过程实际需要”。② 在中国，自新中国成立以来民意就一直是统治层的基本政治取向。在毛泽东时期所广泛推行的群众路线，即当然（天然）地包含了民意的成分；作为第二代中央领导核心的邓小平也继续强调“群众路线和群众观点是我们的传家宝”，③ 其中的“群众观点”在很大程度上就是指民意；进入21世纪后，随着中国民主政治进程的推进，民意在高层的正式话语中已被明确表达，进而被作为决策机制中的必备元素。关于这一点，中央最高层的政治文件已明确指出，“要完善深入了解民情、充分反映民意、广泛集中民智、切实珍惜民力的决策机制，推进决策科学化民主化”。④ 可以说，在当前，民意与民情、民智、民力一道，共同构成了国家决策的四大基石。⑤ 中国共产党第十八次全国代表大会的报告，也明确将“健全社会主义协商民主制度”写入了执政党的最高文件中，并着重阐述了“推进协商民主广泛、多层、

---

① 参见［美］戴维·伊斯顿著：《政治生活的系统分析》，王浦劬等译，华夏出版社1999年版，第29页。

② 刘伯龙、竺乾威主编：《当代公共政策》，复旦大学出版社2000年版，第17页。

③ 《邓小平文选》（第2卷），人民出版社1994年版，第368页。

④ 《全面建设小康社会，开创中国特色社会主义事业新局面》，江泽民在中国共产党第十六次全国代表大会上的报告。

⑤ 参见林竹：《民情、民力、民智和民意——国家决策的四大基石》，载《天津社会科学》2004年第4期。

制度化发展”的方向，并强调了“坚持问政于民、问需于民、问计于民，从人民伟大实践中汲取智慧和力量”的方针和“通过国家政权机关、政协组织、党派团体等渠道，就经济社会发展重大问题和涉及群众切身利益的实际问题广泛协商，广纳群言、广集民智，增进共识、增强合力”的协商民主实现方式。①

然而，随着中国改革进入攻坚期，中国的社会矛盾日益凸显，出现了中国社会利益群体不平衡发展，强势群体与弱势群体之间实力悬殊的状况，从而使强势群体甚至具备了操纵改革方向的可能性。很长一段时期以来，在一些地方政府政策的制定过程中，民众参与程度较低的现状仍然存在，甚至特定行业、特权部门裹挟立法机构的态势依然存在。为此，也有学者疾呼：“广大群众在改革中的声音越来越微弱，改革目标的设定、改革方案的设计、改革措施的出台越来越经院化、越来越精英化、越来越小圈子化。”② 例如，特定集团可以调动包括法律在内的各种各样的资源——经济的、政治的甚至法律的，来维护其利益，来为符合少数人利益的“改革”路径辩护。③

因此，在当下政策的制定过程中更应该注重民众的参与性。“要相信底层人群是理性的，他们能够判断自己的利益所在，他们的利益需求和行动也是能够影响到社会发展的。也就是说，底层群体和精英一样都是‘理性人’。”④ 民众参政议政的过程，不仅是其

---

① 胡锦涛在中国共产党第十八次全国代表大会上的讲话。

② 辛鸣：《防范强势群体操纵改革方向》，载《中国青年报》2012年4月23日。

③ 近年来，特定利益集团利用其强势地位和对资源的掌控能力，对公共政策的制定已经开始施加影响。例如，2008年出台的国内成品油定价机制在其形成过程中，很大程度上体现了几大石油央企的意志，由此也受到了公众的质疑。

④ 于建嵘著：《抗争性政治：中国政治社会学基本问题》，人民出版社2010年版，第15页。

自身权利的体现方式，更是协商式民主的实现路径。更重要的是，民众参与协商的过程本身，也是一个表达诉求、宣泄不满、排解怨气的过程；而积怨的有序疏导和有效释放，恰恰为潜在群体性事件中特定公众的社会怨恨提供了减压阀，从而也阻却了群体性事件乃至涉众型犯罪的民众心理动员过程。从这一意义上讲，“一个理性化的、畅通多元的政治沟通渠道设置，不仅是民众和政府的双向互动系统，同时也是不同社会意见的协调机制，使不同的社会观点和利益在政府系统内取得和解与平衡”。正是因为关注到了民众参与所凸显的积极价值，官方主流媒体也将建立参与型民主的功能定位于，“公民有序参与公共事务始终是推动政治发展的重要变量，焕发出促进政府制度创新的‘正能量’”。①

三、重建官民政治信任

群体性事件发生的一个重要诱因，在于部分公众缺乏对政府的信任。缺乏政治信任的原因是多方面的，但一个重要原因是，当一种价值或利益通过强力而非协商手段凌驾于另一种价值或利益之上时，政府闭目塞听就是政府的失效，必然造成民众对政府的不信任。② 综观近十年来的群体性事件可以看出，由于一些地方政府施政的独断化、粗暴化，导致民众对政府公信力认知度的大幅降低，也自然引发了民众与政府之间的政治不信任感。“当前的中国社会已经在一定程度上出现了政治信任的短缺，在个体与个体之间、群体与群体之间、尤其是个（群）体与政府之间（即官民之间），存在着

---

① 李拯：《“正能量”：“参与”改变中国——感受中国前行的力量之九》，载《人民日报》2012 年 11 月 17 日。

② 刘孝云：《群体性事件中的政治信任问题分析》，载《探索》2009 年第 5 期。

一种不良的政治情绪、政治态度和政治心理，即政治不信任。”①

因此，重建官民政治信任，政府负有更大的责任。一方面，政府在施政过程中要体现出决策行为的公正性、科学性；另一方面，在重大决策的拟定、推行过程中也要充分听取、吸纳民众的意见，做到决策的民主化、透明化。只有在政策的制定、实施和评估全流程都做到民众参与、双向互动、信息对称，才能重建民众对政府的信任，进而为防范群体性事件的发生提供良好的政治环境。

四、疏通官民沟通管道

当前，虽然普通民众都已经拥有了开放、即时和交互式的传播工具，但在公共空间的表达中，仍然缺乏话语权。换言之，拥有“话语”，并不意味着对应拥有了“话语权”。而当下中国的公共话语空间，在很大程度上还是被精英所主导。②“元芳体”的流行便折射出民众沟通管道尚有待进一步搭建。③ 官民直接沟通管道的缺失，导致“中国都市社会集体行动的常规的合法利益表达渠道的供给处

① 刘孝云：《群体性事件中的政治信任问题分析》，载《探索》2009 年第 5 期。

② 据复旦大学进行的一项关于微博上最有影响力人士的调查结果显示，40 岁左右的男士在目前中国微博中最有代表性，其发表的言论被网民转载的次数最多。而在这些人中，知识界人士和成功商人占据绝对多数。“复旦研究报告：40 岁男性精英主导微博话语”，载《东方早报》2012 年 3 月 16 日。

③ 2012 年秋，一部古装电视剧中的台词“元芳，你怎么看”一时间成为网络流行语。众多网友模仿该句的表述风格，将对社会现象的诸多不满和质疑，以“元芳，你怎么看”的方式表述，被戏称为“元芳体”。“元芳体”这一语言现象的出现，在一定程度上显示出了部分民众对解决社会不公现象的诉求得不到回应后不满的戏谑。从这一意义上讲，构建起官民沟通的桥梁势在必行。否则，会淤塞正当民意诉求的表达渠道，导致民怨的积累。而民怨积累恰恰是引发群体性事件和涉众型犯罪的心理土壤。

于严重不足的状态”,[①] 尤其是在一些因农村的征地、补偿、村委会腐败等“公共事项”而引发的矛盾中，由于“在国家和农民之间存在着一个隔离带，它阻止了国家与农民的直接沟通”。[②] 也正因如此，导致了民众对部分基层政府及其官员的不信任，进而寻求向更高层级的政府及官员反映民情、表达诉求，而这恰恰是当前上访现象层出不穷的一个根本性原因。而就上访现象而言，其是信访制度被“异化”的表现。按照国务院《信访条例》之规定，信访是指：“公民、法人或者其他组织采用书信、电子邮件、传真、电话、走访等形式，向各级人民政府、县级以上人民政府工作部门反映情况，提出建议、意见或者投诉请求，依法由有关行政机关处理的活动。”但在实践中，信访已经成为基层民众在很难获得与地方政府有效沟通之后不得已采取的常态化行动。[③] 上访现象急剧增加的时期，恰恰也是我国群体性事件迅速上升的时期。在此期间，少数对信访者进行打击和迫害的事件产生了十分严重的政治后果。后果之一，就是使信访成为了有效的社会动员方式和维权抗争的手段，导致集体行动的增加,[④] 并由此导致上访与群体性事件的相互影响和叠加发生。同

---

① 沈杰：《怨恨解释、动员结构和理性选择——有关中国都市地区集体行动发生可能性的分析》，载《开放时代》2004 年第 4 期。

② 张静著：《基层政权——乡村制度诸问题》，浙江人民出版社 2000 年版，第 87 页。

③ 根据对信访制度进行专题研究的学者们的统计，从 1992 年起，全国信访总量连续 11 年上升，并在 2003 年形成了信访洪峰。当年，全国党政信访部门共受理 1272.3 万人（件）次公民来信来访，其中，中央和国家机关受理公民信访量上升 46%，全国党政信访部门共接待公民集体上访的 31.5 万批次，712 万人次，其中 50 人以上的集体上访批次和人次分别比上年上升 33.3% 和 39%，单批集体上访人数达 800 余人，创单批次进京上访人数的最高纪录。（参见于建嵘著：《抗争性政治：中国政治社会学基本问题》，人民出版社 2010 年版，第 217 ~ 218 页）

④ 参见于建嵘著：《抗争性政治：中国政治社会学基本问题》，人民出版社 2010 年版，第 219 页。

时，由于民众缺乏与部分基层政府之间的直接沟通，使得在民众视域中的政府/官员系统，始终是“闪着神奇光辉的中央＋损公肥私的多数地方贪官＋为民做主的少数清官”[①] 的概念系统，这也是民众不断往上寻求获得清正廉洁的高官支持的动力。

因此，治理群体性事件及其所引发的涉众型犯罪，疏通基层官民沟通管道显得尤为迫切。只有将淤塞的民意直接沟通管道疏通，才能“将社会冲突尽可能地置于理性的基础上并保持在理性的范围内”。[②] 近年来，“之所以厦门 PX 事件得以理性解决，而河北定州事件、云南孟连事件、吉林通钢事件最终导致暴力行为，取决于政府是否畅通渠道，让民众畅所欲言表达自己的利益，是否顺应民心、尊重民意、解决问题”。[③]

---

① 应星著：《大河移民上访的故事：从“讨个说法”到“摆平理顺”》，生活·读书·新知三联书店 2001 年版，第 405 页。

② 孙立平著：《断裂——20 世纪 90 年代以来的中国社会》，中国社会科学出版社 2003 年版，第 188 页。

③ 曾庆香著：《群体性事件——信息传播与政府应对》，中国书籍出版社 2010 年版，第 160 页。

第十章　治理涉众型犯罪之微观对策研究

就治理涉众型犯罪而言，在运用治理理论消除群体性事件和涉众型犯罪的产生基础之外，运用刑法手段仍然是应对涉众型犯罪的最为直接的策略。而如何有效地适用刑法，以达到精准定罪、适当科刑的效果，尤其值得关注。为此，在刑法适用的微观层面贯彻宽严相济刑事政策就显得更为必要。

第一节　宽严相济刑事政策之解读

一、宽严相济刑事政策之概念理解

（一）宽严相济刑事政策之提出

2004年12月，中央政法工作会议在京举行。会上，时任中共中央政治局常委、中央政法委书记的罗干指出："正确运用宽严相济的刑事政策，对严重危害社会治安的犯罪活动严厉打击，决不手软；同时，要坚持惩办与宽大相结合，才能取得更好的法律和社会效果。"① 这是宽严相济刑事政策为国家高层首次正式提出。2006年10月，中共中央在《关于构建社会主义和谐社会若干重大问题

---

① 《中央政法工作会议召开，罗干强调宽严相济刑事政策》，载《法制日报》2004年12月24日。

的决定》中首次将“实施宽严相济的刑事司法政策”写入了执政党的重要纲领性文件中。在此前的第十届全国人民代表大会第四次会议上，时任最高人民法院院长肖扬、最高人民检察院检察长贾春旺分别在工作报告中，强调了宽严相济的刑事政策。这标志着宽严相济刑事政策被最高司法机关正式确定为刑事司法的基本原则。2008 年 3 月，在第十一届人大第一次会议上，最高人民法院、最高人民检察院都不约而同地在“两高”报告中对宽严相济刑事政策作出了进一步的阐述。其中，《最高人民法院工作报告》提道："严格执行宽严相济的刑事政策，做到‘该宽则宽，当严则严，宽严相济，罚当其罪’"；《最高人民检察院工作报告》则强调："认真贯彻宽严相济的刑事政策，坚持该严则严，当宽则宽，区别对待，注重效果，制定并实施在检察工作中贯彻宽严相济刑事政策的意见。"① 这标志着宽严相济刑事政策的具体适用标准在我国刑事司法语境中的正式确立。

（二）“宽严相济”的历史探究

就宽严相济刑事政策这一概念而言，“宽严相济”一词虽看似古语化，但实际上，在中国古代的历史文献中，只有“宽猛相济”的提法，而并没有“宽严相济”一词。该词出于《左传》中孔子的一段话："仲尼曰‘善哉，宽则民慢，慢则纠之以猛；猛则民残，残则施之以宽。宽以济猛，猛以济宽，政是以和’。"② 从这一意义上讲，宽猛相济最初主要是历史上所倡导的治理之道。

（三）宽严相济刑事政策之地位

“宽严相济的刑事政策是中国当前刑事法治中的基本刑事政

---

① 《两高报告强调“宽严相济刑事政策”》，载《法制日报》2008 年 3 月 22 日。

② 《左传·昭公二十年》。

策，在中国刑事法学研究和刑事法律实务中起着基础性的作用。"①就这一点而论，宽严相济刑事政策在目前中国刑事司法实践中具有突出的统摄性和鲜明的历史承继性。

首先，就宽严相济刑事政策的统摄性而言，刑事政策本身在抗制犯罪中的地位与功能，就具有战略指导的宏观价值，属于一个国家和社会抗制犯罪的"宏大叙事"。只有坚持以刑事政策的视角认识犯罪治理，才能高屋建瓴地观察到整个国家反犯罪斗争的形势、局面和趋势，而不是被个别犯罪态势所"一叶障目"，或被犯罪周期性的波动所牵制。就宽严相济刑事政策的内核而言，其揭示出了国家治理犯罪时必须区别对待的核心策略；而该政策的适用范围又能涵盖所有的犯罪类型和犯罪人类型。正因如此，宽严相济刑事政策在当下我国刑事政策体系中居于核心地位。

其次，宽严相济刑事政策的历史承继性。在宽严相济刑事政策提出之前，我国在刑事立法和司法的实践中，也有主张"区别对待"的刑事政策，即惩办与宽大相结合的刑事政策，且这一刑事政策还直接被写入了 1979 年刑法第 1 条之中，足见该原则在刑事司法中提纲挈领的地位。② 这一政策的核心在于要求对犯罪和犯罪人实行区别对待，并且将宽大和严厉两方面有机结合起来。③ 而宽

---

① 赵秉志：《宽严相济的刑事政策与刑法解释关系论》，载《河南省政法管理干部学院学报》2008 年第 2 期。

② 需要说明的是，在 1997 年刑法大幅修订后，"惩办与宽大相结合的刑事政策"却悄然淡出 1997 年刑法，个中缘由未见官方的任何解释，由此也给刑法学理论界留下了不小的谜团，也引发了众多的猜测。而其中最有影响力的一个解释，是"为了给严打刑事政策让路"（参见陈兴良：《宽严相济刑事政策研究》，载《法学杂志》2006 年第 1 期）。在进入 21 世纪之后，随着国家高层对犯罪治理思路的调整，宽严相济刑事政策的提出似乎又对原"惩办与宽大相结合的刑事政策"进行了接续。

③ 黄华生：《"宽严相济"与"两极化"之辨析》，载《法学家》2008 年第 6 期。

严相济刑事政策的核心也在于“对刑事犯罪分清轻重，区别对待，做到该严则严，当宽则宽，宽中有严，严中有宽，处罚轻重适宜，符合罪责刑相适应的原则”。[①] 由此可见，二者在本质内核上具有明显的承继性。既然惩办与宽大相结合的刑事政策曾经是基本的刑事司法指导原则，那么作为其延续的宽严相济刑事政策也自然具有了在刑事政策体系中的核心地位。

二、宽严相济刑事政策之释义

就宽严相济刑事政策而言，透过对“宽”、“严”、“相济”三个关键词内涵的认知，可以读出这一刑事政策的基本蕴含。

首先，就“宽”而言，意味着宽大、宽缓。进一步讲，又包含“当宽必宽”和“可宽宜宽”两方面的意思。

一方面，在对犯罪人量刑时，应当严格遵循刑法的规定，做到“当宽必宽”。具体而言，“当宽必宽”是指，在犯罪人具有刑法所规定的从轻、减轻、免除处罚情节时，须依法对其适用相关从宽情节，且司法人员必须将相关的从宽处罚情节在侦查、起诉、审判等环节中加以充分考虑和体现。[②]

另一方面，坚持“可宽宜宽”，即在犯罪人虽不具有刑法渊源中所明确规定的各类型从宽处罚情节，但具有酌定从轻处罚的相关情节（如犯罪人系初犯、偶犯；犯罪系因恋爱、婚姻、家庭、邻

---

① 马克昌：《“宽严相济刑事政策”与刑罚立法的完善》，载《法商研究》2007 年第 1 期。

② 现行刑法典中对于从轻、减轻、免除处罚的情节规定有十余处之多，散见于总则与分则之中。例如，总则部分对于未成年人犯罪、老年人犯罪、孕妇或者怀孕期间的妇女罪犯、犯罪未完成形态、共同犯罪中的非主犯类型、防卫过当、避险过当、自首、立功等情节规定了若干从宽处罚的情节；分则部分则对收买被拐卖的妇女、儿童罪，拒不支付劳动报酬罪，非法种植毒品原植物罪，行贿罪等犯罪规定了对行为人在犯罪后具有的特定悔改情节从宽处罚的规定。

里纠纷等民间矛盾激化引发，或因劳动纠纷、管理失当等原因引起；犯罪人在案发后进行赔偿，并认罪、悔罪等情形）的，在对犯罪人量刑时，也应尽量对其适用较为宽缓的刑罚。

其次，就“严”而论，意味着严厉，即“当严必严”。总体而言，“严”即严密刑事法网、严肃刑罚执行。具体而言，又可以从犯罪类型和犯罪人类型两方面来理解和适用。

就犯罪类型而言，对于危害国家安全犯罪、恐怖组织犯罪、邪教组织犯罪、黑社会性质组织犯罪、恶势力犯罪、故意危害公共安全犯罪等严重危害国家政权稳固和社会治安的犯罪，和故意杀人、故意伤害致人死亡、强奸、绑架、拐卖妇女儿童、抢劫、重大抢夺、重大盗窃等严重暴力犯罪和严重影响人民群众安全感的犯罪，以及走私、贩卖、运输、制造毒品等严重毒害人民健康和社会安全的犯罪，尤其是在当前社会处于深刻转型期，以不特定人为侵害对象、滥杀无辜的犯罪行为；① 同时，对于国家工作人员贪污贿赂、滥用职权、失职渎职的严重犯罪，黑恶势力犯罪，重大安全责任事故，制售伪劣食品药品所涉及的国家工作人员职务犯罪，发生在社会保障、征地拆迁、灾后重建、企业改制、医疗、教育、就业等领域严重损害群众利益、社会影响恶劣、群众反映强烈的国家工作人员职务犯罪，发生在经济社会建设重点领域、重点行业的严重商业贿赂犯罪等，均应作为刑事司法的重点，予以有针对性的依法严惩，即“在具体的刑事司法中体现为适用普通程序和刑事诉讼化、

---

① 当前中国正处于社会深刻转型期，各种利益结构深度调整、各种矛盾冲突不断凸显。在此期间，个别社会失意人员因褊狭、阴暗的心理，出于极端仇视社会、病态报复公众的目的，在偏激、暴戾的冲动之下，针对不特定人所实施的暴力犯罪屡见不鲜，如近年来发生在福建南平、广西平南等地的犯罪人持菜刀对幼儿园内孩童实施凶残砍杀，造成多名儿童伤亡的惨烈案件。

刑罚化与监禁化，直至适用最严厉的刑罚——死刑”。①

就犯罪人而言，对于事先精心预谋、策划犯罪的犯罪人，具有惯犯、职业犯等情节的犯罪人，或者因故意犯罪受过刑事处罚，在缓刑、假释考验期内又犯罪的犯罪人，以及累犯、毒品犯罪的再犯，也应当要依法严惩，以实现刑罚特殊预防的功能。

最后，就“相济”来讲，意味着“协调运作”，蕴含着结合、配合、补充、渗透、协调、统一、和谐之意，亦即协调运用宽松刑事政策与严格刑事政策，以实现二者的相互依存、相互配合、相互补充、相互协调、有机统一。② 具体在刑事司法过程中，“相济”主要表现在以下几个方面：在对各类犯罪依法处罚时，要善于综合运用宽和严两种手段，对不同的犯罪和犯罪分子区别对待，做到严中有宽、宽以济严、宽中有严、严以济宽，此其一；其二，对严重刑事犯罪依法从严惩处的同时，对犯罪人具有自首、立功、从犯等法定或酌定从宽处罚情节的，还要注意宽以济严，根据犯罪的具体情况，依法应当或可以从宽的，都应当在量刑上予以充分考虑；其三，在对较轻的刑事犯罪依法从轻处罚的同时，要注意严以济宽，充分考虑被告人是否具有屡教不改、严重滋扰社会、群众反映强烈等酌定从严处罚的情况，对于不从严不足以有效惩戒者，也应当在量刑上有所体现，做到济之以严，使犯罪分子受到应有处罚，切实增强改造效果；其四，对于犯罪人同时具有法定、酌定从严和法定、酌定从宽处罚情节的案件，要在全面考察犯罪的事实、性质、情节和对社会危害程度的基础上，结合被告人的主观恶性、人身危险性、社会治安状况等因素，综合作出分析判断，总体从严，或者总体从宽。当然，在“宽”与“严”二者的关系如何协调上，我

---

① 赵秉志：《和谐社会构建与宽严相济刑事政策的贯彻》，载《吉林大学社会科学学报》2008 年第 1 期。

② 赵秉志：《和谐社会构建与宽严相济刑事政策的贯彻》，载《吉林大学社会科学学报》2008 年第 1 期。

们认为，在当前我国刑事司法总体上还是具有较浓厚的重刑化色彩的背景下，“宽”和“严”之间就应是有所侧重的，即二者之间不是平均着力的，宽严相济政策在当前理应侧重于“宽”。①

综上所述，宽严相济刑事政策可以归结为：当宽则宽，该严则严，轻中有严，重中有宽，宽严有度，宽严适时，其核心则是区别对待。

第二节 宽严相济刑事政策视角下涉众型犯罪治理之考察

虽然宽严相济刑事政策提出已近十年，且这一政策已经被确立为司法机关处理刑事案件的基本适用准则，但在实践中，就治理涉众型犯罪而言，还存在诸多不符合宽严相济刑事政策要求的现象。

首先，对涉众型犯罪的入罪标准掌握较为宽泛，导致将一些普通群体性治安事件予以犯罪化处置。按照我国刑法之相关规定，涉众型犯罪所涉及的诸罪名（如聚众扰乱公共秩序罪，聚众冲击国家机关罪，聚众扰乱公共场所秩序、交通秩序罪，非法集会、游行、示威罪，破坏集会、游行、示威罪，侮辱国旗、国徽罪等）都要求具体的行为达到“情节严重”、“造成严重损失”、“严重破坏社会秩序”等必备要素，即一般而论，涉众型犯罪属于情节犯。可见，并非只要出现了聚众封堵机关、企业、事业单位出入通道，或在前述场所内外纠缠、哄闹或在车站、码头、民用航空站、商场、公园、影剧院、展览会、运动场等场所进行聚集的行为就一律按照犯罪处理。相反，在许多群体性事件中，一方面，参与人员人数并非特别多，如在很多因医患纠纷所引发的群体性事件中，参与

① 储槐植、赵合理：《构建和谐社会与宽严相济刑事政策之实现》，载《法学杂志》2007年第11期。

人员多是具有直接利害关系的人员，其人数、规模本来就处于一定范围之内；另一方面，参与人员虽有哄闹、纠缠等行为，但始终未采取打砸、损毁、推搡、殴打等过激举动；再一方面，参与人员扰乱或冲击相关公共场所或在相关公共场所聚集的时间并不太长，或者经相关部门规劝后即主动停止行为或自行离去。因此，这些群体性事件并不具备刑法所规定的入罪情节，仅属于治安案件范畴，不应由刑法介入。然而，现实中的不少地方政府出于对“维稳”政策的过度解读，对部分民众采用非常规方式表达诉求的反应过度，或认为一些民众要求维护权益、保护环境的诉求影响到了当地的城市发展、招商引资，使得地方政府指令司法机关将并未构成犯罪的群体性集体行为作犯罪化处置，① 直接导致刑法适用失当，严重背离宽严相济刑事政策的基本要求。

其次，在对涉众型犯罪中的行为人的身份认定上把握过宽，导致对参与人员的打击面过宽。涉众型犯罪虽是对社会管理秩序的严重扰乱，但我国刑法在对此类型犯罪的行为人惩治时却划定了较为严格的刑罚处罚圈。例如，根据刑法第 290 条之规定，聚众扰乱社会秩序罪和聚众冲击国家机关罪的犯罪主体仅为首要分子和积极参加人；根据刑法第 391 条之规定，聚众扰乱公共场所秩序、交通秩序罪的犯罪主体仅为首要分子；根据刑法第 296 条之规定，非法集会、游行、示威罪的主体仅为负责人和直接责任人员等。由此，从刑事立法的安排上可以看出，涉众型犯罪虽参与人员众多，但适用刑罚的仅是其中的核心人员或起到主要作用的人员，而非凡是参与

---

① 近年来，一些地方相继出现了出租车司机采取集体罢运方式抵制出租车公司不合理收费的做法，这一行为方式虽然给当地民众的出行造成了一定的不便，但因行为本身的不作为性、非攻击性等特征，就其性质而言，根本未达到“情节严重”、需刑法介入的程度，但一些地方政府出于对“维稳”的过度化理解，仍将事件按照聚众扰乱社会秩序罪定罪量刑。这无论在治理思路还是在刑法适用上，都存在严重问题。

其中、曾有过激举动的人员均一律入罪。然而，一些地方在处置涉众型犯罪案件的过程中却不同程度地存在将参与人员“升格化”处理的问题，即将一般参与人员作为积极参加人员，或者在首要分子并不突出和明显甚至并不存在典型的首要分子的情形下，将其他积极参加人员视为首要分子；此外，个别地方在处置涉众型犯罪过程中，甚至按照群体性事件大致涉及人数的比例确定所谓犯罪人的现象。这些做法都导致了对行为人区分标准不明、入罪标准把握过宽，最终出现刑法打击面过宽的现象。

再次，对涉众型犯罪的犯罪人处罚存在重刑化倾向，导致“严多宽少”、“当宽未宽”、“该严过严”的现象在一定程度上较普遍地存在。就重刑化现象而言，具体又表现为以下几种：

其一，量刑时所适用的刑种过重、刑期过长。根据笔者对全国部分人民法院审理涉众型犯罪的一审刑事判决的梳理、归纳，在被判处的聚众扰乱社会秩序罪中，适用有期徒刑的平均比例为77.5%，适用拘役的平均比例为18.6%，适用管制的平均比例仅为3.9%，而没有一件判决单处剥夺政治权利。其中，对首要分子判处有期徒刑的刑期通常集中在5年左右，对其他积极参加人判处有期徒刑的刑期通常集中在1年6个月至3年。在被判处的聚众冲击国家机关罪中，适用有期徒刑的平均比例为93.4%，适用拘役的平均比例为5.7%，适用管制的平均比例仅为0.9%，也没有一件判决单处剥夺政治权利。其中，对首要分子判处有期徒刑的刑期通常集中在7年左右，对其他积极参加人判处有期徒刑的刑期通常集中在3年至5年。[①] 在被判处的聚众扰乱公共场所秩序罪中，适用有期徒刑的平均比例为84.3%，适用拘役的平均比例为15.7%，

---

① 因刑法对聚众冲击国家机关罪的刑罚规定更重，因此，收集的此罪名判决书中罪犯的刑期通常较之聚众扰乱社会秩序罪更长。但透过判决，也能隐约读出一些地方司法机关或地方政府出于“政府威权不容受到蔑视”的认识，对冲击国家机关这一行为均存在从重处罚的潜意识冲动。

无适用管制的判决。其中，对首要分子判处有期徒刑的刑期通常集中在3年至4年6个月。

其二，在有关涉众型犯罪的轻刑犯的刑罚适用上，存在过多适用实刑、极少适用缓刑的现象。同样，根据笔者对相关判决的统计，在前述几类典型的涉众型犯罪中，虽然各罪的法定刑中都有可以适用缓刑的区间，如对聚众扰乱社会秩序罪的其他积极参加人的绝大部分量刑区间（3年以下有期徒刑、拘役）均可以适用缓刑，对聚众冲击国家机关罪的其他积极参加人的量刑区间中（5年以下有期徒刑、拘役）的大部分仍可以适用缓刑，对聚众扰乱公共场所秩序罪的首要分子量刑区间中（5年以下有期徒刑、拘役）的大部分也可以适用缓刑。但是，在实践中，前几类犯罪被判处有期徒刑适用缓刑的平均比例，聚众扰乱社会秩序罪仅为5.7%，聚众冲击国家机关罪仅为0.5%，聚众扰乱公共场所秩序罪仅为3.4%。①

其三，量刑中未充分考虑案件起因、缘由等酌定量刑情节。目前，有相当比例的涉众型犯罪是由之前部分民众为保障自身合法权益而引发的群体性事件升级而发生的。从这一意义上讲，一旦探究此类涉众型犯罪的起因，则会发现，犯罪行为人此前合法权益受到损害或权益长期无法保障等原因是导致其实施犯罪的不容忽视的客观诱因，从量刑角度上讲，这也是可以从轻处罚的酌定情节。然而，现实中不少地方司法机关在处置中往往仅局限于具体罪名的犯罪成立要件和犯罪事实的认定上，而对案件的起因事实完全未纳入量刑的视野之中，导致相关判决之后，被告人及其家属不服判决、

---

① 需要说明的是，笔者在分析资料的过程中发现，虽然涉众型犯罪的判决适用缓刑的整体比例极低，但从纵向时间维度上看，出现适用缓刑的判决均是出现在2009年以后。从这一点上可以看出：2008年云南“孟连事件”和贵州“瓮安事件”发生后，国家高层对重大群体性事件根源的深刻思考和对此类事件处置思路的转变，在一定程度上对之后司法机关的轻缓化量刑产生了影响，就此而言，应该是一个值得欣慰的开端。

相关社会公众亦不认同判决的情形在，很大程度上也使司法机关的公信力和法律的信仰度受到了损害。

最后，在刑事诉讼流程中，对涉众型犯罪的犯罪嫌疑人、被告人采取的人身羁押性强制措施的比例过高。因涉众型犯罪中的大多数犯罪行为人均系偶犯、初犯和激情犯，主观恶性和人身危险性均不是特别大，且多数具有较为稳定的职业和家庭，故在侦查过程中，如果行为人有真诚悔罪表现、主动交代了相关犯罪事实，且办案机关已经固定了相关犯罪事实、其他同案人员也相继归案，则可以视犯罪情节采取非羁押性的强制措施。然而在现实中，有相当多的涉众型犯罪的犯罪嫌疑人、被告人完全具备可以采取取保候审、监视居住等非羁押性强制措施的条件，但司法机关采取此类非羁押性强制措施的比例却非常之低。这样一来，一方面会导致犯罪嫌疑人、被告人在认罪心理上出现反复，从而在庭审中否认自己在侦查机关的有罪供述，直接增加庭审的难度；另一方面，由于刑事诉讼环节一直采取刑事拘留、逮捕的强制措施，也使得人民法院在量刑时，即使认为被告人符合适用缓刑的各种条件，但鉴于前期一直处于羁押状态，出于刑事司法流程的惯性，审判人员不愿意自己承担变更嫌疑人、被告人人身羁押状态的风险，这也成为了涉众型犯罪缓刑适用比例极低的一个重要原因。

第三节　宽严相济刑事政策视角下涉众型犯罪治理之完善

应该说，当前宽严相济刑事政策的核心在于将不同性质的犯罪和不同类型的犯罪人予以区别对待，以实现对严重犯罪和具有严重人身危险性的罪犯严厉处罚、对非严重犯罪和尚不具有严重人身危险性的罪犯予以轻缓处罚，实现“轻轻重重”的刑罚节约化投入和精准化打击。而反观当下我国涉众型犯罪的治理总体情形，还较为突出地存在前文所述的种种情形。这既不符合宽严相济刑事政策精神，也不利于涉众型犯罪的有效惩治与预防。为此，实有必要本着宽严相济刑事政策的精神，从认识观、处置论等角度对涉众型犯罪的治理予以再度审视和重新塑造。

一、树立科学的涉众型犯罪认识观

正如本书上篇部分对涉众型犯罪成因的阐释中所述，群体性事件及其所引发的涉众型犯罪是转型时期的中国所不可避免的社会现象，也是发展过程中必须支付的“成本”。因此，无论是官方政府还是社会民众都大可不必将其视为影响发展的洪水猛兽或导致社会动荡的罪魁祸首。相反，犯罪自身“作为一种非法利益的表达和获得方式，不但有着社会排污功能、警示功能、‘安全阀’功能，可以促使全社会去正视和解决社会肌体本身的弊病，而且也在一定意义上推动了生产力的发展”。[①] 申言之，作为直接凸显社会转型期在一些地方或一些领域较普遍存在的民众权益受损、贫富差距扩大、环境污染严重、官员贪腐突出等一系列社会“症状”的涉众型犯罪，更是对当前中国社会发展过程中理念的转变、政策的调整、机制的完善起到了“提前预警”和“反向检视”的功效。[②] 因此，只有树立起涉众型犯罪“长期存在、辩证对待”的认识论，才能科学、客观地运用刑法手段对其进行治理。

---

① 胡联合著：《转型与犯罪：中国转型期犯罪问题的实证研究》，中共中央党校出版社2006年版，第137～138页。

② 在对最近几年所发生的典型涉众型犯罪进行处置之后，官方政府也对滋生涉众型犯罪的社会原因进行了深刻思考，进而采取了一系列的制度完善和机制建立的举措。例如，贵州“瓮安事件”后，当地政府加大了对西部资源匮乏地区经济结构的调整和民生保障的投入；广东“汕尾事件”发生后，当地高层也加大了对当地基层组织的建设，并加强了对民众诉求表达机制的保障。从这一意义上讲，涉众型犯罪在一定程度上促进了对社会痼疾的革除和对发展偏差的纠错。

二、确立涉众型犯罪的综合治理观

犯罪，就本质而论，是社会矛盾最极端化的表现形式，故以刑法遏制犯罪，并非根本性举措。尤其是鉴于涉众型犯罪生成机理的特殊性，在对其治理时，绝不能“言必称刑”或“首治用刑”；相反，正如当今西方刑事政策学者的精辟界定，“刑事政策就是社会整体据以组织对犯罪现象的反应的方法的总和，因而是不同社会控制形式的理论与实践”。① 因此，刑事政策应该“合理地组织对犯罪的反应，必须优先发挥刑法（罚）和刑事司法之外的其他社会政策手段的作用，把刑法（罚）及刑事司法作为最后的预防和控制方针，尽量慎用刑罚、少用刑罚乃至不用刑罚，以犯罪人遭受必要和最小限度的损害为代价，刑法（罚）及刑事司法支出最小成本，达到最大限度地保护社会秩序和个人自由的目的”。② 就治理群体性事件及由此引发的涉众型犯罪而言，各级政府都需要破除“刑法迷信”，摆脱“刑至则事息”、“治乱世用重典”的惯性思维，将治理群体性事件和涉众型犯罪的着力点更多地放在促进经济发展、切实改善民生、充分保障民众权益、加大惩治腐败力度、缩小贫富差距上来，从根本上减少群体性事件发生的根源，而将刑法仅作为社会问题解决的最后一道防线。正如学者所言，“对于犯罪，动辄用之以严刑峻法，强调严厉无情地打击，会导致整个社会心理的暴戾”，③“刑罚的效益之高低既取决于刑罚运行机制，也取决于社会控制能力。在一个发展程度较高的社会，政府权力受到限

---

① ［法］米海依尔·戴尔玛斯－马蒂著：《刑事政策的主要体系》，卢建平译，法律出版社2000年版，译序第1～2页。

② 王树茂：《合理组织对犯罪的反应——刑法谦抑主义指导下的刑事政策观》，载《法学杂志》2006年第4期。

③ 胡云腾、廖万里：《宽严相济刑事政策的刑法学解读——兼论在构建和谐社会中的作用》，载赵秉志主编：《和谐社会的刑事法治》，中国人民公安大学出版社2006年版，第169页。

制，并且又能有效地对社会进行治理，因而就会降低对刑罚的依赖，尤其是降低对重刑的依赖，其刑罚轻缓也就是必然趋势”。①

三、对涉众型犯罪中参与人员身份甄别的区别化

正如本书所述，宽严相济刑事政策的核心在于“区别对待”，因此，在面对每一起涉众型犯罪案件时，都应该本着这一刑事政策的精神对其中的一般参与人员、其他积极参加人和首要分子予以严格界定和分别处置。详言之，在涉众型犯罪中，对于那些基于“盲从”心理和“法不责众”意识而参与到群体之中，但自己的行为仅仅是跟随造势、附和起哄或者效仿他人实施轻微违法行为的人员，其主观方面实施违法行为的动机并不十分强烈和突出，其在客观上也并未完整、积极地实施具体涉众型犯罪客观要件的行为，故其本人在共同犯罪中尚未起到组织犯、实行犯的主要作用，也未对涉众型犯罪的危害结果产生直接的牵引或推动影响，故对这类人员不宜作为犯罪处理；对于在涉众型犯罪中，主观上具有较强烈的反规范冲动，客观上具有积极的实行犯举动，如主动窜至聚众人群前列，踊跃实施侵入相关单位场所，围堵出入通道，率先推搡、辱骂、殴打国家工作人员，肆意打砸财物等涉众型犯罪具体罪名客观要件行为的人员，由于此类人员的实行犯身份，加之主观犯意较强烈，其积极实施犯罪行为的举动对其他跟随人员的效仿起到了示范和刺激作用，客观上对于犯罪规模的扩大、态势的升级、危害后果的加剧等结果具有直接因果关系，因此，此类人员应当视为特定涉众型犯罪的积极参加人，并综合根据其犯罪行为的诸情节，比照刑法相关规定依法处罚；对于在涉众型犯罪中，发起犯意、纠集他人、制订计划、指挥行为的人员，由于其在犯罪的全部进程中始终扮演着组织者和策划人的角色，居于各犯罪人的核心地位，即使此

① 陈兴良：《宽严相济刑事政策研究》，载《法学杂志》2006 年第 2 期。

类人员在个别案件中并未直接实施实害行为，仍然应当作为首要分子处理。这样的区别对待也符合《最高人民检察院关于在检察工作中贯彻宽严相济刑事司法政策的若干意见》中有关“对群体性事件中的犯罪案件应当坚持惩治少数，争取、团结、教育大多数的原则”。

四、对涉众型犯罪中偶发犯罪人处置的轻缓化

在对涉众型犯罪中的各类人员进行了严格的甄别后，对于积极参加人和首要分子均应当依法惩治。但须注意的是，积极参加人或首要分子一方面需要对其犯罪行为承担刑事责任，但另一方面，也不应该忽视一些犯罪人系偶发犯罪人的情形。这类偶发犯罪人往往具有临时犯罪人格，其犯罪决意并非由来已久，只是受到特定外界场景感染、刺激或听闻他人的诱导而临时性地表现出来，其参与犯罪具有相当程度的偶然性，而在犯罪之后通常又表现出悔悟。① 因此，对于涉众型犯罪中的此类人员，在量刑时对其适用较为轻缓化的刑罚，既能收到特殊预防和一般预防的功效，又完全符合“该宽则宽、当严则严、严中有宽、宽严适当”的宽严相济刑事政策的要旨。对此类犯罪人而言，通常情形下“对群体性事件中的犯罪案件应当坚持惩治少数，争取、团结、教育大多数的原则等”（《最高人民检察院关于在检察工作中贯彻宽严相济刑事司法政策的若干意见》）。

---

① 2012 年 9 月，因日本政府非法将中国领土钓鱼岛予以所谓的“国有化”行径，中国民众爆发了空前的抗议浪潮，并自发地组织起爱国示威活动。但在游行过程中，少数人员实施了严重的打砸行为，触犯刑法，并被公安机关依法采取刑事强制措施。这些人员中的大部分人并无违法犯罪的不良记录，都是在游行过程中因受到感染、鼓动而临时起意实施犯罪行为的，且其中绝大多数人在事后均表示极度后悔。

五、注重量刑时对涉众型犯罪产生背景因素体现的显性化

正如学者所言，“在犯罪治理的过程中，不能将眼睛紧紧盯在对犯罪分子的‘身体惩戒’上，而应更加关注由利益分化、权利失衡等引发的社会心理失衡现象”。[①] 而现实中大量的因群体性事件所引发的涉众型犯罪，都有特定的矛盾起因、激化缘由和诱发因素，甚至很多案件中的首要分子和积极参加人往往就是其自身权益长期受到不法侵害或得不到有效维护的被害人员。因此，对于此类案件，即使行为人在案件中具有从重处罚的相关情节，但在量刑时也有必要将这些背景情状作为对犯罪人酌定从轻处罚的情节，与其犯罪行为分别考量、单独评价，以体现宽严相济刑事政策的“当宽则宽、该严则严、轻中有严、重中有宽”的精神内核。

六、注重宽缓化程序机制在刑事诉讼适用中的全流程化

“刑罚轻缓是刑法谦抑的题中之义”，[②] 体现了宽严相济刑事政策中彰显宽和的一面，既需要在刑事实体法中得到实现，也需要在刑事程序法中得以遵循。因此，在涉众型犯罪的治理中，也需要在刑事诉讼程序中贯彻“该宽则宽、宽严适度”的精神。换言之，在一些涉众型犯罪中，如果犯罪嫌疑人或被告人系偶犯、初犯，犯罪之后如实供述了犯罪事实，且在侦查机关已经固定了相关证据的情形下，完全可以对犯罪嫌疑人或被告人适用非羁押性的刑事强制措施。这样既可以彰显刑事政策宽仁的一面，更为重要的是，这一举措也能凸显政府解决矛盾、听取诉求的诚意，从而更有利于相关矛盾的最终化解。

---

① 周建达：《转型期我国犯罪治理模式之转换——从“压力维控型”到“压力疏导型”》，载《法商研究》2012 年第 2 期。

② 陈兴良：《宽严相济刑事政策研究》，载《法学杂志》2006 年第 2 期。

结　语

经典主义学说将犯罪概念定义为“蔑视社会秩序最明显最极端的表现”。① 按此观点申言之，涉众型犯罪就是这种蔑视社会行为的公然化和集群化，从逻辑上讲，显然具有更大的社会危害性和更强的社会冲击性，理应运用刑罚严厉惩治。然而，当我们将目光投射到正处于发展“高速期”、改革“攻坚期”、创新“破冰期”和矛盾“凸显期”的当下中国就会发现，群体性事件及由此引发的涉众型犯罪的产生都有着较深刻的社会背景因素，群体性事件及其所引发的涉众型犯罪在短时间内还不可能完全消除。如果这些根源性因素被遮蔽或被漠视，一味坚持“唯刑法论”或“泛化用警”观，显然是很难取得标本兼治效果的，甚至可能滋生更多的不安定因素或激化更大的矛盾。相反，应当正视涉众型犯罪在当前乃至今后一段时期存在的必然性，检视引发涉众型犯罪的诸因素，切实采取维护民众权益、确保民意表达、加强反腐肃贪等一系列消除导致群体性事件发生的综合举措；同时，应当严格依照刑法规定精准定罪，并遵循宽严相济刑事政策的基本精神，准确甄别一般参与人、积极参加人和首要分子，在对犯罪人量刑时亦体现“区别对待、该宽则宽、该严则严、宽中有严、重中又宽”的裁量原则，以此方能实现对涉众型犯罪的有效治理。

---

① 《马克思恩格斯全集》（第三卷），人民出版社 1960 年版，第 691 ~ 692 页。

值得欣慰的是，近年来国家高层充分强调了对群体性事件及其引发的涉众型犯罪的治理思路的转变，各级地方政府也开始逐渐反思和调整对此类事件的处置方式。就此而论，对涉众型犯罪整体治理的新机制的形成，对转型时期的中国具有显著的现实意义。从这一意义上讲，“一个法律制度若要恰当地完成职能，就不仅要力求实现正义，而且还必须致力于创造秩序”。①

① ［美］博登海默著：《法理学：法律哲学与法律方法》，邓正来译，中国政法大学出版社 1999 年版，第 318 页。

主要参考文献

按引文先后排序

一、论著类

1. ［法］米海依尔·戴尔玛斯－马蒂著：《刑事政策的主要体系》，卢建平译，法律出版社 2000 年版。

2. ［美］E. 博登海默著：《法理学、法哲学及其方法》，邓正来、姬敬武译，华夏出版社 1987 年版。

3. 屈学武著：《公然犯罪研究》，中国政法大学出版社 1998 年版。

4. 李宇先著：《聚众犯罪研究》，湖南人民出版社 2004 年版。

5. 杨和德著：《群体性事件研究》，中国人民公安大学出版社 2002 年版。

6. 任红杰著：《社会稳定问题前沿探索》，中国人民公安大学出版社 2005 年版。

7. 高文锦、马金旗著：《边境地区群体性事件的预防和处置》，群众出版社 2006 年版。

8. 周保刚著：《社会转型期群体性事件预防、处置工作方略》，中国人民公安大学出版社 2008 年版。

9. 应星著：《大河移民上访的故事》，生活·读书·新知三联书店 2001 年版。

10. 于峥嵘著：《抗争性政治》，人民出版社 2010 年版。

11. 张明楷著：《刑法学》（第二版），法律出版社 2003 年版。

12. 刘德法著：《聚众犯罪理论与实务研究》，中国法制出版社 2011 年版。

13. ［意］贝奈戴托·克罗齐著：《历史学的理论和实际》，傅任敢译，商务印书馆 1982 年版。

14. 李培林、张翼、赵延东、梁栋著：《社会冲突与阶级意识——当代中国社会矛盾问题研究》，社会科学文献出版社 2005 年版。

15. 赵鼎新著：《社会与政治运动讲义》，社会科学文献出版社 2006 年版。

16. 《毛泽东选集》（第五卷），人民出版社 1977 年版。

17. 中共中央文献研究室编：《〈关于建国以来党的若干历史问题的决议〉注释本》，人民出版社 1983 年版。

18. 中共中央文献研究室编：《建国以来重要文献选编》（第 10 册），中央文献出版社 1994 年版。

19. 费孝通著：《乡土中国·生育制度》，北京大学出版社 1998 年版。

20. 薄一波著：《若干重大决策与事件的回顾》（下卷），中共中央党校出版社 1993 年版。

21. 《毛泽东文集》（第七卷），人民出版社 1999 年版。

22. 《刘少奇选集》（下卷），人民出版社 1985 年版。

23. 张厚安、徐勇著：《中国农村政治稳定与发展》，武汉人民出版社 1995 年版。

24. 黄仁宇著：《十六世纪明代中国之财政》，生活·读书·新知三联书店 2007 年版。

25. 梅传强著：《犯罪心理生成机制研究》，中国检察出版社 2004 年版。

26. 翟中东著：《犯罪控制——动态平衡论的见解》，中国政法大学出版社 2004 年版。

27. ［美］路易斯·谢利著：《犯罪与现代化》，何秉松译，中信出版社 2002 年版。

28. ［美］戴维·波普诺著：《社会学》，李强译，中国人民大学出版社 2002 年版。

29. 李宁著：《群体心理学》，暨南大学出版社 2000 年版。

30. ［德］京特·雅科布斯著：《规范·人格体·社会——法哲学前思》，冯军译，法律出版社 2001 年版。

31. ［法］古斯塔夫·勒庞著：《乌合之众：大众心理研究》，冯克利译，中央编译出版社 2005 年版。

32. ［法］让·诺埃尔·卡普费雷著：《谣言——世界上最古老的传媒》，郑若麟译，上海人民出版社 2008 年版。

33. 庹继光、李缨著：《法律传播导论》，西南交通大学出版社 2006 年版。

34. 梁良著：《从众》，东方出版中心 2007 年版。

35. 高铭暄、马克昌主编：《刑法学》，北京大学出版社、高等教育出版社 2007 年版。

36. 赵秉志主编：《扰乱公共秩序罪》，中国人民公安大学出版社 2003 年版。

37. 陈兴良、曲新久、顾永忠著：《案例刑法教程》，中国政法大学出版社 1994 年版。

38. 李希慧著：《妨害社会管理秩序罪新论》，武汉大学出版社 2001 年版。

39. 张明楷著：《刑法学》，法律出版社 2007 年版。

40. 林山田著：《刑法特论》，台湾三民书局股份有限公司 1980 年版。

41. 王作富主编：《刑法分则实务研究》，中国方正出版社 2003 年版。

42. 高铭暄主编：《新中国刑法学》，中国人民大学出版社 1998 年版。

43. 张穹主编：《修订刑法条文实用解说》，中国检察出版社 1997 年版。

44. 肖中华著：《犯罪构成及其关系论》，中国人民大学出版社 2000 年版。

45. 高铭暄主编：《刑法学原理》（第二卷），中国人民大学出版社 1993 年版。

46. 陈兴良著：《刑法适用总论》（上卷），法律出版社 1999 年版。

47. 谢望原主编：《台、港、澳刑法与大陆刑法比较研究》，中国人民公安大学出版社 1998 年版。

48. 王志祥著：《危险犯研究》，中国人民公安大学出版社 2004 年版。

49. 黄村力著：《刑法总则比较研究》，台湾三民书局股份有限公司 1995 年版。

50. 陈朴生著：《刑法专题研究》，台湾三民书局股份有限公司 1988 年版。

51. 马克昌主编：《犯罪通论》，武汉大学出版社 1999 年版。

52. 马长生著：《刑法学》，中南大学出版社 2000 年版。

53. 高铭暄主编：《刑法学》，北京大学出版社 1998 年版。

54. 周振想主编：《中国新刑法释论与罪案》，中国方正出版社 2001 年版。

55. 高西江主编：《刑法的修订与运用》，中国方正出版社 1999 年版。

56. 姜伟著：《犯罪形态通论》，群众出版社 1993 年版。

57. 吴振兴著：《罪数形态论》，中国检察出版社 1996 年版。

58. 顾肖荣著：《刑法中的一罪与数罪问题》，学林出版社 1986 年版。

59. 高铭暄著：《中华人民共和国刑法总则要义》，群众出版社 1981 年版。

60. 高铭暄主编：《刑法专论》（上），高等教育出版社 2002 年版。

61. 陈兴良主编：《刑法学》，复旦大学出版社 2003 年版。

62. 马克昌主编：《犯罪通论》，武汉大学出版社 2003 年版。

63. 马克昌主编：《中国刑事政策学》，武汉大学出版社 1992 年版。

64. 林准著：《中国刑法教程》，人民法院出版社 1989 年版。

65. 高格著：《刑法问题专论》，吉林大学出版社 1996 年版。

66. 何秉松著：《刑法教科书》，中国法制出版社 1995 年版。

67. 俞可平主编：《治理与善治》，社会科学文献出版社 2000 年版。

68. ［德］弗兰茨·冯·李斯特著：《德国刑法教科书》，徐久生译，法律出版社 2000 年版。

69. ［德］哈贝马斯著：《在事实与规范之间：关于法律和民主法治国的商谈理论》，童世骏译，三联书店 2003 年版。

70. ［美］P. 诺内特、P. 塞尔兹尼克著：《转变中的法律与社会：迈向回应型法》，张志铭译，中国政法大学出版社 2004 年版。

71. ［意］贝卡利亚著：《论犯罪与刑罚》，黄风译，中国大百科全书出版社 1993 年版。

72. 孙立平著：《断裂——20 世纪 90 年代以来的中国社会》，社会科学出版社 2003 年版。

73. 刘伯龙、竺乾威主编：《当代公共政策》，复旦大学出版社 2000 年版。

74. 《邓小平文选》（第 2 卷），人民出版社 1994 年版。

75. 张静著：《基层政权——乡村制度诸问题》，浙江人民出版社 2000 年版。

76. 曾庆香著：《群体性事件——信息传播与政府应对》，中国书籍出版社 2010 年版。

77. 胡联合著：《转型与犯罪：中国转型期犯罪问题的实证研

究》，中共中央党校出版社 2006 年版。

78. ［美］博登海默著：《法理学：法律哲学与法律方法》，邓正来译，中国政法大学出版社 1999 年版。

二、文章类

1. 冯仕政：《单位分割与集体抗争》，载《社会学研究》2006 年第 3 期。

2. 邱泽奇：《群体性事件与法治发展的社会基础》，载《云南大学学报》2004 年第 5 期。

3. 于建嵘：《当前我国群体性事件的主要类型和基本特征》，载《中国政法大学学报》2009 年第 6 期。

4. 于建嵘：《当前农民维权抗争活动的一个解释框架》，载《社会学研究》2004 年第 2 期。

5. 刘能：《社会运动理论：范式变迁及其与中国当代社会研究现场的相关度》，载《江苏行政学院学报》2009 年第 4 期。

6. 刘能：《当代职工群体性集体行动的几点理论思考——建立在经验案例之上的观察》，载《开放时代》2008 年第 3 期。

7. 李大欣：《涉众型犯罪探析》，载《潍坊学院学报》2009 年第 3 期。

8. 张正新、金泽刚：《论我国刑法中的聚众犯罪》，载《法商研究》1997 年第 5 期。

9. 肖敏：《和谐社会语境中的涉众型经济犯罪防控对策》，载《江西公安专科学校学报》2007 年第 3 期。

10. 周馨、郑永文：《浅谈涉众型经济犯罪》，载《检察日报》2011 年 1 月 20 日第 5 版。

11. 叶扬兵：《1956 ~ 1957 年合作化高潮以后的农民退社风潮》，载《南京大学学报（哲学人文社会科学版）》2003 年第 6 期。

12. 刘能：《当代中国转型社会中的集体行动：对过去三十年

间三次集体行动浪潮的一个回顾》，载《学海》2009 年第 4 期。

13. 佟新：《延续的社会主义文化传统——一起国有企业工人集体行动的个案分析》，载《社会学研究》2006 年第 1 期。

14. 杨善华、苏红：《从“代理型政权经营者”到“谋利型政权经营者”——向市场经济转型背景下的乡镇政权》，载《社会学研究》2002 年第 1 期。

15. 王国勤：《当前中国“集体行动”研究述评》，载《学术界》2007 年第 5 期。

16. 徐勇：《村干部的双重角色：代理人与当家人》，载《徐勇自选集》，华中理工大学出版社 1999 年版。

17. 笑蜀：《近几个月来发生的几起极端事件，足以佐证社会情绪正在趋向极端化和暴戾化》，载《经济观察报》2008 年 10 月 18 日。

18. 周光权：《论刑法的公众认同》，载《中国法学》2003 年第 1 期。

19. 蔡道通：《基本人权的尊重：刑法社会保护的边界与限度》，载郎胜、刘宪权、李希慧主编：《改革开放 30 年刑事法治研究》，中国人民公安大学出版社 2008 年版。

20. 皮艺军：《社会敌意的犯罪学解读（续）》，载《中国犯罪学学会第十八届学术研讨会论文集》。

21. 张时飞、刘从龙：《让失地农民的生计可持续》，载汝信、陆学艺、李培林主编：《2005 年：中国社会形势分析与预测》，社会科学文献出版社 2004 年版。

22. 王绍光、胡鞍钢、丁元竹：《经济繁荣背后的不稳定》，载《战略与管理》2002 年第 3 期。

23. 李俊：《相对剥夺理论与弱势群体的心理疏导机制》，载《社会科学》2004 年第 4 期。

24. 郭景萍：《集体行动的情感逻辑》，载《河北学刊》2006 年第 2 期。

25. 陈岳芳：《群体性事件中信息的人际传播分析——以瓮安事件和石首事件为例》，载《东南传播》。

26. 朱宝奇、温品人：《小道消息特征及其应对策略刍议》，载《中国市场》2011 年第 5 期。

27. 焦璐：《价值累加理论——集体行动的一种叙事框架》，载《天水行政学院学报》2009 年第 1 期。

28. 张正新、金泽刚：《论我国刑法中的聚众犯罪》，载《法商研究》1997 年第 5 期。

29. 刘志伟：《聚众犯罪若干实务问题研讨》，载《国家检察官学院学报》2003 年第 6 期。

30. 李宇先：《论聚众犯罪主体》，载《零陵学院学报》2004 年第 1 期。

31. 任冬来：《在美国焚烧国旗是否合法》，载《读书》1995 年第 10 期。

32. 杨冰：《中美表达自由之比较与反思》，载《法制与社会》2009 年第 1 期。

33. 王志祥：《情节犯基本问题研究》，载《保定学院学报》2008 年第 1 期。

34. 陈兴良：《转化犯与包容犯：两种立法例之比较》，载《中国法学》1993 年第 3 期。

35. 储槐植：《一罪与数罪》，载《法学研究》1995 年第 3 期。

36. 金泽刚：《论转化犯的构成及立法例分析》，载《山东法学》1998 年第 4 期。

37. 肖中华：《论转化犯》，载《浙江社会科学》2000 年第 3 期。

38. 王仲兴：《论转化犯》，载《中山大学学报》1990 年第 2 期。

39. 赵丙贵：《转化犯与结果加重犯》，载《中国刑事法杂志》2001 年第 1 期。

40. 任忠臣：《聚众扰乱社会秩序罪的转化犯研究》，载《广西政法管理干部学院学报》2010 年第 3 期。

41. 赵嵬：《论转化犯》，载《法制与社会发展》1997 年第 6 期。

42. 刘德法：《论聚众犯罪的转化犯问题》，载《北方法学》2010 年第 1 期。

43. 赵俊新、黄洪波：《论牵连犯》，载《江汉论坛》2003 年第 1 期。

44. 李泽龙、朱丹：《牵连犯探微》，载《法律科学》1993 年第 4 期。

45. 高铭暄：《论牵连犯的几个问题》，载《现代法学》1993 年第 6 期。

46. 陈兴良：《刑法竞合论》，载《法商研究》2006 年第 2 期。

47. 吕英杰：《刑法法条竞合理论的比较研究》，载陈兴良主编：《刑事法评论》，北京大学出版社 2008 年版。

48. 陈浩、魏国勇：《法条竞合视野下〈刑法〉第 290 条的个案分析》，载《中国检察官》2011 年第 1 期。

49. 邵维国：《论共同犯罪人的意思联络》，载《大连海事大学学报》2003 年第 3 期。

50. 陈兴良：《宽严相济刑事政策研究》，载《法学杂志》2006 年第 1 期。

51. 盛舒弘：《“法不责众”的两面性探析》，载《广东广播电视大学学报》2011 年第 2 期。

52. 董邦俊：《刑法中的主犯研究》，载《现代法学》2003 年第 5 期。

53. 李宇先：《聚众犯罪主体浅议》，载《人民法院报》2003 年 11 月 17 日第 9 版。

54. 周少华：《现行刑法中的转化犯之立法探讨》，载《法律科学》2000 年第 5 期。

55. 黄曙：《聚众斗殴罪的认定》，载《中国刑事法杂志》1998 年第 6 期。

56. 梁剑、叶良芳：《实行犯过限行为研究》，载《中共中央党校学报》2005 年第 4 期。

57. 李海：《新武器点燃伦敦骚乱》，载《时事报告》2011 年第 7 期。

58. 皮勇：《论网络“聚众”性犯罪及其刑事立法》，载《人民检察》2004 年第 2 期。

59. 陈金林：《累犯的前提条件：犯罪还是刑罚?》，载《法律科学》2011 年第 4 期。

60. 王飞跃：《累犯成立条件中的若干问题研究》，载《政治与法律》2011 年第 6 期。

61. 周峰、薛淑兰、孟伟：《〈关于处理自首和立功若干问题的意见〉的理解与适用》，载《人民司法·应用》2011 年第 3 期。

62. 徐安住：《自首制度疑难问题的司法认定——基于〈刑事审判参考〉28 个示范案例的实证分析》，载《湖南大学学报》（社会科学版）2012 年第 1 期。

63. 赵秉志、肖中华：《自首制度中的疑难问题》，载《检察日报》2001 年 11 月 27 日。

64. 田立文、夏汉清：《立功制度实务问题探讨》，载《人民司法》2004 年第 10 期。

65. 杨聚章：《试论自首与立功制度的司法适用》，载《法学家》1999 年第 12 期。

66. 黄曙、陈艳：《立功司法认定的若干疑难问题》，载《人民检察》2009 年第 20 期。

67. 刘德法、孔德琴：《我国关于聚众犯罪的立法缺陷及其完善》，载《中州学刊》2010 年第 1 期。

68. 彭辅顺：《聚众犯罪的立法检讨与改进》，载《山东警察学院学报》2010 年第 3 期。

69. 杨敏：《公民参与、群众参与与社区参与》，载《社会》2005 年第 5 期。

70. 林竹：《民情、民力、民智和民意——国家决策的四大基石》，载《天津社会科学》2004 年第 4 期。

71. 刘孝云：《群体性事件中的政治信任问题分析》，载《探索》2009 年第 5 期。

72. 沈杰：《怨恨解释、动员结构和理性选择——有关中国都市地区集体行动发生可能性的分析》，载《开放时代》2004 年第 4 期。

73. 赵秉志：《宽严相济的刑事政策与刑法解释关系论》，载《河南省政法管理干部学院学报》2008 年第 2 期。

74. 黄华生：《“宽严相济”与“两极化”之辨析》，载《法学家》2008 年第 6 期。

75. 马克昌：《“宽严相济刑事政策”与刑罚立法的完善》，载《法商研究》2007 年第 1 期。

76. 赵秉志：《和谐社会构建与宽严相济刑事政策的贯彻》，载《吉林大学社会科学学报》2008 年第 1 期。

77. 王树茂：《合理组织对犯罪的反应——刑法谦抑主义指导下的刑事政策观》，载《法学杂志》2006 年第 4 期。

78. 胡云腾、廖万里：《宽严相济刑事政策的刑法学解读——兼论在构建和谐社会中的作用》，载《和谐社会的刑法法治》中国人民公安大学出版社 2006 年版。

79. 陈兴良：《宽严相济刑事政策研究》，载《法学杂志》2006 年第 2 期。

80. 周建达：《转型期我国犯罪治理模式之转换——从“压力维控型”到“压力疏导型”》，载《法商研究》2012 年第 2 期。

后　记

本书是在自己 2008 年国家社会科学基金青年项目成果的基础上修改而成的。遥想当年是以“青年”身份获得此课题，而今准备付梓时已届不惑，即将步入中年之境，除嗟叹流年匆匆之外，更倍感懈怠于学术的愧疚！

课题的归类虽仍属传统注释刑法学的研究视场，但彼时此题材进入国家社科基金课题选项之列，显然管理机构不仅仅希望从纯粹的刑法适用角度来发出“要约邀请”，而更希望从刑事治理角度来认识和规制此类型的犯罪，尤其是对处于深刻、复杂且剧痛的转型期的中国而言，研究要旨似乎正在于此。为此，本人也努力地突破长期以来刑法学思维形成的“唯刑而论”的固执定式，力求从当前纷繁芜杂的类似概念中建立起客观、平和指称此类型犯罪形态的定义系统（即立足于尽量还原行为的基本样态，而避免使用妖魔化、敌人化的主观描述）；也开始从新中国成立以来至今涉众型犯罪的历史流变阶段、国家应对变迁、利弊得失检视角度来切入思考；并尝试着从犯罪学、传媒学、统计学、公共政策学乃至群体心理学等诸学科领域来解读“大众”缘何“群起”；当然，也会从刑法适用的角度分析刑法如何责众；最后，也试图为治理群体性事件和涉众型犯罪这一社会现实的“新常态”提出位卑语轻的一家之言。总之，当下的中国，正以自信的姿态浩荡奔突、决然前行，而习惯势力的纠缠、既有痼疾的羁绊、破旧革新的试错等，都会使得这一跋涉实为不易，必须“且行且珍惜”；而作为社会终端的广大民众，国家变革的每一个细微举动最终都会在极短的时间内传达至每一个个体，影响乃至改变着他们的生存状态。与此同时，一方面，满足、欣慰、憧憬、兴奋等积极感受既是广大民众对国家、社会现状的真实体悟；另一方面，焦虑、愤懑、敏感、多疑等负面情绪也是相当一部分民众普遍存在的群体心理。只有深切感知了具有这一宏大“叙事结构”的背景，才能对今天乃至此后很长一段时期内涉众型犯罪的产生机理、刑法因应、国家治理有客观认识和理性应对。究其本质而言，涉众型犯罪只是社会肌体患病后所出现的一种症状，虽说“药不能停”，但一味用猛药既不能药到病除，相反会给身体其他机能造成巨大的毒副作用。消除这一症状，最终还得靠提升机体自身的健康状态。从这一意义上讲，涉众型犯罪并非不治顽疾，而是对社会“亚健康”的良性免疫提示。理解到此点，才能将“刑为盛世所不能废，而亦盛世所不尚”这一刑法观箴言作为处置涉众型犯罪时，刑法“有所不为”、“克制而为”的内化依据，也才能探寻出协商式民主、回应性治理的这一解决群体性事件的正道。所以，无须将涉众型犯罪视为洪水猛兽，况且我们并没有处在一个“群氓时代”！

由于课题本身远超本人的知识储备、眼界视野和心智水平，导致研究过程较为艰辛；加之写作期间辗转多地调研，部分数据应当时有关部门要求而一度未公开等原因，结题时间一拖再拖，今天能最终写作并准备出版实属不易。也正是由于自己力所不逮、水平有限，本书不乏疏漏之处，欢迎学界内外予以批评指正。

将课题成果整理成书稿之际，不能不提博士同窗、浙江大学光华法学院的博士生导师叶良芳教授。2012 年春，在课题陷入困顿之时，远在美国哥伦比亚大学访学的良芳伸出援手，为本课题有关涉众型犯罪规制的重要几章撰文，突破了课题研究的瓶颈。也是在他的鼓励下，自己再度咬牙鼓劲，终于完成了课题写作。但我准备在书稿中署上他的“芳”名时，他却为更好地体现我成果的含金量而执意拒绝。同学情谊、永存心间！

在取得这一根本不算成绩的成果之时，忘不了恩师赵秉志教授、卢建平教授一直以来对本人在学术道路上的引领和扶助。本书也只能算是不才学生给老师们的一个近期学习汇报。

感谢自己所在单位四川大学法学院党委书记古立峰教授、院长唐磊教授、副院长李平教授、里赞教授长期以来对本人的关心与支持，也感谢四川大学研究生院常务副院长左为民教授多年来对我的关注与鼓励。当然，还要感谢师兄兼同事的四川大学法学院魏东教授对学术倦怠的我不言放弃的鞭策！

书稿得以顺利付梓，离不开中国人民公安大学出版社杨玉生社长的鼎力相助和江起宇编辑的辛勤付出，也离不开硕士研究生同学、中国人民公安大学侦查学院刘涛副教授的热心帮助。在此向他们表示诚挚的感谢！

在后记写就之时，隆冬的蓉城适逢难得的晴日，喜好悠然的成都市民们纷纷移步户外，或徜徉于金黄如染的银杏叶下，或闲坐于香茗氤氲的街边茶馆，尽情享受这珍贵的冬日暖阳，整座城市浸润在温暖、祥和之中。此情此景，似乎与掩于书卷之内的沉重文本相隔万里。但这恰恰就是我们所生活的场域，一个真实、矛盾而仍不失美好的当下……

是为记。

2014 年 12 月末于成都城西寓所